일품성도

일품성도

초판 1쇄 발행 | 2025년 8월 7일

지 은 이 | 방선오
펴 낸 이 | 이한민
펴 낸 곳 | 아르카

등록번호 | 제307-2017-18호
등록일자 | 2017년 3월 22일
주　　소 | 서울 성북구 숭인로2길 61 길음동부센트레빌 106-1805
전　　화 | 010-9510-7383
이 메 일 | arca_pub@naver.com

홈페이지 | www.arca.kr
블 로 그 | arca_pub.blog.me
페이스북 | fb.me/ARCApulishing

ⓒ방선오, 저자와의 협약으로 인지는 생략되었습니다.
이 출판물은 저작권법에 의해 보호받는 저작물이므로 무단 전재와 무단 복제를 할 수 없습니다.
이 책 내용의 일부 또는 전부를 재사용하려면 반드시 저자와 출판사의 동의를 얻어야 합니다.
잘못 만들어진 책은 구입하신 서점에서 교환해 드립니다.

책　값　| 뒤표지에 있습니다
ISBN | 979-11-89393-44-1 03230

아르카ARCA는 기독출판사이며 방주ARK의 라틴어입니다(창 6:15).
네가 만들 방주는 이러하니 … 새가 그 종류대로, 가축이 그 종류대로,
땅에 기는 모든 것이 그 종류대로 각기 둘씩 네게로 나아오리니 그 생명을 보존하게 하라 _창 6:15,20

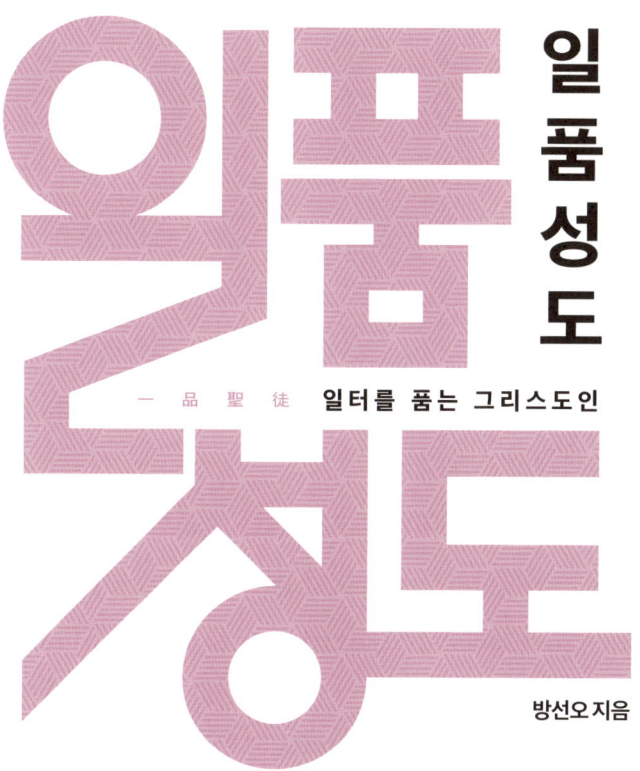

일품성도

— 品 聖 徒 일터를 품는 그리스도인

방선오 지음

아르카

추천하는 글

●   지난 30여 년간 일터사역을 하던 중에 동역자들과 '일터를 품는 성도', '일터를 품는 교회'라는 개념을 나눈 적이 있었다. 그때는 멋진 아이디어라고 생각하면서도 구체화하지는 못했다. 그런데 이번에 방선오 장로가 바로 그것을 구체화하는 내용을 책으로 출간했다.

  간증을 통해 일터사역의 기초 개념을 정리한 〈일터행전〉에도 일터를 품는 일터사역자의 삶을 나누는 내용이 있기는 하지만, 그 책을 낸 다음 새롭게 시작한 일터에서 경험하고 묵상한 내용을 추가하여, 본격적으로 일터사역의 이정표를 만든 것이 바로 이 책이다. 한국교회의 '평범한 성도'들이 이 책을 읽고 도전받아 '일품성도'로 다시 태어나면 좋겠다.   _**방선기 목사**, 일터개발원 이사장

●   〈일품성도〉는 일터를 단순한 생계의 현장이 아니라 하나님의 사명을 이루는 거룩한 삶의 자리로 바라보게 해주는 귀한 통찰의 책입니다. 방선오 장로님이 오랜 시간 기업과 사역의 현장

을 오가며 쌓은 경험과 묵상을 바탕으로, 그리스도인이 일터에서 어떤 마음을 품고 어떤 태도로 살아가야 할지를 성경적 기반에서 명확하게 정리해 주셨습니다.

'일품성도'라는 말은 단순한 신조어를 넘어, 오늘날 일터를 살아가는 성도들이 붙들어야 할 정체성과 사명의 선언이라고 할 수 있습니다. '일을 품고, 사람을 품고, 상황을 품는다'라는 세 가지 정의는 일터 그리스도인의 삶의 방향을 명확히 제시해줍니다. 일터에서 단순히 착하게 사는 정도가 아니라, 일터를 품은 하나님의 사람으로 살아가도록 이끌어주기 때문입니다.

이 책이 일터에서의 제자도를 고민하는 모든 성도에게 실제적이고 구체적인 길잡이가 되어줄 것입니다. 책의 각 장마다 일상의 신앙생활을 위한 깊은 묵상과 실천적인 지침이 담겨 있습니다. 인간관계의 갈등과 회복, 일터에서 드리는 기도, 다음세대를 위한 소명을 찾아가는 여정, 그리고 직장선교에 이르기까지, 그야말로 실제적인 내용이 풍성합니다.

이 책이 단지 한 사람의 기록이어선 안 되겠습니다. 일터에서 오늘을 살아가는 모든 그리스도인을 위한 공동체적 고백이면 좋겠습니다. 〈일터행전〉의 자매 편인 이 책을 통해 많은 성도들이 다시금 일터에서의 정체성과 소명을 회복하고, 자신의 자리에서 복음을 살아내는 '일품성도'로 자라나게 되기를 간절히 소망하며 기쁘게 추천합니다. _유기성 목사, 위드지저스미니스트리(위지엠) 이사장

● 방선오 장로님이 집필하신 〈일품성도〉는 〈일터행전〉에 이은 평신도 일터신학에 대한 길라잡이입니다. 평생을 일터에 임하는 하나님 나라를 추구하며 헌신해온 장로님의 신앙이 잘 녹아 있는 책입니다.

교회 중심의 신앙에서 하나님 나라 중심의 신앙으로 변화되려면 일터에 대한 올바른 신학적 관점이 필수적입니다. 〈일품성도〉는 이러한 부분에 꼭 필요한 신앙지식을 제공해줍니다. 쉽고 평범한 언어들이지만, 매우 심오한 성경 지식과 신학에 기초한 내용들입니다. 이 귀한 책이 한국교회 모든 성도들의 일터신앙을 일깨우는 귀한 통로가 되기를 소망합니다. _이재훈 목사, 온누리교회

● 〈일품성도〉는 오랜 시간 일터에서 하나님을 경험하며 살아온 한 성도의 고백이자 다음세대를 위한 소중한 유산입니다.

이 책에는 직장인을 위한 조언뿐 아니라 '일터를 품는 그리스도인'으로 살아가기 위해 치러야 했던 눈물과 기도의 흔적이 고스란히 담겨 있습니다.

저자는 직장이라는 일상의 현장에서 하나님의 손길을 체험하고 그 은혜를 묵묵히 삶으로 증명해온 분입니다. "예수님이 실패한 베드로의 일터를 다시 찾아오신다"라는 대목은 저자의 깊은 영적 체험에서 비롯된 고백으로, 독자에게 큰 위로와 용기를 줍니다.

〈일품성도〉는 일터를 사명지로 받아들이고자 하는 모든 성도에게 길잡이가 되어줄 것입니다. 책장을 넘길수록 저자가 걸어온 믿음의 길 위로 하나님의 손길이 겹쳐, 마음에 잔잔한 감동이 번져갑니다. 저자의 묵묵한 순종과 헌신의 삶을 따라가다 보면 자연스레 마음이 숙연해지고, 하나님의 인도하심에 감사하게 됩니다. 일과 신앙의 통합을 고민하는 분들께 진심을 담아 이 책을 추천해드립니다.

_강준민 목사, LA 새생명비전교회

● 　　오늘도 일하시는 하나님은 당신의 형상을 닮은 인간을 만드실 때 만물을 다스릴 대리통치자, 곧 일하는 존재로 만드셨습니다. 그러므로 그리스도인의 삶은 7분의 1인 주일성수에서 7분의 6인 월요일부터 토요일까지, 7분의 7 전체가 산 예배로서의 일입니다. 10분의 1인 십일조와 10분의 9를 받아 쓰고 누리는 모든

것, 곧 10분의 10 전체가 하나님의 것으로, 하나님의 하나님 되심을 드러내며 쓰고 누리는 복된 삶입니다. 그러니 그리스도인의 일터는 단순히 생계 수단이나 입신양명 정도에 머무는 것이 아닙니다. 하늘에서 하나님의 뜻이 이루어지듯 일터에서도 하나님의 뜻이 이루어지도록 하는, 의미 있고 가치 있는 총체적 선교의 현장이 될 수 있다는 것이 얼마나 복된지요.

   방선오 장로님이 일터를 품은 그리스도인으로서 주님께 하듯 일하고, 사랑과 섬김으로써 일터에서 만나는 사람들과 교제하며 얻은 풍부한 경험과 사례를 담아 이 책을 썼습니다. 일터를 품고 기도하기 위해 알아야 할 '일, 인간관계, 기도, 소명, 전도' 등에 대한 영적 자세와 성경적 가르침이 풍성합니다. 그리스도인의 일터 현장이 하나님 나라를 실현시켜 나가는 일터가 되도록 도와주는, 아주 유익한 책이 되리라 믿습니다.

_엄기영 목사, '어, 성경이 읽어지네' 생터성경사역원 이사장

●   일터는 생계의 수단이다. 일터 없이는 삶을 누릴 수 없다. 그러나 그리스도인에게는 수단 이상이어야 한다. 일터는 현재적 하나님 나라를 성취하는 통로이며 사명의 현장이기 때문이다. 따라서 교회에서의 신앙이 일터에서의 신앙으로 이어질 때 현재적 하나님 나라는 굳게 세워진다. 이를 간과하면 신앙과 일 사이에

괴리현상이 발생하게 되고, 그리스도인과 교회공동체는 힘을 잃게 된다. 이런 신앙을 위해 훌륭한 가이드 역할을 해줄 〈일품성도〉가 출간되어 감사하다.

저자는 교회 안의 신앙을 일터 속의 신앙으로, 일터 속의 신앙을 교회 안의 신앙으로 상호 연결하기 위해 부단히 힘써온 신앙의 사람이다. 〈일품성도〉에는 이런 그의 신앙이 그대로 흐르고 있다. 이 책이 일터에서 일하고 있는 사람들에게는 사막의 오아시스 같고, 앞으로 일터에서 일하게 될 이들에게는 사막을 지나기 위해 반드시 준비해야 할 물주머니 같다는 생각을 떨쳐 버릴 수 없다.

〈일품성도〉를 통해 일터에서 겪는 영적 목마름을 해갈하고, 일터에 대한 하나님의 마음을 품으며 일터를 품게 될 일터의 그리스도인들에게 이 책을 추천할 수 있어서 하나님께 감사드린다.

_박성기 목사, 성도교회

● 저는 〈일품성도〉의 저자 방선오 장로님과 같은 일터에서 함께 기도하고 함께 웃으며, 때로는 눈물로 마음을 나누며 일터에서 믿음의 삶을 살아가려고 애써온 동역자 중 한 사람입니다. 이 책에 담긴 이야기는 단지 이론이나 교훈이 아닙니다. 장로님께서 삶으로 걸어온 진솔한 신앙의 여정입니다. 저 또한 그 길 위에서 울고 웃고, 함께 기도하며 일어섰던 산 증인입니다.

책 속에 등장하는 '실패의 현장에서 나를 품으시는 예수님', '낙심 중에도 동료의 신앙을 세우는 사람', '일터를 기도의 제단으로 바꾸는 사명자'의 모습은 결코 과장이 아닙니다. 제가 가까이에서 뵌 방선오 장로님은 임원의 자리에서 물러난 후에도 낙심하거나 주저앉지 않으셨습니다. 오히려 교육원의 작은 공간에서 후배들을 불러 함께 기도하며, 다시 일터사역을 시작하셨습니다. 고통의 순간조차 하나님께서 주신 위로의 사명으로 받아들이며, 자신보다 남을 세우는 삶을 살아오셨습니다. 그 모습은 많은 이들의 믿음을 회복시켰으며 도전이 되었습니다. 그의 삶을 가까이서 지켜볼 수 있었던 저로선 그가 삶으로 쓴 이 책을 추천하지 않을 수 없습니다. 그의 이야기는 우리도 일터에서 '일품성도'로 살아가기를 소망하게 해줍니다. 이 책은 저와 같은 수많은 직장 크리스천들에게 위로가 되고 방향을 제시하며, 다시 한 걸음을 내딛게 하는 든든한 나침반이 될 것입니다.

_송보영 대표, 아시아나항공

들어가는 글

얼떨결에 시작된 나의 일터 경험이 40년을 훌쩍 넘었다. 지금도 일터에 대한 관심과 애정이 변함없다는 건 자부할 만하고 감사한 일이라는 생각이 든다.

대한항공을 퇴직한 지 거의 15년이 되어가는데, 아직도 '믿음의 기업'이라는 비전을 붙들고서 신우회를 마음에 품고 있다. 해외에 있든 국내에 있든, 마음에 품고 기도하는 후배들의 근무지를 방문하여 교제하면서 기도의 끈을 이어가고 있다. 여행업계를 떠난 지도 오래이지만, 거기에서 만난 믿음의 동역자들을 마음에 품고 지속적으로 교제하며, 여행업계에 하나님 나라를 세우는 사역을 위해서도 기도의 끈을 이어가고 있다. 명지대학교 사무처장을 거쳐 교수로도 일했고, 2025년 2학기에 정년을 맞아 명지학원을 떠났지만, 아직도 명지대학교 법인과 대학의 안정과 회복을 위해 변함없이 기도하고 있다. 그리스도인으로서 이렇게 살아온 나의 삶이 '일터를 품는 삶'이라는 생각이 든다. 이제는 일터에서 만나는 사람들을 일터의 사역자로 세우라는 소명, 즉 다음세대의 리더들을 일터에 세우라는 주님의 부르심을 더욱 강하게 느끼게 된다.

나뿐 아니라, 일터에 관심과 애정을 가진 그리스도인은 모두 '일터를 품는 성도'들이다. 이 말을 줄여 '일품성도'라는 말을 만들어보았다. 일품성도는 무엇을 품어야 하는지, 인간관계는 어떻게 해야 하는지, 일터에서의 기도는 어떻게 해야 하는지, 소명과 사명은 어떻게 찾고 붙들어야 하는지를 생각해보았다. 그 내용을 쓴 것이 이 책 〈일품성도〉다.

〈일품성도〉는 〈일터행전〉을 낸 이후의 경험과 새롭게 정리한 생각을 쓴 것이다. 그런 점에서 〈일터행전〉의 자매품이라고 보면 좋을 것 같다. 두 책을 함께 읽어보면 더욱 유익할 것이다. 이 책에는 일터를 품어온 나 자신의 경험과 생각뿐 아니라 함께 교제하고 있는 일터 동역자들의 삶과 사역에 대한 이야기도 실었다. 그들과의 교제와 동역 덕분에 지금까지 흔들리지 않고 일터사역을 지속할 수 있었다. 그들에게 감사한다. 이제는 그들이 다음세대의 일꾼으로서 일터사역을 이어가리라는 소망을 갖게 된다.

아무것도 모르는 햇병아리 직장인을 잘 보호하고 키워준 일터인 대한항공과 토파스여행정보, 그리고 명지대학교에 감사의 말

쏨을 전한다. 일터를 품는 사역자를 세우는 일터개발원의 이사장 방선기 목사님을 비롯해 이사님들과 동역자들에게도 감사의 인사를 드린다. 그 분들 덕분에 일터사역에 대해 조금 더 넓은 안목과 깊은 이해를 얻을 수 있었다. 만나서 교제할 때마다 항상 내 집 같은 따스함과 포근함을 선사해주는 대한항공 신우회와 여행업계기도회의 동역자들과 선후배들에게도 감사의 마음을 전한다. 특별히 내가 일터를 품는 일에 변함없이 한 마음으로 함께 해준 아내에게 진심으로 감사의 마음을 전한다. 서투른 글솜씨를 아름다운 윤문과 편집으로 빛나게 해준 아르카의 이한민 대표에게도 감사한 마음이다. 마지막으로, 삶의 모든 상황 속에서 나를 이끄시고 보호하시고 키워주신 나의 주 나의 하나님께 찬송과 영광을 돌린다.

일터개발원에서 **방선오**

차례

- 추천하는 글 ··· 4

|1부| 일품성도의 일터 품기
1. 일품성도는 무엇을 품는 사람인가? ··· 18
2. 예수님은 언제 우리를 품어주시는가? ··· 30
3. 교린이의 새로운 일터 품기 ··· 46

|2부| 일품성도의 인간관계
4. 인간관계의 노와이를 알아야 한다 ··· 66
5. 인간관계의 노하우와 노우하우스 ··· 86
6. 인간관계를 통한 일터공동체 사역 ··· 105

|3부| 일품성도의 일터 영성
7. 일터를 품은 기도의 열매 ··· 120
8. 성경 인물에게서 배우는 일터 기도 ··· 137
9. 일품성도는 향기·편지·사신이다 ··· 152

|4부| 일품성도의 소명 찾기

10　내 열정과 세상의 필요가 만나는 곳　⋯ 168
11　자기의 열정을 발견하는 법　⋯ 177
12　일품성도가 품어야 할 세상의 필요　⋯ 192
13　하나님의 인도를 받는 법　⋯ 201

|5부| 일품성도의 지혜와 사명

14　일품성도의 일터 인생 사계절　⋯ 212
15　일품성도의 직장생활 ARC　⋯ 226
16　한번 잘 품었다고 끝나는 게 아니다　⋯ 239
17　일품성도의 일터 전도　⋯ 262

・ 참고도서　⋯ 291

一品聖徒

1부

일품성도의 일터 품기

1
일품성도는 무엇을 품는 사람인가?

- '일품성도'란 무엇일까? 이 조어(造語)에서 '일품'은 품질 좋은 물건이나 솜씨 좋은 사람을 말할 때 쓰는 그 일품(一品)이 아니다. 여기서 '일품'은 '일터를 품는다'라는 말을 줄여 만든 일종의 신조어(新造語)라고 보면 된다. '성도'는 기독교인을 뜻하는 성도(聖徒) 그대로이다. 그러니까 일품성도란 일터에서 일하면서 '일터를 품는 그리스도인'을 뜻한다. 한편으로, 일터를 품는 성도야말로 '일품(一品)성도'라고 할 수 있을 것이다.

사실 〈일터행전〉을 쓸 때도 '일터를 품는 그리스도인'이라는 개념은 생각하고 있었다. 하지만 그 책에 이 개념에 대해서는 구체적으로 쓰지 못했다. 〈일터행전〉의 내용은 내가 형(방선기 목사)에게서 배운 일터사역의 기본 원리를 내 삶에 적용한 이야기이다. 내가 일터를 품었기에 경험할 수 있는 이야기이기도 했다. 결과적으로는 일터를 마음에 더 깊이 품게 된 나의 영적 성장기가 되었다. 만일 일 자체와 그 일터에서 만나는 사람들을 품지 못했다면 그 책을 쓸 만한 이야기는 생겨나지 못했을 것이다.

직장생활을 시작하던 초기부터 '일터를 품는다'라는 개념을 생각했던 건 물론 아니다. 그때의 나는 오히려 일터를 피하고 싶었다. 공부를 더 하고 싶었지, 직장생활은 내 꿈이 아니었기 때문이다. 그런데 하나님의 인도하심과 은혜 덕분에 일터와 신앙을 분리하지 않고, 일터에서 하나님의 말씀을 묵상하며 하나님과 동행하는 삶을 살 수 있었다. 일터를 품는 그리스도인, '일품성도'가 되어간 것이다.

어떻게 하면 일품성도가 될 수 있는가?

〈일터행전〉을 쓰고 나서 국내는 물론이고 세계 여러 곳을 다니며 일과 신앙에 대해 강연할 기회가 많았다. 그러면서 사람들에게서 받은 반응은 주로 이런 것이었다. 많은 그리스도인이 일을 마음에 품기보다, 생계를 위해 어쩔 수 없이 하는 것으로 여기고 있다는 것이다. 일터에 대해서는 더욱 그랬다. 일터를 품기는커

녕 마음 밖으로 밀어내고 싶어 하는 경우도 많아 보였다. 하는 일이 자기 적성에 맞지 않거나, 일터에서 만나는 사람들과 관계의 어려움을 겪고 있다면 그럴 수도 있겠다고 이해되었다.

하지만 모든 일터는 상황이 어떠하든 하나님이 주신 것이다. 게다가 우리가 살아가는 그 어디나 하나님께서 함께하시는 하나님 나라다. 나는 사람들이 그런 일터에서 일과 신앙의 통합을 어려워하고, 일터에서 만나는 사람들과의 관계에서도 힘들어하는 문제를 새롭게 다룰 필요를 느꼈다. 그러자면 일터를 품는다는 개념부터 다루어야 한다고 보았다.

'일터를 품는 그리스도인이 되려면 어떻게 해야 할까?' 이 질문을 하기 전에, '일터를 품는다는 것이 무엇일까?'부터 먼저 질문해야 할 것 같다.

대한항공의 승객 서비스를 총괄하는 임원으로 일하던 시절에 승무원 채용 면접을 보곤 했다. 수십 대 일의 경쟁을 뚫고 임원들 앞에까지 온 지원자들은 자신의 간절한 바람을 이렇게 표현하곤 했다.

"제가 유치원생이던 시절, 가족여행을 하려고 처음 탄 비행기에서 저를 보고 따뜻하게 웃어주는 승무원 언니를 본 순간부터, 승무원을 꿈으로 '품고' 살아왔습니다."

"저는 초중고 학생 시절부터 지금까지 한눈팔지 않고, 대한항공 승무원이 되는 꿈만 '품고서' 달려왔습니다."

그런데, 그렇게 절실함을 드러내던 지원자들 가운데 채용된 지 1년도 채 안 돼 사직하는 경우가 생기곤 했다. 예쁜 유니폼 차림으로 목에 두른 머플러를 휘날리며, 그저 화려하기만 할 것이라고 기대했던 승무원 생활이 현실에서는 너무나 고되기 때문일 것이다.

꿈을 품는 것과 그 꿈의 현실을 품는 것은 다르다. 꿈의 현실은 일과 일터와 그 일터의 사람들이다. 세상에서 아무리 인기 좋은 직장이라도 외부에서 보는 것과 그 속에서 일하는 직원들이 보는 것은 상당히 다르다. 복지가 좋고 연봉이 많다고 만족할 수 있는 것도 아니다. 자기가 하는 일과 속한 일터가 자신에게 맞는가, 자신이 할 수 있고 해야만 하는 일인가, 일터에서 만나는 동료와 관계의 문제가 생기면 어떻게 풀어야 하는가, 나아가 그 일터가 자신이 반드시 있어야 할 곳인가 하는 문제 등이 해결돼야 한다. 그래야 단순히 일을 꿈으로 품는 것에서 그치지 않고, 꿈의 현실, 일과 일터를 실제로 품을 수 있을 것이다.

그런데 그리스도인이라면 이런 문제들과 아울러 생각해야 할 것들이 있다. 자신을 일터로 부르신 하나님의 뜻, '소명'을 알아야 하는 것이다. 또한 자신을 그 일터로 보내신 하나님의 계획, 즉 '하나님께서 파송하신 것'에 대해서도 알아야 한다. 그럴 때 그리스도인은 마음속으로 더 깊이 일터를 품을 수 있다. 소명과 파송에 대한 의식이 있으면 일과 일터를 품는 것이 한층 수월할 수 있기 때문이다. 그래야 비로소 일터를 품는 그리스도인, 일품성도가 될 수 있다.

그리스도인이 현실에서 품어야 할 대상인 '일'과 '일터', 그리고 '일터의 영혼들'을 마음에 어떻게 품을 것인지 생각해 보자.

● **첫째, 일을 대하는 자세가 달라야 한다.**

자기가 하는 일을 마음에 품은 그리스도인은 그저 시간이나 때우듯 대충 일하지 않는다. 일은 하나님께서 나를 동역자(co-worker)로 여기시고 부탁하신 사명이기 때문이다(창 1:28-29).

하나님은 에덴동산을 직접 관리하실 수 있고, 창조하신 동물들의 이름도 직접 지으실 수 있었다. 하지만 그 크고 중요한 일을 아담에게 맡기셨다. 아담이 "아니, 동물들 이름을 왜 제가 지어야 하나요? 제 업무 분장이 아닌데?"라고 하면서 거부했을까?

아담은 아마도 하나님께서 자신을 신뢰하시고, 자기에게 피조물의 작명이라는 귀한 일을 맡겨주신 것에 대해 자부심을 가지고서 그 일을 열심히 했을 것이다. 아담이 그 일을 할 때 느꼈을 자부심이 바로 우리가 일을 품는 자세여야 한다.

아담이 한 작명의 일은, 하나님께서 하실 일을 인간에게 맡기셨다는 차원에서 '신적 위임'(神的 委任)이라고 말할 수도 있겠다. 회사에서 윗사람이 할 일을 아랫사람에게 맡기는 것이 위임인데, 그건 아무에게나 하는 것이 아니다. 해낼 만한 사람이니까 위임하는

일품성도는 일, 영혼, 일터를 품는다.

것이다. 물론 위임받으면 부담을 느끼게 되지만, 그만큼 자부심을 품게 되고 성장하는 계기가 되기도 한다. 하물며 우리의 일이 하나님이 위임하신 것이라면 얼마나 대단한 기회인가? 자신의 상태와 일의 성격과 상황이 어떠하든, 결코 허투루 할 수는 없다.

중국 내륙 선교의 아버지 허드슨 테일러는 모든 것이 기도에 달려 있다는 듯이 기도했다고 한다. 하지만 동시에 모든 것이 자기가 하는 일에 달려 있는 것처럼 일했다고도 한다. 나는 그것이 일을 품는 자세라고 생각한다.

금수저 출신 요셉이 이집트 바로 왕의 친위대장 보디발의 집에 노예로 팔려 갔을 때, 그에게 주어진 일은 3D 업종에 해당하는 허드렛일이었을 것이다. 요셉은 '야곱 가문의 금수저가 이런 일 따위나 하고 있어야 하나?' 하며 푸념하지 않았다. 억울하기도 했고 환경은 열악했지만, 그가 주어진 일을 마음에 품고 성실하게 수행했을 때 주인에게 은혜를 입어 그 가정의 총무가 된다(창 39:3-5). 우리도 일을 마음에 품고 기도하며 고민할 때 새로운 아이디어가 생기고, 개선과 혁신도 이룰 수 있게 된다. 일을 수행하면서 하나님과 교제하며, 하나님께 지혜를 구할 수도 있다.

팀 켈러 목사는 〈팀 켈러의 일과 영성〉에서 '지금 하고 있는 일은 미래에 완전히 임하게 될 하나님나라를 부분적으로나마 실현해 나가면서, 그 모습을 다른 이들에게 보여주는 귀한 작업'이라고 표현했다.

캐나다 리전트 칼리지에서 일터신학을 가르치는 폴 스티븐스 교수는 〈작업복을 입은 하나님 나라〉에서 일과 하나님 나라를 연결하여 설명하며, 일의 의미와 가치에 대해 강조한다. 그는 '우리가 지금 하는 일이 영구히 남을 것인가'라는 질문에 대해, '교회에서 하는 일은 영구히 남고, 세상에서 하는 일은 한 줄기 연기 속으로 사라진다'는 이원론적 노동관을 반대한다. '이생에서 믿음과 소망과 사랑으로 행한 모든 일은 영구히 남으며, 새 하늘과 새 땅에 기여할 것'이라고 설명하면서, 구체적으로 다음의 성경 구절을 소개한다. 부활의 장으로 유명한 고린도전서 15장 58절이다.

"바울은 '항상 주의 일에 더욱 힘쓰는 자들이 되라. 이는 너희 수고가 주 안에서 헛되지 않은 줄 앎이라'고 말한다. 그런데 '주

안에서 행한 우리의 수고' 이야기가 '부활의 장'에 배치돼 있는 만큼, 그것은 말 그대로 이생에서 하는 우리의 수고이다."

지금 하고 있는 나의 일은 단순히 돈벌이 수단이 아니다. 주 안에서 헛되지 않을 일이다. 하나님께서 맡기신 소명이다. 그러므로 일을 하나님의 소명으로 여기며, '월급쟁이'가 아니라 '소명쟁이'로서 사는 것이 일을 품는 사람의 모습이다. 무슨 일을 하든지 마음을 다해 주께 하듯 하라"는 '골삼이삼'(골 3:23) 말씀은 새 하늘과 새 땅에서도 '영구히 남을 일'을 마음으로 품는 사람의 전형적인 모습이다.

● 둘째, 일터의 영혼들을 마음에 품는다

내가 하는 일이 하나님께서 맡기신 소명이라면, 함께 일하는 동료들은 하나님께서 붙여주신 귀한 영혼들이다. 그렇다면 일을 마음에 품는 것처럼 나를 괴롭히고 못살게 하는 상사를 품고, 문제를 일으키는 말썽꾸러기 부하라도 품어야 한다. 그게 어떻게 가능하냐고? 우리 힘으로는 당연히 불가능하다. 그러나 성령님을 내 일터에 모실 때는 가능하다. 성령님께서 계시는 일터에서 같이 일하는 사람들이기 때문이다.

빌립보 성도들을 향한 바울의 간절한 사랑의 고백을 새한글성경에서 이렇게 번역했다. "나는 여러분을 떠올릴 때마다 나의 하나님께 감사드립니다. 여러분 모두를 위해 내가 매달려 기도할 때마다 언제나 그렇게 합니다. 기쁨으로 매달려 기도하면서요. … 내가 마음속에 여러분을 '품고' 있기 때문입니다(빌 1:3,4,7)."

우리가 일터의 영혼들을 품었다는 증거는 일터에서 함께 일하는 사람들의 아픔과 고민을 공감하는 데서 나타날 것이다. 그러면 일터의 동료들을 배려하고, 베풀고 나눌 수도 있을 것이다. 심지어 나를 박해하는 사람까지 마음에 품고 축복할 수 있다(롬 12:14). 악을 악으로, 욕을 욕으로 갚지 않고, 도리어 복까지 빌 수 있다(벧전 3:9). 우리는 그렇게 함으로써 일터의 영혼들을 마음에 품을 수 있다.

함께 일하는 동료가 하나님을 믿지 않는다면, 우리는 그에게 하나님 나라를 보여주고 주님을 소개할 수 있다. 한때는 뜨거웠으나 무기력한 상태에 빠져 버린 선데이 크리스천이라면, 영적으로 교제하며 재무장시킬 수 있다. 지금은 교회에 가지 않는 소위 가나안 성도라면, 혹은 관계의 상처나 삶의 문제로 절망하고 헤매는 사람이라면, 그들이 믿음을 회복하고 일터에서도 선한 영향력을 끼치는 일품성도가 되도록 도울 수 있다.

셋째, 자기의 일터를 위해 기도한다

"나의 개인 문제를 위해서도 기도하지 못하는데, 일터를 위해 무슨 기도를 하라는 건가?"라고 반문할지도 모른다. 하지만 일터는 하나님이 우리를 보내신 곳이다. 일터(직장)에서의 기도는 그 일터의 한가운데에 하나님이 계신다는 믿음에서 비롯된다. 그 곳에서 우리에게 맡기신 책임이 우리의 기도제목이 된다.

나도 처음부터 일터를 위해 기도한 것은 아니다. 시간이 지나면서 일터를 위해 기도해야 한다는 부담을 느끼게 되었다. 회사의 실적을 위해 기도하고, 회사가 올바른 방향으로 변화하도록 기도하기 시작했다. 회사가 큰 문제에 직면하면 더욱 간절히 기도했다. 항공기 추락사고가 빈번했던 때는 믿음을 가진 직원들이 함께 모여 안전 운항을 위해 뜨겁게 기도했다. 퇴사 후에도 회사를 품고서 기도했다. 코로나19 범유행 사태로 항공 여행이 '올스톱'되었을 때에도 회사를 위해 기도했다. 항공사들의 통합문제가 대두되었을 때도 기도했다. 그렇게 일터를 마음에 품고 기도할 때마다 놀라운 기도의 응답들을 선물로 받았다. 대학에 근무하게 되면서 학원에 문제가 산적해 있음을 발견하고, 학원의 문제 해결과 회복을 위해 기도했다. 학교의 보직을 내려놓은 후에도 계속해서 기도했다. 학교에서도 놀라운 기도의 응답들을 하나씩 체험하고 있다.

성경의 인물들은 대개 자신의 일터를 품고서 기도한 사람들이었다. 다니엘은 일터에서 발생한 심각한 문제를 위해 친구들과 마음을 합하여 기도했고, 놀라운 방식으로 문제가 해결되는 기도의 응답을 체험하게 된다. "이에 다니엘이 자기 집으로 돌아가서 그 친구 하나냐와 미사엘과 아사랴에게 그 일을 알리고 … 그들로 하여금 구하게 하니라"(단 2:17-18).

바울은 우리에게 국가와 정부를 위해 기도하라고 했다. 우리는 각자가 속한 조직과 일터를 위해서도 동일한 마음으로 기도해야 한다. "모든 사람을 위하여 간구와 기도와 도고와 감사를 하되 임금들과 높은 지위에 있는 모든 사람을 위하여 하라 이는 우리가 모든 경건과 단정함으로 고요하고 평안한 생활을 하려 함이라"(딤전 2:2).

● 하나님 나라를 일터에 끌어오는 사람

유라굴로 폭풍 속에서 선박에 타고 있던 사람들이 모두 목숨을 건질 수 있었던 이유는 거기에 하나님께 기도하는 '위대한 죄수' 바울이 있었기 때문이다.

비록 자신이 일개 직원에 불과하더라도, 내가 일터에 있기에 그 일터가 안전하고 평안할 수 있다는 확신과 자부심을 품고서 일터를 위해 기도하는 사람이 일터를 품는 일품성도다. 일터에서 하나님과 동역하는 가운데, 미래에 임할 완전한 하나님 나라를 일터로 끌어와 그 풍요함을 체험하는 영적 영웅이 바로 일터를 품는 일품성도다.

로버트 프레이저는 〈마켓플레이스 크리스천〉에서 교회가 일터를 도외시하는 바람에 하나님 나라의 영웅들을 빼앗겨버려, 일터를 원수들의 손에 넘겨주게 되었다고 한탄한다. 마이클 프로스트는 〈일주일 내내 교회로 살아가기〉에서 믿음과 일터를 통합하는 주제가 '윤리'와 '전도'에 제한되어 있음을 안타까워한다. 그는 일터에서 하나님 나라를 체험하는 부요와 풍성한 경험이 중요하다고 강조한다.

현대사회에서는 일터의 상황과 일의 형태가 숨 가쁘게 변하고 있다. 사회 전체가 돌아가는 큰 체제 아래에서 내가 하는 일이 한낱 톱니바퀴나 작은 나사처럼 초라하게 느껴질 수 있다. 거기서 일을 품고, 동료를 품고, 일터를 품기란 쉽지 않다. 그렇지만 하나님이 그곳으로 나를 부르셨고 일을 맡기셨음을 기억할 때, 나의 일과 일터의 의미를 새롭게 깨달을 수 있다. 그 의미를 발견할 때, 일터를 품는 사역을 하는 사람, 일터를 품는 '일품성도'로서 살아갈 수 있다.

2
예수님은 언제 우리를 품어주시는가?

● 우리가 일터를 품을 수 있는 원동력은 주님에게서 나온다. 어미 새가 새끼를 품듯, 주님께서 우리를 품으시기 때문이다. 그 덕분에 우리는 생명을 얻고 성장할 수 있으며, 우리도 누군가를, 무언가를 품을 수 있게 된다. 우리가 세상과 일터를 품는 사람이 되려면, 주님이 우리를 찾아오셔서 우리를 품어주시는 체험이 필요한 것이다.

예수님께서 베드로의 일터를 처음 '심방'하신 기록은 누가복음 5장에 나온다. '밤이 새도록 수고하였으되 잡은 것이 없는' 일터의 문제에 친히 개입하셔서 풍어의 복을 부어주신 내용이다. 그리고 베드로를 사람 낚는 어부, 일터의 사역자로 부르신다(눅 5:1-11).

베드로는 예수님을 만난 후 3년간 예수님을 따라다니며 수제자 역할을 했다. 오병이어의 기적과 폭풍을 잠잠하게 하시는 현장을 직접 체험했다. 잠깐이지만 물 위를 걷는 이적도 체험했다. 변화산 위에서는 모세와 엘리야를 만나는 짜릿한 영적 경험도 했다. 예수님 앞에서 "주는 그리스도시요 살아계신 하나님의 아들이십니다"라는 멋진 고백도 했다.

하지만 예수님이 잡히시는 현장에서는 세 번이나 예수님을 부인했다. "다른 제자들은 주를 버릴지라도 나는 그러지 않으리라"고 장담했던 베드로는 다른 제자들이 다 도망갈 때 멀찍이 주님을 좇아갔다. 아마도 나중에 주님이 물어보시면, 적어도 자신은 도망가지는 않았다는 알리바이를 만들기 위해서가 아니었을까? 그런데 예상치 못한 여종의 단도직입적 질문에 두려워 떨며, 심지어 저주하며 부인하기까지 하였다. 그것도 세 번이나! 가룟 유다는 은 30냥에 예수님을 팔았다고 하지만, 그저 예수님이 계시는 곳을 유대 지도자들에게 알려주었을 뿐이다. 죄질로 보면 베드로가 유다보다 더 심하고 가증스럽고 훨씬 못됐다.

예수님은 그랬던 베드로의 일터에 다시 찾아오셨다. 요한복음 21장에 기록된 두 번째의 일터 심방이다. 베드로는 예수님 앞에서 얼굴을 들 수 없었을 것이다. 수제자라고 의기양양했으면서 예수님을 부인했기 때문이다. 그런 그에게 첫 만남을 기억하게 하시려는 듯, 그의 이름을 불러주셨다! 그때 베드로의 심정이 어땠을까? 그 상황이 누가복음 5장의 첫 번째 일터 심방 때와 유사하다. 전날 밤에 아무것도 잡지 못했고, 예수님이 찾아오셔서 훈수를 두신 결과 베드로가 풍어의 기적을 체험한 것이 그랬다.

베드로는 그분이 부활하신 예수님이신 줄 알고 배에서 뛰어내려 달려갔다. 그랬더니 이번엔 예수님이 마련해 놓으신 아침 식사가 준비되어 있다. 식사를 마친 다음, 주님은 베드로에게 세 번에 걸쳐 베드로의 사랑을 확인하신다. 그러시곤 "내 양을 먹이고, 내 양을 치라"고 명령하신다. 예수님을 믿게 될 영혼들을 돌보고 목양하는 귀한 사명을 베드로에게 부여하신 것이다. 사람 낚는 어부로 부르셨던 소명을 상기시켜 주신 셈이다. 베드로는 비록 실패하고 넘어졌지만, 주님은 그의 이름을 불러주시고, 그를 품어주시고 일으켜 주셨다.

일터사역자로 부르신 소명을 붙들고서 일터에서 사는 것은 그리 호락호락하지 않다. 설교 한번 듣고서 은혜 받았다고, 큐티에 감동받았다고 우리의 일터가 갑자기 천국이 되거나, 내가 천사처럼 되는 것은 아니다. 우리는 예수님을 믿는 성도라고 하지만, 언제 어디서든 베드로처럼 예수님의 얼굴에 먹칠을 할 수 있는 자질을 충분히 가지고 있는 '잠재 능력 만땅의 죄인'이다. 그래서 우리는 일상의 대부분이 있는 일터에서 자주 실패하고 절망한다.

우리가 일터에서의 실패와 절망으로부터 탈출하는 길은 베드로처럼 예수님을 다시 만나는 것이다. 예수님과의 관계를 먼저 회복해야 하는 것이다. 하지만 실패하면 예수님을 찾아갈 엄두가 나지 않는다. 그럴 염치도 없다. 사실 베드로도 그랬다. 그런데 감사하게도 예수님은 베드로에게 그러셨던 것처럼, 우리와 사랑의 관계 회복을 위해 우리의 일터에 직접 찾아오신다. 베드로를 다시 찾아오신 예수님은 우리에게도 찾아오셔서 잡히지 않는 물고기도 잡게 해주시고, 잡은 생선으로 함께 식사 교제까지 해주신다. 그리고 다시 한번 일터사역자로 세워주시고, 다음세대의 일꾼과 제자들을 세우라고 명령하신다.

실패했을 때 품어주신다

베드로가 실패했을 때 예수님이 찾아오셨던 것처럼, 예수님은 우리가 '잘나갈' 때만 오시는 분이 아니시다. 그럴 때는 아마도 우리가 예수님에게 관심이 없어서 못 본 체할지도 모른다. 우리에게 더 의미 있는 예수님의 방문 시기는 우리가 한없이 낮아졌을 때다.

2005년 12월, 그렇게도 기도하고 기다리던 임원 승진 발표가 났다. 그것도 광고 담당 상무라는 주요 보직 임명과 함께였다. 대기업의 꽃이라고 하는 임원이 되었을 때 뛸 듯이 기뻤다. 회사에서는 신우회 리더가 임원이 된 첫 사례여서 의미도 있었다. 하나님께서 일터의 다니엘과 모르드개를 통해 하나님의 능력을 베푸시고 영광을 받으셨듯이, 임원 보직을 받은 자리에서 선한 영향력을 끼치고 복음의 일꾼이 되라는 메시지를 받은 것 같아 감사했다.

하지만 임원의 삶과 업무는 당연히 호락호락하지 않았다. 스트레스가 장난이 아니었다. 광고 프레젠테이션 때마다 최고 경영층의 질책이 끊이지 않았다. 숨쉬기조차 고통스러웠다. 아니나 다를까, 9개월 최단명으로 보직 해임을 당했다. 교육원의 빈방에서, 아무것도 하는 일 없이 3개월가량을 보냈다.

임시직원의 약자로도 불리는 임원의 보직 해임은 이제 직장을 떠날 때가 됐다는 뜻이다. 하지만 당시 내 아이들은 아직 고등학생들이었다. 대학 입시는 물론이고 등록금 문제까지, 모든 것이 염려와 걱정거리가 되었다. 게다가 임원으로 승진한 지 1년도 안 되어 해임당한 것이다. '40대 중반에 남들보다 일찍 임원이 되어 좋아하더니, 일찍 나가게 되는구나'라며 혀를 차는 주변의 수군거림이 들리는 듯했다. 부끄러운 마음에 사람들과 만나는 것이 부담스러웠다. 점심 식사도 다른 사람들의 시선을 피해 혼자서 하곤 했다. 그때의 큐티 노트엔 이런 푸념이 기록돼 있다. "하나님 도대체 이게 뭡니까? 차라리 승진이나 시키지 마시지, 왜 이렇게 저를 나락으로 떨어뜨리시나요?"

교육원에 있던 초기 며칠간의 큐티 노트는 불만과 불평, 절망과 좌절의 고백들로 가득 차 있었다. 그런데 시간이 지나면서 고백의 내용이 조금씩 바뀌기 시작했다. 낮아질 대로 낮아진 낙심의 구렁텅이 속에서 하나님의 음성을 듣기 시작한 것이다. 낮은 곳에서 나를 만져주시고 품어주시는 하나님의 회복의 손길을 느낄 수 있었다. 그리고 그 상황에서 내가 할 수 있는 것이 무엇인지 돌아보았다. 그때부터 교육원에서 근무하는 직원들과 아침기도 모임을 하기 시작했다. 과거에 양육했던 후배 부장들을 불러 일주일에 한 번 만남을 가지면서 '영적 AS 시간'을 가지기도 했다. 때마침 받고 있던 직장사역 훈련과정에서 배운 일터사역의 내용을 후배들에게 전수하고, 집에까지 초대해 친밀히 교제도 나누었다.

보직 해임을 받은 지 3개월이 지나자, 새로운 보직이 주어져 업무에 복귀했다. 그 당시, 실패의 고통 속에서도 나를 꼭 품어주신 예수님의 사랑에 감사드린다. 그 기간에 영적 AS를 해주었던 믿음의 형제들이 지금도 인정받으며 일터사역자 역할을 잘 감당하고 있어서 감사할 뿐이다. 그렇지만 3개월 동안의 해임 기간은 내 직장생활에서 별로 기억하고 싶지 않은 어두운 시간이었다.

그리고 시간이 제법 흘렀다. 어느 일터사역 세미나에서 신우회 회장으로 섬기는 후배가 일터 간증을 한다고 했다. 그는 신입직원이던 시절부터 나와 친밀하게 교제했던 후배라 내 이야기가 나오리라고 내심 기대했다. 역시나 들어보니 내 이야기인 건 맞는데,

내용은 전혀 예상하지 않았던 것이었다. 이 기회를 빌어 그의 간증 내용을 나누고 싶다.

"신우회 선배 중에 신앙이 좋은 방 아무개라는 상무님이 있는데, 진급 누락 한번 없고, 해외의 좋은 도시에서 근무하고, 회사에서 보내주는 값비싼 유학도 다녀오고, 임원 승진도 남들보다 빨리 되었습니다. 저렇게 모든 게 잘 풀리면 누가 일터에서 열심히 신앙생활을 못 하겠느냐고 하나님께 불평 섞인 항변을 하기도 했습니다. 그런데 그가 임원 승진 9개월 만에 보직 해임을 당했습니다. 하지만 좌절하는 것 같지는 않았습니다. 발령받은 교육원에서 기도 모임을 가지고, 후배들을 불러 제자 훈련을 하는 모습을 보였기 때문입니다. 저는 하나님의 사람의 모습을 다시 보게 되었습니다. 미래가 불투명하고 불안정한 상황에서도 두려워하지 않고, 오히려 후배들의 신앙을 돕는 그의 모습을 보면서, 불평했던 나의 모습을 뉘우치게 되었습니다. 믿음의 힘과 하나님의 능력을 볼 수 있었습니다."

나에게는 기억하고 싶지 않았던 소위 '흑역사'가 그 후배에게는 큰 위로와 깨달음이 되었다는 간증이었다. 무척 놀라웠고, 크게 감동되었다.

보직 해임이라는 밑바닥까지 떨어져 아무런 희망이 없을 때, 하나님께서 나를 만나주시고 품어주셔서 믿음의 후배들을 돌보라는 사명과 함께 회복의 은혜를 주셨던 일이다. 게다가 그런 상황을 옆에서 바라보는 후배에게는 하나님을 향한 감사와 새로운 깨달음의 은혜를 덤으로 주셨다. 그때 일처럼 나의 고통이 주변의 영혼들에게 힘과 격려와 위로가 된다면, 힘들고 아플 때 오히려 고통의 의미를 찾고, 조금은 더 잘 견딜 수 있을 것 같다.

약해졌을 때 품어주신다

2015년 12월 1일, 갑자기 토파스 대표이사 자리에서 사임하게 되었다. 임기는 두어 달 남아 있었는데, 예상보다 일찍 찾아온 사임 발령이어서 놀랍고 당황스러웠다. 의도적인 업무 감사와 일방적인 왜곡 보고로 인한 것이었기에 마음속에는 혼란과 원망과 절망감이 가득했다. 그렇지만 하나님은 그때도 아침마다 말씀을 통해, 절망 속에 빠져 있던 나를 품어주셨다.

"견실하며 흔들리지 말며 항상 주의 일에 힘쓰는 자들이 되라 이는 너희 수고가 헛되지 않은 줄 앎이라"(고전 15:58).

"깨어 믿음에 굳게 서서 남자답게 강건하라 모든 일을 사랑으로 행하라"(고전 16:13-14).

큐티 말씀은 힘이 되고 위로가 되었으나, 영락없이 백수가 되어버린 현실을 받아들이는 것은 그리 쉽지 않았다. 청년 시절부터 꿈꾸던 교수 자리를 여기저기에 알아봤으나, 그것도 생각처럼 쉽지 않았다. 답답한 마음에 아내와 같이 가평에 있는 기도원을 찾왔다. 2박 3일간 내 처지를 주님께 올려드리면서, 간절히 기도하고 하나님의 음성을 기다렸다. 보아스를 통해 갈 곳 없던 이방 여인 룻을 품어주신 말씀을 묵상하면서, 나를 꼭 안아주시는 하나님의 자상한 손길과 따스한 품의 온기를 느낄 수 있었다.

기도원에서의 마지막 날, 전화가 왔다. 명지대학교의 총장인데, 나를 만나고 싶다고 했다. 다음날 만난 자리에서, 내게 사무처장을 맡아달라고 하셨다. 갑작스러운 제안에 놀라 선뜻 받아들이지는 못했으나, 이틀간 기도하면서 하나님의 선하신 인도하심을 발견하고, 총장님의 제안을 받아들였다. 그리고 다음 해 2월부터 5년간 사무처장으로 섬기게 되었다.

후에 알고 보니, 내가 토파스에서 사임하기 한 달 전에 명지대학교의 사무처장 자리가 공석이 되었다. 좋은 분을 보내달라고 총장님이 기도하던 중에, 내 소식을 듣고서 연락하게 된 것이었다. 당초에 예상했던 대로 정기 인사 시기인 이듬해 1월 말경에 토파스를 나왔더라면 타이밍이 맞지 않았을 것이다. 그런데 2개월여 빠른 사임으로 명지대학교와 연결될 수 있었다.

만약 정기 인사에서 퇴직했다면 이후 1년간 임원 급여의 일부를 받을 수 있었다. 그렇지 못해 실망하고 부끄럽기도 했다. 하지만 하나님은 이후 5년간 대학의 주요 보직인 사무처장 자리를 선물로 주셨다. 재정적으로는 더 풍성하게 부어주셨다. 갑작스러운 퇴직으로 실망하고 움츠렸던 나를 품어주시고, 내 처지를 높여주시는 하나님께 감사드렸다. 제사장 사가랴의 기도가 내 기도가 되었다. "주께서 나를 돌보시는 날에 사람들 앞에서 내 부끄러움을 없게 하시려고 이렇게 행하심이라"(눅 1:25). 여종의 비천함을 돌보시고 큰일을 행하신 하나님을 찬양하는 마리아의 기도(눅 1:46-55)는 백수가 되어 일자리를 찾아 헤매던 나를 높은 자리로 이끌어주신 하나님께 감사드리는 나의 기도가 되었다. 하나님은 내가 연약해 넘어져 있을 때, 그렇게 나를 품어주셨다.

실수할 때도 품어주신다

〈일터행전〉 책이 출판되고 여러 곳에서 강의와 간증 요청을 받았다. 교회와 학교, 신우회 등에서 말씀을 나누다 보니 강사료를 받게 되었다. 하나님께서 베풀어주신 은혜를 간증하며 나누는 일인데, 그냥 받아서 사용하면 과외 수입이 되어 욕심의 올무가 될 것 같았다. 그래서 강사료로 받은 돈은 선교와 전도에 사용하기로 했다. 스마트폰의 메모 앱에 강의 수입과 지출을 건별마다 꼼꼼하게 기록하고 별도로 관리하기 시작했다. 지금도 그렇게 하고 있다.

미국 LA의 한 교회로부터 강의 요청을 받았다. 금요기도회와 주일 청년집회 시간에 말씀을 전했는데, 생각했던 것보다 많은 강사료를 주셔서 거절하다 결국 받았다. 받은 강사료는 교회에 헌금해야겠다고 생각했다. 그런데 다시 생각해 보니, 그 금액이 마침 호텔의 숙박비에 해당하는 금액이었다. 욕심이 생겼다. 말씀을 전하기 위해 이곳에 와서 쓰는 돈이니 괜찮다고 스스로 핑계를 대고, 헌금하려던 마음을 슬며시 접었다.

그리고 다음날, USC MBA 유학 시절에 살았던 동네를 방문했다가 지갑을 통째로 잃어버렸다. 어제 받은 강사료뿐 아니라 현금과 신용카드 등이 전부 든 지갑이었다. 부리나케 한국의 여기저기에 전화해서 카드 사용 중지부터 요청했다. 옛날에 살던 동네를 둘러보며 과거의 회상에 빠져보려 했던 '야심찬' 계획은 완전히 깨졌다. 찝찝해서 마음이 편치 않았고, 우울했다.

정신을 차리고 나니 강사료를 호텔비로 사용하려 했던 내 욕심이 생각났다. 탐욕에 이끌려 내 마음대로 사용하려 했던 욕심을 즉시 회개했다. 그리고 '혹시?' 하는 생각에, 지갑을 분실했다고 여겨지는 햄버거 가게에 가서 CCTV 확인을 부탁했다. 매니저는 경찰의 요청이 있어야 가능하다며 정중히 거절했다. 그냥 포기하려다, 약 500미터 떨어진 경찰서를 찾아갔다. 지갑 분실 때문에 햄버거 가게의 CCTV 확인을 요청한다고 했더니, 여자 경관이 대뜸 내 여권을 달라고 했다. 지갑 분실을 신고하려는데 여권까지 내라고 하는 것이 마음에 들지는 않았지만, 요구에 응했다.

경관이 여권을 가져가더니 한참 있다가 나오는데, 그의 손에 잃어버린 내 지갑이 들려 있었다. 햄버거 가게 앞의 거리에 떨어져 있던 지갑을 한 행인이 주워 500미터나 떨어진 경찰서에 맡긴 것이었다. 경관에게 연신 감사 인사를 하고 나서 생각해 보았다. 뭔가를 아무 데나 놓아두거나 잠깐 다른 생각만 해도 도난당하기 쉬운 LA 도심의 길가에서 분실한 지갑을 다시 찾게 된 건 거의 기적에 가까운 일이다. 그랬기에 하나님의 간섭하심이 더 실감나게 느껴졌다. 재물에 대한 탐심으로 탈선하려고 했을 때 하나님께서 내 욕심을 깨닫게 하시고 나의 실수를 품어주신 것 같았다. 감사한 마음으로 지갑을 가슴에 꼭 품었다. 강사료는 그 교회에 출석하는 친구에게 맡겨 다음 주일에 헌금으로 드리도록 부탁했다.

크든 작든 돈에 대한 욕심과 재물에 대한 염려는 끊임없이 우리를 넘어뜨리고 실수하게 한다. 그럴 때도 주님은 우리를 품어주셔서 깨닫게 하시고 가르쳐주신다.

다음세대를 품으라고 하신다

예수님은 실패와 실수로 절망 가운데 헤매고 있는 베드로에게서 사랑의 고백을 이끌어내시고, 따뜻하게 품어주시면서 "내 양을 먹이라"고 부탁하셨다. 내게는 다음세대를 품으라는 말씀으로 이해되었다.

코로나가 세상을 바꿔버렸다. 거의 3년간 세계적으로 계속된 코로나 현상은 전 세계의 산업구조를 변화시켰다. 사람들의 사고

방식과 삶의 행태도 바꿔놓았다. 손 씻기와 마스크 착용이 일상이 되었고, 모든 만남과 대화의 비대면화가 가속되었다. 줌(Zoom)이나 웨벡스(Webex) 같은 소프트웨어를 통한 비대면 만남과 강의와 토론이 자연스러운 일상이 되었다. 정기적으로 개최되던 동문회와 취미 동호회는 중지되었고, 일터에서 정기적으로 모이던 신우회나 기독 공동체 모임도 하나하나 문을 닫기 시작했다.

그렇게 모든 모임과 만남이 무너지고 있을 때 나의 일터에서는 놀라운 일들이 일어나고 있었다. 매주 두 번 대면으로 모이던 대한항공의 신우회 모임은 주 3회의 줌 비대면 모임으로 계속되고 있었다. 월요일은 기도 모임으로, 화요일과 목요일은 말씀 공부 모임으로, 매주 빠짐없이 지속되었다. 누가 모이라고 독촉하거나 강요한 것도 아니었는데, 비대면으로도 모여 위로하고 격려했다. 회사의 상황과 직원들의 기도제목을 나누며 뜨겁게 기도했다. 나는 신우회 OB 선배로서 가끔 비대면 모임에 들어가 말씀을 전하고 함께 기도도 했는데, 회사와 직원들, 환자들과 선교 현장을 위해 눈물까지 흘리며 기도하는 모습을 보니 참으로 놀라웠고 감동할 수밖에 없었다. 그들은 코로나 기간에도 일터를 품는 '일품사역'을 멋지게 감당하고 있었다.

여행업계기도회 역시 매월 한 번씩 모여 일터의 문제와 고민을 나누고 기도하던 모임인데, 코로나 기간에도 빠짐없이 비대면 모임이 지속됐다. 당시 여행업계는 거의 휴면상태에 들어간 심각한

일품성도는 다음세대를 품는다.

상황이었다. 코로나 직격탄을 제대로 맞아 일터의 30-40퍼센트가 사라지고 있었다. 대표가 사업체를 폐쇄한 다음 노인복지사 자격증을 따기도 하고, 운전기사와 배달기사로 전업하다 호텔 발레파킹으로 일자리를 옮기는 경우도 있었다. 그럴 때도 비대면으로나마 만나 위로하고 격려했다. 여행업계기도회의 열기는 그렇게 식지 않고 유지되었고, 지금도 변함없이 계속되고 있다.

코로나 기간에 예상하지 못했던 항공업계의 상황을 보면서, 베드로의 일터에 두 번째로 오셔서 '예수님의 양을 먹이고 키우는 사명'을 확인시켜 주시는 예수님의 음성을 다시 들을 수 있었다.

대학에서 교수 사역을 할 때도 하나님께서 맡기신 다음세대를 키우고 세우는 사명을 거듭 확인할 수 있었다.

'내 양을 치고 먹이라'는 예수님의 명령은 내가 일터사역자를 훈련하고 양성하는 일터개발원의 원장을 맡게 되면서 계속되고 있다. 일터개발원은 직장사역자로 알려진 나의 형 방선기 목사께서 오랫동안 해오던 일터사역을 교육하고 훈련하는 기관이다. 첫 프로젝트로 '일터사명아카데미'라는 과정을 만들어 국내와 해외에서 다양한 강좌를 진행하고 있다. 일터에서 일어나는 여러 가지 문제들로 고민하는 다음세대들이 말씀의 가치관 위에 확실하게 서서 해답을 찾고 새롭게 결단하는 시간이 된다. 강의를 듣는 데서 그치지 않고 각 주제에 따라 토론도 한다. 토론을 통해 각자의 상황에서 배운 말씀을 어떻게 적용할지를 나누면서 다짐하고, 서로를 위로하고 격려하는 기회가 된다.

예수님이 우리를 품어주시면

일터를 품는 일품성도로 사는 것이 항상 기쁘고 행복하지만은 않다. 대부분의 경우는 업무에서 오는 스트레스와 인간관계의 문제들 때문에 지치고 절망하곤 한다. 상사의 질책, 진상 고객의 불만, 진급 누락, 사업 실패와 부도 같은 위기가 오기도 한다. 그러나, 그럴 때가 예수님을 만나기에 좋은 때일 수 있음을 기억하자.

예수님은 실패와 절망 속에 있는 우리를 친히 찾아오셔서 품어주시고 위로해 주신다. 우리가 실패하여 낙담할 때, 낮아질 대로 낮아졌을 때 찾아오시는 것이다. 그리고 겨우 회복된 우리에게 새로운 사명, 다음세대를 세우라는 과제를 주신다. 새롭게 품어야 할 일터의 사명을 알려주시는 것이다.

바알과 아세라 선지자들과 갈멜산에서의 화려한 영적 전투를 승리로 장식했던 엘리야도 이세벨의 살해 명령에 놀라 도망쳤다. 의기소침해져 죽고 싶다는 고백까지 했다(왕상 19:4). 죽음을 보지 않고 하늘로 올림 받은 엘리야가 그랬을 정도라면, 우리들이야 어떻겠는가? 그런데 엘리야에게는 제자 엘리사를 세우게 하셨고, 베드로에게는 "내 양을 먹이라"고 말씀하셨다. 둘 다 절망하고 실패했을 때, 낮아질 대로 낮아졌을 때 하나님께서 그런 배려와 명령을 주신 것이다.

오늘도 힘겹고 지치고 마음이 흔들리는가? 나도 늘 그랬다. 그럴 때마다 나를 찾아와 부르시고 품어주시는 예수님께 나의 힘든 상황을 고백했다. 그러면 주님은 언제나 나에게 힘을 주셨다. 나는 그 힘으로 다시 일터를 품고서 앞으로 나아갈 수 있었다. 당신도 주님의 품 안에서 힘을 얻고, 당신의 일터를 품으며 살아가는 하루하루가 되기를 축복한다.

3
교린이의
새로운 일터 품기

• 　　5년간의 명지대학교 사무처장을 마친 60세에 청년 시절부터 꿈꾸던 교수 사역을 시작하게 되었다. 나는 청년 시절의 적성이나 재능으로 볼 때 공부를 좋아하고 가르치는 것을 잘한다는 평가를 받아왔기에, 대학 교수가 되어 학생들을 가르치고 신앙으로 양육하는 길을 걷기 원했다. 그렇지만 집안 재정을 책임져야 하는 상황이 되어 공부를 포기하고, 적성이나 능력과는 완전히 동떨어진 직장생활을 대기업에서 시작했다. 29년의 대한항공 근무와 4년간의 계열사 대표, 예상치도 않았던 대학교의 사무처장 5년까지 합해 38년간의 직장생활을 마치고 나서야 비로

소 명지전문대 산학협력 전임교수가 된 것이다. 교수연구실은 대표이사실이나 사무처장실에 비하면 턱없이 좁았으나, 60세가 넘은 나이에 비로소 꿈에 그리던 교수가 되어 생긴 교수연구실이니 참으로 감사했다.

원래는 총장님으로부터 명지대학교의 교수가 돼라는 제안을 받았다. 하지만 굳이 명지전문대학으로 오게 된 것은 당시 명지전문대학에 내 일터의 경험과 관련된 학과가 마침 신설되었기 때문이었다. 그 학과는 내 소명 같았다. 그곳에서 내 역량과 경험이 더 잘 쓰임 받을 수 있겠다는 생각이 들었다.

프레드릭 비크너는 "소명이란 나의 열정과 세상의 필요가 만나는 곳에 있다"고 했다. 세상의 기준으로 보면 2년제 대학보다 4년제 대학의 교수가 더 폼나고 화려하다. 하지만 '세상의 필요'라는 관점에서 볼 때는 내 열정과 재능, 경험과 역량이 명지전문대에 새로 생긴 학과 학생들의 필요를 충족하는 데 더 부합된다고 생각했다. 그래서 명지전문대학을 선택하게 되었고, 이를 마음에 품고 기도하며, 기다리고 준비했다.

● 우려먹지 말고 새롭게 배우라는 뜻

그런데 교수로서의 첫발은 그리 녹록하지 않았다. 신설 학과라 이미 신임 교수를 채용한 상황이었고, 해당 분야의 전문가인 내가 들어오는 걸 부담스러워하며 반기지 않았다. 그래서 예상했던 학과 소속이 아니라 산학협력처라는 조직에 소속돼 산학협력 교수에게 주어진 과목을 가르치게 되었다. '청년창업'과 '캡스톤디자인'(Capstone Design)이라는 과목이 내게 주어졌는데, 이 과목들은 내가 처음 접하는 것이었다.

  교과서와 관련 서적을 구입하여 공부하며 교육 자료를 만드느라 학기 초반은 정말 정신이 없었다. 학생들의 필요를 채워주기 위해 이곳에 왔는데, 초보 교수의 '강의시수'(강사의 강의 시간)를 채우기 위해 학생들이 이용당하게 할 수는 없었다. 열심히 공부하며 강의 자료를 준비했다. 코로나 기간에는 비대면 강의의 지루함을 달래기 위해 만화도 그려 넣으며 강의안을 재미있게 만들어보려고 애썼고, 인생과 진로에 대한 당부와 조언도 아끼지 않았다. 스스로 공부하며 가르치다 보니 새로운 분야를 배우고 공부하게 된 것이 오히려 더 잘된 일이라는 생각마저 들었다. 예상했던 대로 신설 학과에 들어갔다면 내가 가지고 있는 지식과 경험을 우려먹으며 교수 사역을 '때웠을' 텐데, 새롭게 공부하는 마음가짐을 품게 되었으니 감사한 일이었다.

  강의 준비만 아니라 강의 시스템에 적응하는 일도 쉽지 않았다. 더구나 2년간의 비대면 수업은 학교의 시스템을 완전히 바꿔 놓았다. 그 시스템을 이해하고 적응하느라 적잖은 피로감이 쏟아졌다. PPT 강의 파일을 만들고, 녹화기능을 이용해서 녹취하고,

교수가 됐는데 어린이가 된 느낌, 그래서 교린이.

그것을 학교 LMS(Learning Management System)에 업로드하고, 줌(Zoom)과 유사한 웨벡스(Webex) 프로그램을 설치해서 화상 강의 환경을 구축하고, 학생들의 출결 상황을 학교 시스템에서 확인해야 했다. 이 모든 것을 짧은 시간에 배우고 따라가기는 쉽지 않았다. 열과 성의를 다해 녹화는 다 했는데, 저장이 되지 않아 재녹화를 한 적도 있다. 업로드가 잘못되어 강의가 진행되지 않는다는 피드백을 받고서 부랴부랴 파일을 다시 올리기도 했다.

  나는 거의 15년간 대기업의 임원과 대표이사에 이어 학교의 사무처장 자리에 있었다. 한결같이 보고받는 직책에 있다 보니 만들어놓은 서류를 보고서 지적하는 데는 익숙했다. 하지만 실제로 직접 파일을 만들고 작업하는 일은 그야말로 걸음마 수준이었다. 시스템 작동법을 모르면 직원들을 불러서 시키는 데 익숙한 꼰대였는데, 이제는 모든 걸 혼자 처리하고 습득해야 하니 정말 어린이가 된 느낌이었다. 그래서 스스로를 '교린이'라고 불렀다. 교수와 어린이를 합친 말이다. 노트북을 들고서 이 부서 저 부서를 쫓아다니며 물어보고 배웠다. 60세가 넘어 새로운 것을 배우고 익히는 것이 쉽지는 않았지만, 그렇게 새로운 환경에서 나로 하여금 훈련하고 배우게 하신 하나님께 감사드린다.

산학협력 교수의 또 다른 주요 과제는 대학과 산업계를 연결하는 일이다. 산업계의 필요에 맞는 교과과정을 운영하여 현장에서 쓸모 있는 역량을 끌어올리고, 학생들에게는 취업의 기회를 극대화시켜주는 것이다. 나는 항공업계 네트워크를 이용하여 신설 학과의 졸업생들에게 일자리를 제공하고자 하는 마음으로 대학에 왔지만, 항공업계와의 협력에는 별 도움을 주지 못한 채 어정쩡한 입장으로 한 학기를 보내고 있었다. 그러다 정신을 차리고, 산학협력 교수로서 학교와 협력할 수 있는 '가족 회사'를 부지런히 찾아다니기 시작했다.

온라인 배달 플랫폼 업체인 선교기업을 학교에 소개해 총장과 대표이사가 만나 산학 협력식을 개최하도록 했다. 이후로도 한국전문인선교훈련원(GPTI) 출신 대표이사들을 접촉해서 가족 회사로 영입하고, 여행업계기도회에 속한 중견 여행사와 서비스 업체들을 산학협력 대상으로 초대했다. 그렇게 믿음의 기업들을 학교와 연결하는 활동을 전개했다. 이러한 산학협력 교수로서의 활동은 학생들에게 양질의 일자리를 제공할 뿐 아니라, 복음을 전하고 말씀으로 양육하는 이중의 효과가 있었다. 비록 새로운 일터인 대학에서 내 핵심역량을 마음껏 펼치려던 꿈은 꺾였지만, 주어진 상황 속에서 조금씩 새로운 일터를 품어나갈 수 있게 되었다.

● **MZ세대를 품게 되다**

코로나 기간에 비대면 수업만 하다 보니 학생들의 얼굴을 보지 못해 아쉬웠다. 그래서 시험만은 대면으로 치르기로 했다. 내가 상대하게 된 학생들은 소위 말하는 MZ세대다. 이들의 특성상 비대면 상황에서 쓰디쓴 대면 시험을 보는 것을 그리 달갑게 생각할 것 같지 않았다. 그래서 쓴 시험을 단 사탕으로 중화할 수 있도록, 시험을 마치고 나갈 때 가져가라고 달고 말랑말랑한 젤리 바구니를 놓아두는 '자상한' 배려도 했다. 7주간의 비대면 수업 이후 8주 차의 중간고사 날에 처음으로 학생들을 강당에서 만나본다는 설렘과 기대감도 있었기 때문이다. 말은 대면 시험이었지만, 그래 봐야 마스크에 모자까지 푹 눌러쓰니 누가 누구인지 알 수 없어 대면이라고 할 수도 없었다.

시험지를 배포하고 모두 문제 풀이에 열중한 지 15분 정도 지났을 때였다. 어떤 학생이 느긋하게 슬리퍼를 끌면서 강의실 문을 열고 들어왔다. 시간이 부족할 것 같아 빨리 앞자리에 앉으라고 했다. 시험지를 받고서 가만히 앉아 있던 그 학생이 갑자기 일어나 내게 다가오더니 귓속말로 말했다. 지각한 이유를 설명하려는 건 줄 알았는데, 이런 말을 했다.

"교수님 … 볼펜 좀 빌려주세요."

"… 뭐 …?"

사실 옛날 같았으면 아무런 준비도 없이 15분씩이나 시험에 지각한 학생에게는 시험 볼 기회도 주지 않고 퇴장시켰을지 모른다. 학생들을 위해 사탕까지 놓아두는 친절까지 준비했는데, 이럴 수가 있냐며 호통을 쳤을지도 모른다. 그런데 왠지 모르게 그 학생을 향한 여유와 포용의 마음이 생겼다. 처음엔 어안이 벙벙했으나, 정신을 차리고서 내 겉옷에 꽂혀 있던 볼펜을 빌려주어 시험을 치르게 했다. 그 친구는 불과 15분 만에 시험을 끝내고 유유히 교실을 빠져나갔다. 객관식 문제만 대충 찍은 것 같았고, 주관식 문제는 아예 건드리지도 않았다. 그럴 거면서도 시험에 참석해준 게 고마웠고 재미있기까지 했다. 예상치 못했던 내 마음의 여유 있는 반응까지 보면서, 대학의 '고객'인 MZ세대에게 한 발짝 더 다가선 것 같아 괜히 뿌듯했다. 그 후 중간고사와 기말고사를 볼 때면 반드시 볼펜 서너 개를 꼭 지참해 갔다. 아니나 다를까, 한두 개 정도는 꼭 쓰임을 받았다.

어느 날 다른 과목의 대면 중간고사를 치르고 있는데, 학생 한 명이 보이지 않았다. 팀별 프로젝트를 추진하는 과목의 팀장이라 당연히 와야 하는데, 보이지 않아 걱정하고 있었다. 그때 카톡 신호음이 들렸다. 그 학생의 메시지였다.

'교수님, 사이트 접속이 안 되고 결석으로 뜨는데, 어떻게 하나요?'

'엥? 무슨 말이지?'

확인해 보니, 온라인시험인 줄 알고 집에서 컴퓨터를 클릭하고 있던 것이었다.

'중간고사는 이미 공지한 대로 대면 시험입니다. 학생 빼고 모두 다 강의실에서 시험을 치르고 있어요.'

'앗, 그랬나요? 알겠습니다.'

대면 시험에 대해 여러 번 공지하고 안내했던 터라 헛웃음이 나왔다. 비대면 온라인 시험일 것이라고 착각한 그 학생은 결국 중간고사를 치르지 못했다. 하지만 혹시나 남은 수업마저 포기할까 봐, 과제를 충실히 하고 프로젝트 팀장의 역할을 성실하게 진행하라는 조언을 주고 마무리했다.

기말고사 날에도 한 친구가 보이지 않았다. 창업에 관심이 많아 내게 조언을 부탁했던 친구인데, 나타나지 않아 의아했다. 그런데 시험을 다 마칠 즈음에 그 친구로부터 연락이 왔다. 지금 시험을 볼 수 있겠느냐는 것이었다. 그는 조부모님을 모시고 살고 있는

데, 자신으로 인해 조부모님께 코로나 전염이 될까 봐 걱정돼 학생들이 모인 곳에서는 시험을 볼 수 없었다고 했다. 그때까지 학교의 다른 강의실에서 기다리다가, 이제야 시험 장소에 왔다는 것이다. 말도 안 되고 어이도 없었지만, 그 학생의 상황을 알았기에 내 연구실에서 별도로 시험을 보도록 배려해 주었다. 그 학생은 그 이듬해에 졸업하면 바로 창업을 계획하고 있었는데, 창업이 성공하고 조부모님이 강건하시기를 기도한다고 말해주고 돌려보냈다. 또 다른 MZ세대의 면모를 접할 수 있는 시간이었다.

잠깐이었지만, 코로나 기간에 이른바 MZ세대들과의 만남을 통해 그들을 느끼고 이해하는 경험은 새롭고 재미있기까지 했다. 불성실한 학생들이 밉거나 화가 나지 않고, 그저 그들 나름의 환경과 처지라는 문제가 있으리라고 생각하니 마음이 넓어졌다. 이제는 MZ 청년들을 만나는 것이 오히려 기대되기 시작한다.

수업을 마음에 품으니 얻은 결과

내가 맡은 캡스톤디자인(Capstone Design)이라는 과목 이름에서 캡스톤(capstone)은 건물을 건축하고 완공하기 전에 마지막으로 올리는 돌을 의미한다. 순우리말로는 '갓돌'이라고 한다. 학생들이 학교에서 배웠던 지식과 노하우를 이용하여 아이디어 창작물을 만들어내, 창업을 준비하도록 돕는 교과과정이 캡스톤디자인이다. 4-5명이 한 팀이 되어 창작물 제작을 위한 아이디어를 스스로 발굴한다. 궁극적으로는 창작을 통해 창업 훈련의 기회를 제공하는 유익한 과목이다. 고객의 필요를 파악하여 실제로 과제물을 제작할 뿐 아니라, 시제품을 어떻게 마케팅할 것인지에 대해서도 고민하고 계획하게 하기 때문이다. 공학계열에서 시작된 이 과정의 교육효과가 알려지게 되자 인문계열에서도 확대되고 적용된 것이다. 이제는 많은 학교에서, 다양한 영역과 전공에서 다채롭게 시행되고 있다.

그런데 캡스톤디자인을 한 번도 해보지 못한 내가 학생들을 가르치면서 이끌어가는 것은 상당히 부담스러웠다. 직장 경험은 많지만 창업 경험은 없는 내가 학생들에게 어떻게, 무엇을 도울 수 있을지를 항상 고민하며 수업을 이끌어갔다. 그러던 어느 날 꿈을 꾸었다. 나는 원래 꿈을 잘 꾸지 않고 꿈을 꿔도 잊어버리곤 하는데, 그 꿈은 생시처럼 선명했다. 꿈에 나타난 학생이 나에게 한 말이 특히 기억난다.

"교수님, 캡스톤디자인에서 도대체 뭘 배우고 있는 건지 모르겠습니다."

항상 부담을 느끼고 있던 내 마음을 콕 찌르는 말이었기에, 그 말을 듣는 즉시 꿈에서 깨어났다. 학생들을 가르치고 싶어서 학교에 왔는데, 도움이 안 되는 교수가 되어버린 내 모습을 보는 것 같아 우울해졌다. 그 자리에서 하나님께 나의 능력 없음을 불쌍히 여기시고 도와달라고 간절히 기도했다.

학교에 와서 강의하고 팀별로 지도하면서도, 꿈속에서 들은 그 학생의 지적이 머리에서 떠나지 않았다. 낮은 자세로 하나님께 계속 기도할 수밖에 없었다. 비록 잘 알지 못하고 능력도 없지만, 캡스톤디자인 과목을 통해 학생들이 잘 배우고 좋은 결과가 있게 되기를 원한다고 간구했다.

학기가 끝날 때는 학교 안에서 캡스톤디자인 경진대회가 열린다. 한 학기에 캡스톤디자인 과정에 참여한 팀은 200개에 달한다. 이 중에서 1차 평가를 통해 25퍼센트나 30퍼센트를 선정해 최종 경진대회를 개최하는데, 내가 맡았던 6개 팀 중에서 30퍼센트에 해당하는 2개 팀을 경진대회에 참가시켰다. 학생들은 부담이 되고 자신 없다며 참여하기를 원치 않았지만, 나는 일방적으로 밀어붙여 참여하도록 했다.

경진대회는 우선 큰 강당에서 각 팀의 과제물을 전시하는 것으로 시작된다. 팀별로 자기 팀의 과제물에 대해 평가자들에게 5분간 발표하고, 질의응답 시간을 가지게 하는 방식으로 진행된다. 평가자들은 각 분야에서 전문가들인 외부 인사들로 구성되어 객관적이다. 나는 경진대회 당일, 현장에 잠깐 들러 참가한 학생들을 격려하고 돌아왔다. 하지만 학생들은 별 기대가 없었고, 나 역시 그저 최소한의 예의를 차리려고 방문했을 뿐이었다. 그런데 몇 시간 후, 참가팀 가운데 한 팀의 팀장 학생으로부터 연락이 왔다.

"교수님, 저희 금상 탔어요! 얼떨떨하고, 너무 기분 좋아요!"

깜짝 놀랐다. 전혀 예상하지도, 기대하지도 않았던 금상 소식에 나 역시 얼떨떨했다. 캡스톤디자인을 잘 알지도 못하는 교수가 가르친 2학점짜리 수업 팀이 3학점짜리 수업 팀도 있는 200개의 팀들 가운데에서 2등을 했다는 게 믿어지지 않았다. 그러기에 그 결과는 하나님께서 주신 기도의 응답임을 확실히 느낄 수 있었다. 부족하고 연약한 내 모습을 보게 하시고, 기도하게 하시고 응답해 주시는 하나님의 관심과 사랑에 감사드렸다. 그 후 매학기마다 캡스톤디자인 과목에서 학생들이 평가하는 최우수 교수로 선정되는 기쁨을 누릴 수 있었다. 잘 알지도 못하는 과목인 데다 경험도 부족한 교수였지만, 주어진 일, 곧 수업을 마음에 품으니 하나님께서 지혜도 주시고, 학생들을 향한 열정을 부어주시는 놀라운 축복을 경험할 수 있었다.

애로기술 지도의 애로

우리 대학이 LINC(Leaders in INdustry-university Cooperation) PLUS(+) 사업에 선정되었다. LINC+는 대학과 사업체 사이의 협력을 지원하는 사업이다. 이 사업을 수행하는 데에서는 산학협력 활동이 대학의 중요한 실적이 되므로, 교수들에게는 가족 회사를 유치하여 산학협력을 확대하고 강화하는 과제가 생기게 된다. 주변의 인적 네트워크를 통해 가족 회사들을 유치하고 나면, 그 가족 회사들의 '애로기술'(bottleneck technology)을 지도하는 것이 그 다음 과제로 이어진다.

애로기술 지도란 산업체의 고민거리나 과제를 학교가 맡아 도와주고 지도하는 일을 말한다. 그런데 현실에서 산업체는 발 빠르게 변모한다. 그런 산업체의 애로사항이나 문제점을 해결하기에는 학교의 역량이나 교수의 현실 감각이 떨어질 수밖에 없다. 그러다 보니 실제적인 애로기술 지도가 쉽지 않다. 일부 유능한 교수들과 산업체들은 애로기술 지도를 잘 진행하고 있으나, 대개의 경우는 현실성이 떨어지곤 한다. 그러나 애로기술 지도가 산학협력을 강화하는 데서 중요한 실적 지표로 설정되어 있으니, 교수는 뭔가 실적을 보여야 한다. 나도 학교 측의 요청에 따라 가족 회사들의 애로기술을 지도하려고 이것저것 살펴보았지만, 그들의 애로나 필요를 파악해서 도와줄 일이 별로 없었다. 오히려 산업체가 학교에서 현장의 기술 지도를 해야 하는 교수의 애로를 도와줘야 하는 상황이었다.

어쨌든 애로기술 지도 실적을 위해서는 산업체의 애로와 필요를 발굴해서 교수가 해결해 주고, 그것을 일지에 기록하고 현장의 사진을 촬영해서 보고서를 작성해야 했다. 그래서 친한 후배가 경영하는 여행 IT 업체의 애로기술 지도를 기획하고, 그 회사에 필요하다고 생각되는 자료를 나름대로 작성해서 방문했다. 후배 대표는 애로기술 지도 신청서를 작성했고, 나는 그 신청서에 따라 지도 일지를 작성했다. 적어도 4시간 이상 지도해야 실적이 되므로, 컨설팅을 했다는 일지를 가상으로 작성했다. 이를 증빙하기 위한 컨설팅 현장 사진을 다양하게 촬영했다. 그것을 종합하여 애로기술 지도 실적 보고서로 제출하면 실적으로 등재되는 일만 남았다. 후배 대표이사와 함께 여러 가지 이야기를 나누고, 사진 촬영도 하고, 신청서와 기술 지도 일지 등에 필요한 대표이사의 서명을 받고서 귀가했다.

그날 저녁, 교회의 금요기도회에 갔다. 기도하는데, 하나님께서 내게 쑥 들어오셨다.

"선오야, 오늘 애로기술 지도 잘했니?

"네, 아주 잘 마쳤습니다. … 그런데 … 왜 그러세요?"

"실제로 하지도 않은 일을 한 것처럼 포장하는 게 옳은 건가?"

"이런 보고서를 만들어 제출한 실적이 있어야 저의 개인적 산학 실적도 생기고, 제가 속한 학교도 유익을 얻게 되지요. 그야말로 '윈-윈'이지요."

"그런데 내 맘에 들지는 않는다."

"다들 그렇게 하는데, 왜 그러세요?"

"……."

"… ㅜㅜㅜ …."

내 마음에 부담이 되는 일이면, 틀림없이 매일 아침 큐티 시간마다 나를 괴롭히실 게 예상되었다. 하나님의 뜻을 간파하고서, 내 계획을 포기하기로 했다. 후배 대표이사에게 전화를 걸어 상황을 설명하고, 애로기술 지도 실적 서류와 증빙 사진들을 모두 폐기했다. 학교도 좋고 나도 좋은 일인데 하나님이 싫다고 하시니, 사회생활 해보지 않으신 하나님의 옹졸한(ᄊ) 마음을 헤아려야 하지 않겠나 싶었다. 그 덕분에, 맡겨진 산학 실적을 다른 활동으로 채우느라 여러 가지로 고생했다.

사울은 자기에게 주어진 이스라엘 왕으로서 일과 일터를 나름대로 열심히 품었다. 그런데 거기에 자기 탐욕이 들어가자 비뚤어진 방법으로 품게 되었다. 하나님의 소유요 하나님의 왕국이 아니라, 자기 소유이자 자기 왕국으로 변질해 버려 결국 파멸하고 말았다. 일터를 품으라고 해서 내 마음대로, 그저 내 뜻대로 품어서는 안 된다. 마음에 품어도, 하나님이 기뻐하시는 뜻과 방법으로 품어야 한다.

● 학생이 너무 많아 품기 힘들 때

나이 육십이 되어 느지막이 교수로 임용받아 교린이(교수+어린이) 시절을 보내면서 가까스로 첫 학기를 보내고 있을 때, 교목실장님이 다음 학기부터 '성경과 삶'이라는 과목을 맡아달라고 했다. 이제 겨우 교수로서 걸음마를 내딛기 시작했는데, 내 전공도 아닌 성경을 가르치라는 부탁이 부담스러워 정중히 사양했다. 물론 성경을 아예 모르는 것도 아니고 가르쳐본 경험이 없는 것도 아니었지만, 성경을 읽지도 않은 불신 학생들에게 가르친다는 건 아예 다른 일이기 때문이다.

그런데 집에 와서 가만히 생각해 보니, 옛날부터 대학 교수가 되고 싶었던 이유가 청년들에게 말씀을 가르치고 제자 훈련을 하고 싶었던 게 아닌가! 다음날 교목실장님께 나 같은 걸음마 교수에게 귀한 기회를 주신 것에 감사드리며, 성경 과목을 맡겠다고 말씀드렸다.

우리 대학은 '성경과 삶'이 필수 교양 과목이다. 모든 학생이 재학 기간에는 반드시 이수해야 한다. 신자 비율이 10퍼센트도 되지 않는 미전도 종족 수준의 대학생들에게 별 관심도 없는 성경 말씀을 2시간 동안 가르친다는 것이 쉽지는 않다. 그걸 들어야 하는 학생들도 마찬가지일 것이다. 그래서 나는 15주간의 '성경과 삶' 과정을 열심히 준비했다. 과거에 '성경과 삶'을 가르쳤던 목사님과 교수님들의 교안을 살펴보면서, 나름대로 학생들의 삶에 와 닿는 내용으로 편집하고 준비했다.

첫 강의를 하던 때는 코로나 기간이라 비대면 강좌로 진행했고, 매주 정성스럽게 강의를 녹화해서 업로드했다. 강의마다 수강생들에게 느낌이나 질문과 비판 등을 학교의 온라인 강의 사이트에 등재하는 과제를 부여했다. 수강생 50명 전체가 과제를 수행하지는 않았지만, 70-80퍼센트 정도는 나름 각자 강의에서 배우고 느낀 점을 써서 올리는 과제를 수행했다.

나는 수강생들이 올려준 과제와 제안에 대해서는 개별적으로 성심껏 회신해 주었다. 그들의 요청이나 제언을 다음 강의에 반영하기도 했다. 수강생들이 질문을 올리기도 했는데, 질문에 대해서도 최대한 이해하기 쉽게 답을 써서 회신해 주었다. 몇몇 학생들은 나의 강의를 듣고서 교회에 한 번 다녀봐야겠다는 반가운 의견도 올려주어 감사했다. 적어도 성경과 기독교에 대해 긍정적인 생각을 가지게 되었다는 피드백이 많아 행복했다. 강의에 대한 좋은 평가도 받아 자신감도 생겼다.

다음 학기에는 코로나 방역이 완화되어 대면 강의가 가능해졌다. 50명 비대면 강의에서 100명 대면 강의로 확대되어 강의 준비에 한층 열의를 품게 되었다. 학생들이 지루하지 않도록 사진과 그림을 더 추가하고, 내가 그린 만화도 넣고 만화 동영상을 보강했다. 불신 학생의 입장에서 기독교와 성경을 이해하기 쉽도록 콘텐츠도 강화했다. 의미 있고 유익한 강의가 되기를 간절히 기도하면서, 첫 시간에 수업 장소인 대강당으로 들어갔다.

기대 반 두려움 반으로 들어간 대강당에는 100명의 학생들이 빼곡히 모여 있었다. 첫 수업을 시작하면서, 학생들의 관심과 흥미를 끌어올리기 위해 기독교 경전이 아닌 인문 고전으로서 성경을 보자고 강조했다. 15주 동안 함께 수업을 잘 진행해 보자고 제안했다. 이번에도 강의마다 수강생들이 받은 느낌과 질문이나 비판을 등재하는 과제를 부여했다. 감사하게도 수강생의 60-70퍼센트 정도는 강의에서 배우고 느낀 점들을 과제로 올려주었다. 때로는 질문도 올려주었다.

그런데 강의가 계속될수록 학생들의 참여도가 떨어지기 시작했다. 수업을 시작할 때 이미 학생들의 50퍼센트는 눈을 감고 있었다. 강의가 진행되면서 눈을 감는 학생들의 숫자는 늘어만 갔다. 자신이 원해서 선택한 강의가 아니라, 모든 학생이 의무적으로 수강해야 하는 '교양필수' 과목이라는 사실이 이렇게 큰 부담이 되리라고는 예상하지 못했다. 사실 원하지도 않고 전혀 관심도 없는 성경에 대해 강제로 배워야 하는 수업이 재미있을 리가 없다.

비대면 강의를 할 때는 학생들과의 상호작용이 아쉬워 대면 수업에 대한 기대가 있었는데, 막상 대면 수업을 하면서 그들의 무반응을 대하니 내 마음은 점차 쪼그라들기 시작했다. 자고 있는 학생들을 바라보며 강의하다 보면 등에 땀이 흘러내렸다. 후반의 강의 몇 개를 남겨놓았을 때는 어서 학기말이 오기만을 바라는 마음뿐이었다. 원망하는 마음까지 조금씩 생겼다. 꾸역꾸역 강의를 진행하면서, 하나님께 불평했다.

"30-40명 정도면 학생들과 눈 마주치고 대화하면서 강의를 진행할 수 있겠는데, 무려 100명, 그것도 대부분이 불신자인 이 많은 수강생들에게 성경 말씀을 전하는 게 너무 힘듭니다…."

"……."

헉헉거리며 불평하고 있을 때, 하나님은 내가 큐티할 때 본 말씀으로 대신 답해주셨다. 그때 다니엘서를 묵상하고 있었는데, 다니엘서 12장 3절 말씀이 답답한 내 마음에 와닿았다.

"많은 사람을 옳은 데로 인도하는 자는 별과 같이 빛나리라."

"선오야, 100명이나 되는 불신 학생들을 옳은 데로 인도하려고 말씀을 가르치는데, 그들의 반응 때문에 절망하고 좌절할 것이 아니라, 너를 별과 같이 빛나게 해주실 것이라는 약속을 기대하면 어떻겠니?"

비록 마음이 무거워지고 지치고 힘든 상황이지만, 귀한 청년들에게 마음껏 하나님의 말씀을 전하는 기회가 주어졌다는 것은 얼마나 귀하고 복된 선물인가? 내 마음을 위로하고 안아주시는 하나님의 따스한 품을 느꼈다.

아무도 안 듣는 것 같고 아무 관심도 없어 보였는데, 학기 말에 나온 '성경과 삶'에 대한 학생들의 강의평가 점수는 매우 좋았다. 하나님께서는 그렇게 두 번째 '성경과 삶' 강의를 성공적으로 인도하셨다. 가랑비에 옷이 젖듯, 15주간 함께 나눈 성경의 진리가 학생들의 마음을 조금이라도 적셔주어서, 언젠가 주님께 돌아오게 되기를 간절히 기대하고 기도했다. 그 기도는 내 강의를 들은 학생들을 품는 기도였다.

一品聖徒

2부

일품성도의 인간관계

4
인간관계의 노와이를 알아야 한다

● 　　인간관계는 사회생활에서 빠질 수 없는 중요한 주제다. 앤드류 매튜스는 〈관계의 달인〉이라는 책에서 "인생의 99퍼센트는 관계가 만든다"고 했다. 카네기연구소의 설립자인 데일 카네기는 그의 베스트셀러 〈데일 카네기 인간관계론〉에서 "모든 성공은 사람과의 관계에서 시작된다"고 강조하며 인간관계의 중요성을 역설했다. 일터와 일터의 사람들을 품어야 할 일품성도에게는 인간관계가 더욱 중요한 주제일 수밖에 없다.
　경영학에서는 인간관계를 관계 자산(relation asset)이라고 할 정도로 중요한 요소로 본다. 그러나 현실에서는 인간관계가 자산

(asset)이 아니라 부채(debt)처럼 느껴지기도 한다. 일터에서 도망치고 싶은 고민거리가 되기도 한다. 사직서를 내고 회사를 떠나게 되는 경우 연봉이나 업무 적성이 맞지 않은 탓도 있지만, 많은 경우가 대인관계에서 오는 스트레스와 분노의 감정 때문이다.

일터에서 구별된 삶을 살고자 노력하는 크리스천들에게도 대인관계 문제는 심각하게 다가온다. 일터에서 발생하는 인간관계의 문제는 상사의 꼰대 기질에서부터 망나니 같은 부하의 버르장머리, 거래처나 고객의 갑질까지, 일하는 영역에서 만나는 모든 관계에서 쉽게 발견할 수 있다.

조직 내부에서는 승진 문제가 경쟁을 넘어 직원 상호 간에 시기와 질투를 유발하고, 누구의 줄을 붙잡을 것인가를 고민하게 만든다. 게다가 최근 들어서는 쌍둥이마저 느낀다는 세대 간의 갈등에 더해 사회의 급격한 변화도 더욱더 빨라지고 있다. 가치관의 극명한 차이에 따른 충돌도 심각해서, 그렇지 않아도 힘든 대인관계 문제를 더 심화시키고 있다. 이러한 대인관계의 고민과 문제는 크리스천이라고 해서 피해 가지 않는다. 오히려 크리스천이라는 이유 때문에 때로는 더 힘들고 고통스럽기까지 하다.

성경은 "네 이웃을 네 몸같이 사랑하라"고 명령하셨다. 사실 그렇게만 할 수 있다면 일터의 대인관계 문제는 말끔히 사라질 것이다. 문제는 이웃이 도와주지 않는 것이다. 주변 이웃들이 내게 아주 못되게 굴고 괴롭힐 때도 있다. '선량한' 나를 가만 놔두지 않는다. 그래서 이 명령은 더 이상 순종할 수 없는, 미래의 저 하늘나라의 목표 정도라고 생각하고 눈감아 버린다. 그저 세상에서 살아가는 처세술에 의지하여 적당히 관계를 맺으며 살아간다.

성경에서도 인간관계의 갈등을 많이 찾아볼 수 있다. 믿음의 조상 아브라함은 조카 롯과 경제의 문제로 갈등이 생겨 갈라서게 된다. 가인은 동생 아벨에 대한 시기와 질투로 동생을 죽이고 만다. 사울도 다윗의 인기가 높아지자 지구 끝까지라도 쫓아가서 죽이려 했다. 예수님의 포도원 비유에서는 급여 문제로 불만을 표현하고 불평한다. 생각 차이로 인한 갈등도 있다. 바울과 바나바는 선교여행의 동반자 문제로 심하게 다투고 갈라선다. 영적으로 거룩했던 초대교회에서조차 인맥의 문제로 갈라져 당을 짓고 싸움을 벌였다.

나의 첫 손녀 소윤이는 눈에 넣어도 아프지 않을 만큼 귀엽고 사랑스럽다. 그러기에 소윤이가 뭘 해도 다 이해하고 싶어진다. 소윤이는 부모에게 심술을 부리기도 하고 동생을 괴롭히기도 한다. 할아버지에게 버릇없이 굴 때도 있다. 옛날 우리 아들들 같았으면 맴매가 답이었다. 그런데 소윤이는 그냥 다 이해되고 용납이 된다. 그래서 할아버지와 할머니가 손주를 키우면 버릇 나빠진다고 하는 것 같다. 일터에서 만나는 사람들을 향해 손주를 향한 할아버지의 마음처럼 열려 있고 넉넉하다면 인간관계에서 일어나는 많은 문제가 해결되리라고 믿는다. 상대를 향한 나의 마음가짐, 자세와 태도가 인간관계의 기본이 되는 탓이다. 그런데 넉넉하고 열린 마음은 하나님과의 관계에서 비롯된다. "네 이웃을 네 몸과 같이 사랑하라"는 말씀 앞에는 "마음과 뜻과 정성을 다해 하나님을 사랑하라"는 말씀이 선행된다(막 12:33). 하나님과의 관계가 올바로 세워지면 이웃과의 관계가 자연스럽게 따라오게 된다는 것으로 이해할 수 있다.

하나님과의 관계와 인간관계

캐나다 리전트 칼리지의 폴 스티븐스 교수는 C로 시작하는 3개의 키워드로 모든 관계를 풀어간다.

첫 번째 C는 Communion, 하나님과의 관계이다. 두 번째 C는 Community, 사람과의 관계이다. 세 번째 C는 Co-creativity, 일(노동)과의 관계이다. 폴 스티븐스 교수는 이 3C가 창조-타락-구원의 과정에서 어떻게 변해가는지를 설명한다.

창조 때에 하나님과의 관계(Communion)는 친밀함 그 자체였다. 에덴동산에서 아담은 하나님과 친밀한 교제를 했고, 그 결과 사람과의 관계(Community)가 아름다웠다. 아담은 하와를 '내 살 중의 살이요 뼈 중의 뼈'라고 부를 정도로 사랑하고 신뢰했다. 에덴동산을 관리하는 일(Co-creativity)도 하나님의 창조 사역에 동역하는 뿌듯하고 자랑스러운 사명이요 축복이었다.

그런데 죄가 들어와 불순종으로 타락하면서 하나님과의 친밀한 관계가 깨어졌다. 그 결과 아름다웠던 사람과의 관계도 무너졌다. 서로 죄의 책임을 전가하고(창 3:12), 심지어 살인까지 저지르는 상황에 이르렀다(창 4:8-9). 동시에 축복이요 사명이었던 일까지도 고통과 아픔을 수반하는 저주의 대상으로 전락하고 말았다.

그러나 하나님의 은혜로 말미암아 예수님의 십자가 보혈로 구원의 길이 열렸다. 그 결과 하나님과의 관계가 다시 회복되었다. 내주하시는 성령님의 도우심으로 사람과의 관계도 창조 때의 사랑의 관계로 회복되는 길이 열렸다(막 12:33; 롬 12:18; 히 12:14). 아직 하나님 나라가 완성되지는 않아 수고와 고통과 스트레스가 우리를 괴롭히지만, 일 역시 하나님께 드리는 예배요 창조 세계를 다스리고 정복하는 사명으로 회복되었다.

십자가 보혈로 하나님과 관계가 회복된 성도는 이제 사람과의 관계와 일에 대한 자세가 완전히 달라져야 한다. 인간관계는 그저 세상에서 잘 살고 성공하기 위해 꾸려가야 하는 처세술에 관한 것이 아니다. 하나님과의 관계가 회복되면 사람과의 관계도 함께 회복되어야 한다. 하나님과의 관계가 달라지면 사람과의 관계도 동시에 달라져야 한다.

교회의 가정공동체에서 함께 교제하는 M형제는 대기업에서 신규 사업을 발굴하고 M&A를 추진하는 일을 한다. 업무 자체가 고도의 창의성을 요구하고 기술과 금융이 결합된 복잡한 일이라 업

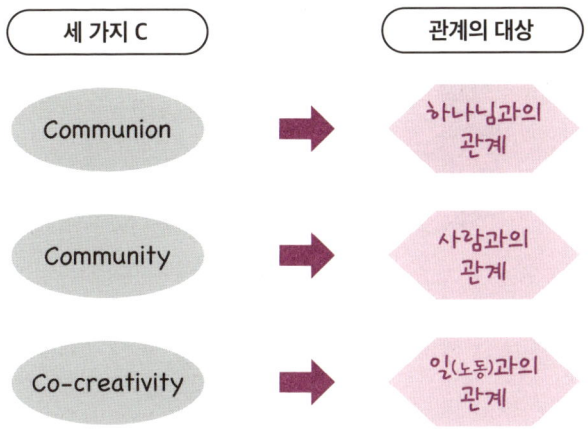

무의 강도가 높고 스트레스 지수도 무척 높다. 그 형제가 바쁜 일정을 쪼개 새벽기도회에 참석하기로 했다. 매일 새벽 4시 반에 일어나 가까운 교회의 새벽기도회에 빠짐없이 참석했다. 그 후 어느 날, 점심 식사를 함께하던 후배가 그에게 이렇게 말했다고 한다.

"선배님, 요즘 좋은 일이 있나요? 눈매와 표정이 바뀌신 것 같아요."

"내 눈매와 표정이 어땠는데?"

"흐흐. 과거에는 좀…. 어쨌든 과거보다 푸근해지고 넉넉해지신 것 같아요."

그 형제가 이런 고백을 일터에서 들을 수 있었던 이유는 새벽기도를 통해 회복된 하나님과의 관계가 인간관계에 자연스럽게 영

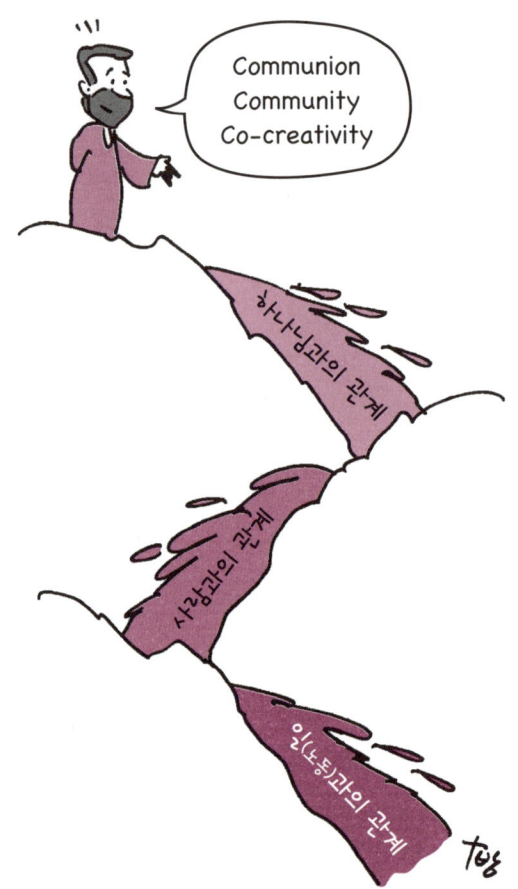

세 가지 관계는 물줄기처럼 이어진 것이다.

향력을 미쳤기 때문이 아닐까? 그리스도인에게 인간관계는 좋은 관계를 맺고, 네트워킹을 잘하고, 인맥을 쌓아서 성공적인 인생을 꾸려가는 것 이상의 영적 의미와 사명이 있음을 기억해야 한다.

하나님 나라 백성의 인간관계 노와이

대인관계의 노하우(Know-how), 즉 방법을 가르쳐주는 책들은 서점에 즐비하다. 경청해야 하고, 역지사지의 자세로 대해야 하고, 각 분야의 여러 사람들과 두루 사귀어 넓은 인맥과 네트워킹을 구축해야 한다 등등, 대인관계의 기술과 방법(노하우)을 제공한다. 그러나 하나님 나라의 백성이 인간관계에 대해 생각할 때 확실하게 붙들어야 할 것은 그런 노하우가 아니다. 인간관계가 왜 중요하고 어떤 의미가 있는가 하는 '노와이'(Know-why)를 알아야 한다. 인간관계의 중요성과, 그것이 어디서 시작된 것인지 바르게 이해하게 될 때 인간관계의 문제가 해결될 수 있기 때문이다.

인간관계는 하나님과의 관계에서 시작되어 변화되고 회복되어 가는 것이다. 인간관계가 세상에서 태어나 사회 속에서 살다 보니 우연히 엮어지는 결과물이 아니라는 걸 기억해야 한다. 하나님의 뜻과 계획 속에서 이루어지는 것이 인간관계다. 하나님은 그 뜻을 사람을 통해, 사람들과의 만남과 관계를 통해 성취해 가신다.

유대 땅에서 존경받던 대부호 보아스는 우연히 자신의 일터에서 비정규 알바를 하던 이방 과부 여인 룻을 만나게 된다. 당시 문화와 종교적인 시대 상황으로 볼 때 이 둘의 만남은 관계로 엮이기 어려웠다. 여자는 사람의 수에 치지도 않았다. 이방인은 강아지보다 못한 존재였다. 거기에다 과부는 하나님의 축복에서 멀어진 존재였다. 룻은 이 세 가지가 완벽하게 결합된 존재다. 그런데

도 보아스는 철저히 무가치한 존재와의 만남을 자비와 배려로 이어간다. 그 결과 보아스와 룻은 가정을 이루어 오벳을 낳는다. 오벳은 이새를 낳고, 이새는 성군 다윗을 낳는다. 나아가 예수 그리스도에게까지 이르게 된다(룻기 4장).

사람을 만날 때, 그것이 계획된 만남이든 우연히 만나게 되는 경우든, 모든 만남에는 의미가 있음을 기억해야 한다. 만남을 통해 뜻을 이루어가시는 하나님의 계획이 숨어 있을 수 있음을 잊지 말아야 한다. 어느 유명 가수의 노래 가사처럼 말이다. "우리 만남은 우연이 아니야." 하지만 우리는 그 만남의 뜻과 의미를 처음부터 알아챌 수 없다. 그러기에 일상에서 모든 만남을 귀하게 여기고, 성심껏 사람을 대하고 관계를 이끌어가야 한다.

나는 대한항공에 입사해서 성경 공부 모임을 만들었다. 거기서 시작된 만남을 통해 신우회가 시작되었다. 그 신우회는 '믿음의 기업 대한항공'이라는 기도제목을 만들었다. 회사의 문제와 동료의 기도제목을 놓고 기도했다. 그야말로 때를 얻든지 못 얻든지 모여서 기도했다. "작은 불꽃 하나가 큰불을 일으키어 그 주위 사람들이 그 불에 몸 녹이듯이"라는 복음성가의 가사처럼, 작은 만남들이 모여 예기치 못했던 놀라운 결과를 이루어내고 있음을 보고 있다. 대한항공 계열사인 토파스 대표이사로 발령받아 여행사를 방문하며 이루어진 만남들을 통해서는 여행업계 신우회 모임인 여행업계기도회가 시작되었다. 여기저기 흩어진 믿음의 식구들과의 친밀한 교제를 통해 여행업계에선 최악의 기간인 코로나 시기도 극복하고 이겨낼 수 있었다.

인간관계에 대한 성경의 가르침

살아가면서 만남을 통해 일하시는 하나님의 놀라운 사역의 방식과 계획을 발견하고 깨닫게 된다. 때로는 껄끄러운 만남도 있다. 피하고 싶고 끊고 싶은 관계도 있다. 그러나 유쾌하지 않은 만남과 관계를 통해서도 하나님은 일하신다. 많은 경우, 그런 만남은 내 신앙의 성숙과 훈련의 기회가 되곤 한다. 이렇게 생각하다 보니, 그동안 내가 얼마나 많은 만남과 관계를 의미 없이 허비하고 낭비해 버렸는지 돌아보게 된다.

대인관계의 의미와 일터에서의 만남의 중요성을 깨달은 일품 성도의 인간관계는 어떠해야 할까?

첫째, 모든 사람과 좋은 관계를 맺도록 힘써야 한다.

로마서 12장 18절에 "할 수 있거든 모든 사람과 더불어 화목하라"는 말씀이 나온다. 내가 처음 이 말씀을 대했을 때는 사람들과 좋은 관계를 유지해야 사회생활을 하는 데 유익하다는 대인관계와 처세술을 위한 격언 정도로 이해했다. 그런데 로마서 12장 후반부 말씀 전체를 살펴보면, 이 말씀은 단순히 대인관계에서 처신 잘해서 성공하라는 권면이 아니다. 훨씬 근본적이고 영적인 권면의 말씀이다. 우리를 "박해하는 자를 축복하고 저주하지 말라"고 명하신다(14절). "아무에게도 악을 악으로 갚지 말고 모든 사람 앞에서 선한 일을 도모하라"고 하신다(17절). "네 원수가 주리거든 먹이고 목마르거든 마시게 하라. 그리함으로 네가 숯불을 그 머리에 쌓아 놓으리라. 악에게 지지 말고 선으로 악을 이기라"(20-21절)고 하신다.

그 당시 로마에서 살던 성도들은 세속적인 로마의 문화와 일터에서 얼마나 많은 박해와 조롱과 업신여김을 당했을까? 이방 문화를 따르지 않고 신앙을 고수하려고 할 때 받았던 멸시와 천대는 또 얼마나 심했을까? 그런데 하나님은 그들을 축복하고, 그들에게 선한 일을 하라고 하신다. 일터에서 시기와 질투가 일어나고 복수의 욕망이 불붙어도, 그들을 넘어뜨리거나 앙갚음하지 말라고 하신다. 그러다 보면 모든 사람과 화목하게 되는 것이다. 구원하신 하나님의 은혜(Communion)에 감격하여 넓어진 마음으로 사람들을 대하고 열린 마음으로 관계를 이어가면서, 사람과의 관계에서도 내 기분과 판단을 보류하고 견디고 기다릴 때, 사람들과 화목(Community)하게 된다는 것이다.

세관에 앉아 있던 마태는 예수님의 부르심을 받자 좌고우면하지 않고 즉시 일어나 따랐다. 당시 세리는 윤리적으로나 사회적으로 천대받던 직업으로, 창녀와 함께 전형적으로 몹쓸 직업이요 범

죄 집단의 일원처럼 취급받았다. 그 범죄 소굴에서 탈출한 세리는 더러웠던 죄인들과의 과거의 관계와 '손절'하고 빛 되신 예수님만 바라보며 따라야 했다. 그런데 그가 제일 먼저 한 일은 자기 집에 동료 세리들을 초대해서 회식 자리를 만든 것이다.

예수를 믿고 나서 과거의 술친구들과의 만남을 멀리하다 보니, 그들과의 관계가 끊어지고 세상 친구들은 더 이상 만나지 않는다고 '간증'하는 이야기를 듣곤 한다. 그런데 마태는 그렇게 하지 않았다. 함께 일하던 세리들과의 관계를 이어 나갔다.

내 신념과 입장과 다르다고 관계를 끊고 교제를 중단하는 것은 하나님이 기뻐하시는 모습이 아니다. 나이가 들어 사고방식과 생각이 고착되다 보면 다른 사람과의 관계를 끊기 쉽다. 그러나 우리의 만남은 우연이 아니므로 그 만남을 이어가되, 할 수 있거든 화목하고 화평하게 지내는 것이 로마서 12장 18절 말씀이 우리에게 가르쳐주는 인간관계의 원칙이다.

3대 1 점심 사역(lunch ministry)이란 것이 있다. 세 명이 한 팀을 이뤄 한 달에 한 번씩 돌아가며 한 사람을 점심에 초대하는 사역이다. 초대된 사람과 인사하고 대화하면서 교제를 나눈다. 신앙에 대한 이야기도 자연스럽게 나누다 보면 초대된 사람의 마음이 열려 주님을 영접하기도 한다. 그렇지 않은 경우에는 그저 고민과 문제를 듣고 함께 기도해 준다.

그런데 이런 멋진 사역이 완전히 망가지기도 한다. 초대된 사람이 우리 점심 사역의 팀원 중 한 사람과 껄끄러운 관계인 경우다. 그러면 그 점심 사역은 그야말로 고통스러운 사역이 되어버리고 만다. 좋은 관계를 맺고 모든 사람과 화목하는 것이 영혼을 살리는 영적 인프라를 구축하는 데 꼭 필요하다는 걸 알 수 있는 경우다.

둘째, 불편한 관계를 참고 견뎌야 한다.

"할 수 있거든 모든 사람과 화목하라"고 주님은 우리에게 명령하셨지만, 우리가 일터에서 여러 사람을 만나다 보면 불편하고 힘들고 고통스러운 관계가 있을 수 있다.

고객서비스 실장으로 보임 받았을 때, '고객은 왕'이라고 주창하며 직원들에게 고객 중심의 서비스를 제공할 것을 강력히 요구했다. 그런데 3년 정도 지나 보니 점점 까다롭고 무법자가 되어가는 고객들이 점점 지긋지긋하고 무서워지기까지 했다. 임원으로 진급했을 때 회사의 오너를 대해야 했던 스트레스는 겪어보지 않으면 모를 정도다. 불편한 관계는 언제 어디서든 생겨날 수 있다.

"사환들아 범사에 두려워함으로 주인들에게 순종하되 선하고 관용하는 자들에게만 아니라 또한 까다로운 자들에게도 그리하라 부당하게 고난을 받아도 하나님을 생각함으로 슬픔을 참으면 이는 아름다우나"(벧전 2:18-19).

이 말씀을 대했을 때 큰 위로가 되었다. 왜냐하면 인간관계에서 힘들고 어려울 때 사랑으로 용납하고 용서해서 상대방을 감동시키라고 말씀하신 것이 아니기 때문이다. 그냥 하나님 생각하면서 참으라고 했다. 그렇게 하는 것이 하나님 보시기에 아름답다고 했다. 어렵고 힘들 때 꾹 참고 견디는 게 아무것도 아닌 것 같지만, 하나님께서 그것을 아름답고 귀하게 보신다니 마음에 큰 위로가 되었다.

오바댜는 북이스라엘 아합 왕 시대에 궁내 대신이었다. 아합도 아합이지만, 그의 이방 아내였던 우상 제조기 이세벨까지 모셔야 하는 상황에서 믿음의 사람 오바댜는 얼마나 힘들고 고통스러웠을까? 그런 상황에서 오바댜는 100명의 선지자를 숨겨주고 먹을 것을 제공하는 모험까지 감행했다. 더 나아가 엘리야와 아합 왕의 만남을 주선하는 미팅 주선자 역할을 함으로써 3년 반이나 계속된 가뭄을 종식하고, 바알과 아세라 선지자를 진멸하는 사역을 하게 된다.

다 때려치우고 나왔어야 할 만한 일터에서 끝까지 견디며 그 자리를 지킨 오바댜를 묵상하면서 위로와 힘을 얻게 된다. 그런데, 그렇게 참고 견디는 것은 매우 어렵다. 꼴 보기 싫은 상사와 동료를 참아주고 견뎌내려니 소화도 안 되고, 불면증으로 잠까지 설치게 된다. 출근 전까지는 마음속으로 용서했는데, 일터에서 그 얼굴을 보는 순간 미움과 분노가 치밀어 오른다.

다윗은 별별 수단을 동원해 자기를 죽이려는 사울과의 관계를 자기 기분과 생각대로 풀어가지 않았다. 그냥 참고 견뎠다. 망명

자와 도망자가 되어서라도, 좁디좁은 아둘람 굴에 숨어 생존을 이어가면서도 사울과의 관계를 자기 마음대로 끊지 않았다. 속에서 터져 나오는 분노를 표출하지 않고서 견디고 기다렸다.

다윗의 인격이 워낙 고매해서 웬만한 것은 그냥 다 넘길 정도로 성령 충만했던 것일까? 물론 그럴 수도 있겠다. 그러나 다윗의 대표적인 탄원시인 시편 109편을 읽어보면 다윗이 불편한 관계를 어떻게 참고 견딜 수 있었는지 이해할 수 있다. 다윗은 자신의 울분과 아픔과 고통을 상대방에게 직접 쏟아붓지 않고 하나님께 올려드렸다. 하나님께 일러바친 것이다. 자신이 복수하지 않고 하나님이 알아서 하시도록, 하나님께 결정권을 내어드렸다. 누구에게나 껄끄럽고 고통스러운 관계가 더 이상 참고 견디기 힘들어 다 때려치우고 그만두고 싶을 때가 있다. 그때 소리쳐 하나님께 쏟아놓고 부르짖으면 하나님께서 들으시고 잘 견디게 해주신다.

"내 형제들아 너희가 여러 가지 시험을 당하거든 온전히 기쁘게 여기라 이는 너희 믿음의 시련이 인내를 만들어 내는 줄 너희가 앎이라 인내를 온전히 이루라 이는 너희로 온전하고 구비하여 조금도 부족함이 없게 하려 함이라"(약 1:2-4).

독일 프랑크푸르트 지점에 발령받았을 때의 경험이다. 새로운 문화와 새로운 환경에서 새로운 업무를 배우는 것도 쉽지 않았지만, 그것보다 더 힘든 것은 내가 모셔야 하는 지점장의 업무 스타일이었다. 업무에 대한 그의 열정과 꼼꼼함은 그때까지 겪은 어느 상사보다 강력했다. 그는 사내에서 검찰총장이라고 불렸다. 자신의 요구사항이 100퍼센트 충족될 때까지 한시도 가만두지 않고 채근하고 몰아붙이는 것으로 유명했다. 그래서 나는 그 분이 원하는 업무처리 방식의 신속성과 완벽성에 맞추기 위해 매일 야근을 했고 주말에도 출근했다. 주일에도 예배드린 다음 사무실로 출근해 잔업을 마무리하는 것이 일상화되었다.

점차 지치기 시작했다. 업무에 대한 부담감과 스트레스 때문에 살면서 한 번도 경험하지 못한 불면증까지 찾아왔다. 다 포기하고 내려놓고 싶을 때, 주님이 주신 말씀이 베드로전서 2장이었다. 까다롭고 모시기 힘든 상사를 대하는 것이 고단했지만, 하나님을 생각함으로써 참으면 하나님이 보시기에 아름답다는 말씀이었다(벧전 2:19). 이 말씀을 붙들고서 6개월 정도를 참고 견뎠다. 지점장의 요구사항을 100퍼센트에 가깝도록 충족시켜 드리다 보니 점차 인정받기 시작했다. 웃음기가 없었던 검찰총장 지점장의 눈매가 풀리기 시작했다. 주일에 출장이 불가피해졌을 때조차 지점장은 나에게 오전 예배를 드리고 갈 수 있도록 배려를 아끼지 않았다. 교민들과 술자리가 있을 때는 술을 마시지 않는 나를 위해 흑기사 역할을 대신해 주기까지 했다. 다른 부하직원들에게는 흔치 않은 일이었다.

최근 그 지점장이 자녀 방문차 독일에 오셨을 때, 마침 독일 여행중이던 우리 부부와 우연히 만났다. 거의 30년 만에 뵙게 되어 이제는 70대 후반이 되신 그 분이 자기 자녀의 집에 우리를 초대해 융숭한 대접을 아끼지 않았다. 과거에 함께 일했던 에피소드를 나누면서 풍성한 교제를 나누었다. 그 분과 일하면서 잘 견뎠던 인내의 열매를 맛볼 수 있는 시간이었다.

일터에서 가장 고민이 되고 어려운 부분이 윗사람과의 관계다. 내가 여러 곳에서 강의하며 청중에게 고민거리를 물어보면 윗사람과의 껄끄러운 관계 문제가 상당한 비율을 차지한다. 못살게 구는 윗사람만 없으면 다 잘될 것처럼 이야기한다. 그 관계를 견디지 못해 이직하는 경우도 비일비재하다. 나는 검찰총장 지점장을 참고 견디는 과정을 통해 대인관계를 풀어가는 '근육'이 쌓이기 시작했다. 그때 축적된 대인관계의 근육이 이후에 만나게 되는 까다롭고 깐깐한 상사들과의 관계에서 진가를 발휘했다.

셋째, 깨어진 관계를 회복해야 한다.

불편한 관계가 계속되다 보면 관계가 깨어지기도 한다. 더 이상 보기도 싫고, 관계를 지속하는 것이 불가능할 지경까지 이르기도 한다. 부서를 이동하거나 사직하게 되는 경우, 그 배후에는 관계의 깨어짐이 원인인 경우가 상당히 많다. 그런데 예수님은 깨어진 관계의 회복이 예배보다 시급하고 중요하다고 가르쳐주셨다. "그러므로 예물을 제단에 드리려다가 거기서 네 형제에게 원망들을 만한 일이 있는 것이 생각나거든 예물을 제단 앞에 두고 먼저 가서 형제와 화목하고 그 후에 와서 예물을 드리라"(마 5:23-24).

교회에서조차 부서 간의 갈등이나 인간관계 문제로 힘들어지는 경우가 종종 발생한다. 자존심이 상하고 분노가 치밀어 서로 얼굴도 보지 않는 관계가 될 수 있다. 이런 일이 생기면 교회 공동체는 힘들어진다. 회복하는 일이 요원하게 느껴진다. 더 큰 문제는, 이런 상황이 오랫동안 지속되다 보니 죄 많은 사람들이 모인 공동체에서 이런 일은 비일비재하다고 여기며 당연하게 받아들이는 것이다. 문제에 대한 인식도 사라지고, 해결하고자 하는 의지도 없어진다. 예수님께서 그런 교회 공동체의 모습을 생각하시며 이 말씀을 하신 것 같다. 아무리 아름답게 찬양하고, 아무리 거룩하게 예배드리고, 아무리 깔끔하게 성경을 가르쳐도, 공동체 내의 관계가 회복되지 않으면 안 된다는 점을 강조하신 것이다. 그런 의미에서 바울이 빌레몬에게 보낸 서신의 기록이 의미있다.

오네시모는 빌레몬의 노예였다. 도망갔다가 로마에서 바울 사도를 만나 회심하고 신실한 성도가 되었다. 바울은 오네시모를 자기 곁에 두고 사역을 돕게 하고 싶었으나, 오네시모와 빌레몬의 깨어진 관계를 먼저 회복시키기 위해 오네시모 편에 편지를 들려 빌레몬에게 보냈다. 그 편지가 빌레몬서다.

오네시모는 도망갔던 노예다. 요절을 내도 빌레몬의 분이 풀리지 않을 법했다. 당시에는 살아있는 도구로 여겨졌던 노예 오네시모의 모습을 본 빌레몬의 심정이 어떠했을까? 아무리 바울의 편지를 받았다 해도, 빌레몬에게 닥친 상황이 그리 편하지는 않았을 것이다. 바울에게도 사역의 성과와 열매가 중요했지만 깨어진 관계의 회복이 더 중요했기에, 굳이 오네시모를 돌려보내면서 이런 불편한 상황을 감수할 것을 빌레몬에게 요구했던 것이다. 인간관계의 회복은 하나님이 원하시는 하나님 나라 백성이 살아가는 모습이라는 것을 확실히 보여주는 말씀이다.

내가 유럽의 지사에서 일하던 어느 날, 난데없이 어느 거래처 사장이 전화하더니 앞뒤 가리지 않고 내게 욕을 해댄 일이 있었다. 내 잘못이 아니었는데도, 당시 어떤 이유로 항공사에 불만을 품은 그가 관련 업무를 담당하고 있던 내게 화풀이를 한 일이었다. 그 사람과의 관계를 끊을 뿐 아니라 일에서도 불이익을 줄 생각이었다. 하지만 하나님은 다음 날 아침 묵상 때 주신 레위기 말씀을 통해 거룩한 부담을 갖게 하셨다. "원수를 갚지 말며 동포를 원망하지 말며 네 이웃 사랑하기를 네 자신과 같이 사랑하라 나는 여호와이니라"(레 19:18). 그는 외국에서 만난 동포인데, 그와의 관계를 회복할 것을 계속해서 요구하셨다. 여러 날 버티다가, 마침내 그에게 전화했다. 그랬더니 마음속의 분노로 회복 불가능할 것 같았던 관계가 회복되었다. 이런 체험을 통해 주님은 내게 일터에서 예수님과 동행하는 법에 대해 가르쳐 주시고, 한 단계 더 성장하게 하셨다.

깨어진 관계를 회복하는 과정에서 하나님의 놀라운 인도하심을 체험한 경우도 있지만, 마지막까지 풀지 못하고 화해 없이 끊어진 관계도 기억난다. 하나님께서 계획하시고 준비하신 뜻과 의미를 놓치고 내 기분과 정욕대로 처리했기 때문이리라. 그렇다면, 기억하지 못하는 만남과 관계들 가운데 얼마나 많은 관계가 끊어지고, 의미 없이 사라지고 허비되었을까?

 인간관계가 단순히 세속적인 것이 아니라 하나님과의 관계에서 비롯되는 영적인 영역임을 설명하면서, 인간관계가 왜 중요한지, 어떤 의미를 가지고서 그 관계를 대해야 하는지, 관계의 노와이(Know-why)에 대해 살펴보았다. 이것을 정리하면 아주 단순하다. 우리의 만남과 관계는 모두 우연이 아니므로, 하나님과의 친밀한 관계 속에서 소중히 가꿔나가야 한다는 것이다. 그 과정에서 만나는 사람들과 가능한 한 좋은 관계를 이뤄야 한다. 관계가 힘들고 고통스러울 때는 회피하거나 도망갈 것이 아니라, 하나님께 내 상황과 감정을 올려드림으로써 잘 참고 견뎌야 한다. 깨어진 관계가 있다면, 주님의 사랑으로 다시 회복해 나가는 것이 하나님이 원하시는 대인관계의 태도다.

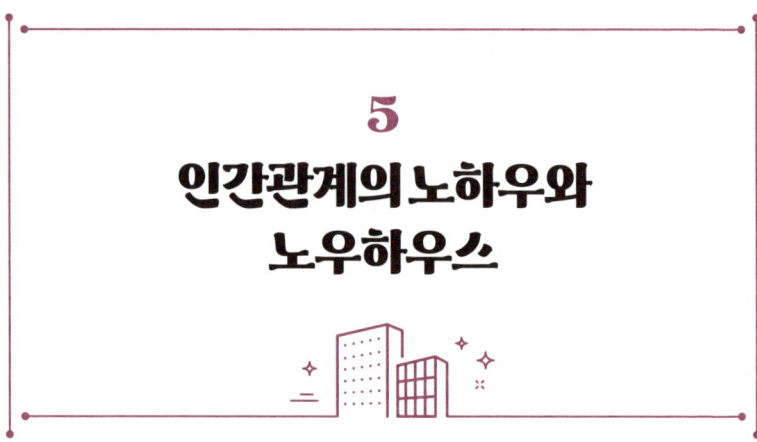

5
인간관계의 노하우와 노우하우스

● 앞 장에서 대인관계가 특별히 그리스도인에게 왜 중요한지에 대한 노와이(Know-why)를 하나님과의 관계(Communion), 인간과의 관계(Community), 일과의 관계(Co-creativity)라는 3C로 설명했다. 이제 인간관계의 노하우(Know-how)에 대해서도 살펴보기로 하자.

다윗은 하나님께 꼭 붙어 있으면서 하나님을 신뢰했던 인물이다. 거인 골리앗을 죽일 때도 하나님의 능력을 온전히 신뢰하며 나아갔다. 사울을 피해 도망 다니며 이곳저곳에서 용병으로 싸울 때도 하나님께 쪼르르 달려가 뜻을 물어보곤 했다. 다윗의 하나님과의 관계는 '내 마음에 합한 사람'이라고 하신 하나님의 평가에서도 알 수 있다. 그런데 그에게서 배워야 할 또 한 가지가 있다. 바로 사람과의 관계이다. 다윗은 하나님뿐 아니라 사람과의 관계에서도 탁월했다. 그의 모습에서 우리는 일터에서 필요한 대인관계의 모범을 배울 수 있다.

사무엘상 30장 기록에 나타난 다윗의 사례를 세 가지 키워드로 정리해 본다. 공감(Sympathy), 배려(Solicitude), 나눔(Sharing)이다.

첫 번째, 상대의 마음속에 들어가는 공감이 있어야 한다.

첫 번째 키워드는 공감(Sympathy)이다. 상대의 마음을 내 마음처럼 느껴야 한다는 것이다.

사무엘상 30장은 다윗과 그의 사람들이 아말렉에게 가족과 재산을 빼앗긴 절체절명의 상황을 묘사한다. 다윗을 원망한 무리가 그를 향해 돌을 들어 치려고 했다. 다윗은 그런 상황 속에서도 아말렉을 따라잡을 수 있을지에 대해 하나님의 뜻을 묻는다. 가까스로 조직을 추스르고 아말렉을 좇아간다. 그 과정에서 죽어가는 애굽 소년을 보게 된다. 되찾아야 할 가족 말고 그의 눈에 아무것도 보이지 않는 급박한 상황이다. 쓰러져 있는 이방인 소년은 아무것도 아니다. 그냥 지나칠 수도 있었다. 그러나 다윗은 그 소년에게 떡과 물을 주어 기력을 차리게 한다(삼상 30:11-15). 예수님께서 비유로 말씀하신 선한 사마리아인의 선행을 보는 듯하다. 그런데 그 덕분에 아말렉 군대를 찾게 되고 가족을 구하게 된다. 애굽 소년이 아멜렉 사람의 종이었기에 아말렉의 위치를 알려줄 수 있었기 때문이다. 다윗이 죽어가는 소년에게 공감하지 않았다면 일어나지 않았을 일이다. 다윗 또한 도망 다녀본 경험이 있었기에 그런 공감이 가능했을 것이다.

드라마 '미생'에서는 일터를 전쟁터로 표현한다. 그만큼 일반 사회와 직장은 보이지 않는 싸움과 경쟁이 치열한 곳이다. 거기서 다른 사람의 아픔과 고민을 알아차리고, 그것을 공감해 주는 것은 바보짓처럼 보인다. 내 코가 석 자인데, 남의 문제를 신경 쓸 여유가 없다. 그런데 다윗은 그렇게 하지 않았다.

로드니 스타크는 〈기독교의 발흥〉에서 초대교회 시절 이야기를 전한다. 마르크스 아우렐리우스가 로마의 황제일 때, 가공할 만한 역병이 로마제국을 강타했을 때 이야기는 특별하다. 이상하게도 기독교도의 생존율이 눈에 띌 만큼 월등했다. 그 사실이 알려지면서 많은 사람들이 기독교에 귀의하게 되었다. 그 이유는, 초기 발병자 가운데 면역력을 보유한 기독교인들이 전신갑주를 입은 것처럼 돌아다니며 환자들의 아픔을 공감하고, 그들과 함께 지내면서 치료했기 때문이다.

인터넷이 활성화되기 시작하던 시기에 온라인마케팅 팀장을 맡게 되었다. 신생 분야다 보니 현장에서 문제가 많이 발생했다. 이것을 막다 보면 저것이 터졌다. 정신이 없었다. 어느 날 또 문제가 발생했다. 실무자들의 실수 탓이었다. 부서를 책임지는 임원이 그들을 세워놓고 호통을 쳤다. 좀 심하다 싶을 정도의 질책이었다. 흔한 말로 '대박 깨진' 그들의 마음이 느껴졌다. 그 마음을 풀어주고 위로하고 싶었다. 퇴근하면서 그들을 데리고 식당에 갔다.

나는 술을 마시지 않는다. 술을 마시지 않기로 결단하고 지금까지 그렇게 하고 있다. 하지만 그날만큼은 그들의 마음속에 들어가고 싶었다. 그들의 상심에 공감하고 함께하고 싶었다. 그래서 한 명 한 명에게 정성껏 술을 따라주었다. 거기까지야 그들도 그러려니 했을 텐데, 다음 순간 그들이 깜짝 놀랄 행동을 했다. 나도 술잔을 받아 꿀꺽 마셔버린 것이다. 그야말로 '마셔준 것'이다. 술 마시지 않는 것으로 유명한 팀장의 '마셔주는' 모습을 보고 직원들이 깜짝 놀랐다. "아니, 팀장님…! 어쩌시려고… ㅜㅜㅜ." 울적하고 상심했던 그들의 표정이 한순간에 환하게 풀리는 것을 보았다. 나는 그날 밤 못 마시는 술 때문에 고생이 심했지만, 동료들의 아픔과 고민을 공감하고 함께하니 그들의 상한 마음이 치유되는 걸 볼 수 있었다.

바울 사도는 "각각 자기 일을 돌볼뿐더러 또한 각각 다른 사람들의 일을 돌보아 나의 기쁨을 충만하게 하라"(빌 2:4)고 했다. 앞과 뒤와 옆에까지 가림막을 치고, 주변 동료 신경 안 쓰고, 내게 주어진 일만 부리나케 하고, 내 문제에만 골몰하다가 퇴근하는 이기적 크리스천이 많다. 전쟁터 같은 일터에서는 다른 사람들을 돌아보는 공감이 참 그리스도인의 모습이어야 한다. 일터를 품는 성도라면 자기의 생활 테두리를 침범하는 것을 용납하지 못하는 울타리 속의 신자가 되지 않아야 한다. 품는다는 건 자신을 열어놓고 들어오도록 허용하는 것이기도 하기 때문이다.

다윗은 그 긴박한 상황에서도 죽어가는 이방 소년을 살려주었다. 아마도 다윗과 함께했던 부하들 가운데에는 쓸데없이 넓은 다윗의 오지랖을 비난하고 빈정거리는 자들도 있었을 것이다. 납치당한 가족을 구하러 가는 상황에서 죽어가는 이방인을 돕는 게 가당키나 한가 말이다. 그러나 애굽 소년을 향한 다윗의 긍휼과 공감 덕분에, 다윗의 무리는 아말렉이 진을 치고 있는 곳으로 인도받아 그들을 진멸하고 가족을 되찾을 수 있었다.

● **두 번째, 주변 사람에게 마음을 주는 배려가 있어야 한다**

두 번째 키워드는 배려(Solicitude)다. 손익조차 따지지 않고, 주변 사람에게 두루 마음을 주는 일이다.

다윗이 아말렉을 치러갈 때 다윗의 군사 600명 가운데 200명은 피곤하다며 시냇가에서 쉬겠다고 했다. 그래서 400명만 가서 싸워 아말렉을 진멸하고 전리품을 취해왔다. 그렇다면 상식적으로 이 전투에 참가하지 않은 200명은 전리품을 나눠 가질 권리가 없다. 그래서 전투에 참가했던 사람들 가운데 일부 불량배들은 전투에 참가하지 않은 사람들에게 전리품을 나눠주면 안 된다고 주장했다. 그러나 다윗은 전투에 참여하지 않은 200명까지 배려하여 전리품을 동등하게 배분하도록 조치했다. 물론 다윗의 이런 배려는 "우리가 잘 싸워서 이긴 것이 아니라 오직 하나님이 그들을 우리 손에 넘겼기 때문이다"라는 확신에서 비롯된 것이다. 이때의 배려 정신은 나중에 이스라엘의 율례와 규례가 되기도 했다(삼상 30:22-25).

구약의 모세오경을 읽다 보면 죄인에 대해 "돌로 쳐 죽여라. 무조건 진멸하라"는 투의 무자비한 명령이 많이 나온다. 그래서 구약의 하나님은 신약의 하나님과 다른 분처럼 느껴진다는 말을 듣곤 한다. 그러나 말씀을 자세히 읽어보면 약자와 빈자를 향한 하나님의 따뜻한 마음과 섬세한 '배려'를 여러 곳에서 발견하게 된다.

하나님께서는 알지 못하고 살인을 저지른 자, 즉 고의적이지 않은 살인자를 위해 도피성을 준비하게 하셨다. 전쟁하러 나갈 때도 약혼은 해놓고 아직 결혼식을 하지 않은 남자나, 집을 건축하고 낙성식을 행하지 못한 사람은 면제시켜 주셨다. 지붕에 난간을 만들어 떨어지는 사고를 막게 하셨고, 다른 사람의 맷돌이나 그 위짝을 전당 잡는 일은 그의 생명을 취하는 것이라고 하셨다. 이렇게 어려운 이웃을 배려할 것을 반복적으로 말씀하셨다(신 20-23장). 예수님의 비유인 선한 사마리아인 이야기에 나오는 종교지도자들의 '보피지'(보고 피하여 지나감)와 대조되는 사마리아인의 '보불도'(보고 불쌍히 여겨 도와줌)야말로 그리스도인의 대인관계에서 꼭 필요한 배려의 모습이다.

우리 교회의 교역자들은 교회가 연립주택처럼 지은 사택에서 생활한다. 사택의 위치는 남산을 등지고서 명동이 내려다보이는 산자락에 있어서 전망은 나름 좋지만, 대신 오래된 동네의 좁은 골목을 통과해야 들어갈 수 있다. 그래서 교역자들은 골목 좌우에서 다세대주택을 건설하고 있을 때 공사에서 나오는 분진뿐 아니라 차량이 드나드는 일에서도 어려움을 겪곤 했다.

어느 날 한 부목사님이 자녀의 등교를 위해 차를 몰고 나오는데, 공사용 지게차가 골목을 막고 있었다. 아이는 학교에 늦어지게 생겼는데, 일을 시작한 지게차는 비킬 생각이 없어 보였다. 그 상황을 보고서 목사이지만 화가 치밀어 소리를 지르려는데, 골목 입구에서 웬 차량이 나타나더니 운전자가 손짓했다. 공사 현장의 소장이었다. 공사 때문에 목사님의 차는 나올 수 없으니, 대신 자기 차로 태워주겠다는 뜻이었다. 생각하지도 못한 현장소장의 '보불도' 배려에 목사님은 감동했다. 그날은 소장님의 차를 타고 학교를 다녀왔다고 한다. 자기 업무에 신경 쓰기도 여력이 없고 빠듯한 상황 속에서, 다른 사람의 필요까지 채워주는 공감과 배려가 그 목사님에게 감동 한 사발을 선사해 드렸다. 분주한 일터 현장에서 배려를 아끼지 않은 현장소장이 보여준 배려 이야기는 주일의 오후예배 설교에 오르는 영예를 얻게 되었다.

우리는 개인 차원의 배려만이 아니라 일터에서의 조직적 차원에서도 어려운 사람을 배려할 수 있다. 대한항공 교육팀에서 나와 함께 근무하던 직원의 남편이 병으로 별세했다는 소식을 들었다. 젊은 나이에 어린 자녀 둘을 키워야 해서 회사도 사임하고 힘들게 살고 있다고 했다. 내가 대표이사로 근무했던 회사에 그를 계약직 강사로 추천했다. 실력을 인정받은 그는 몇 년 지나지 않아 정규직원으로 채용되어 안정적인 직장생활을 하고 있다.

대학교의 사무처장으로 일하던 시절에 50세 남자 직원이 급성 질환으로 사망했다. 그의 월급으로 살던 부인에게는 청천벽력 같은 일이었다. 장례식장에 문상 가서 위로의 마음을 전했지만, 앞으로 살아가야 할 부인의 처지가 계속 부담이 되었다. 교내에 쉽게 배워서 할 수 있는 일자리가 있는지 찾아보던 중에, 근로 장학생들로 운영하던 자리가 그 부인에게 가능할 것 같았다. 정식 면접을 통해 일할 수 있는 기회를 주었다. 슬픔에 처한 직원의 아내를 배려한 일인데, 결과적으로 그 업무의 품질도 개선되었다. 부인과 유가족에게는 힘이 되었으리라.

모세오경에서 수십 번 반복되는 하나님의 명령은 객과 고아와 과부를 돌아보라는 말씀이다. 도움이 필요한 사람들의 어려운 상황을 이해하고, 그들의 필요를 채워주고 그들을 배려하라는 하나님의 따뜻한 마음을 느낄 수 있다. 배려는 하나님의 명령이다.

● 세 번째, 나누고 베풀 수 있어야 한다

세 번째 키워드는 나눔(Sharing)이다. 혼자 가지려 하지 않고 베푸는 것이다.

다윗은 무리가 배분하고 남은 전리품을 자기 소유로 가진 것이 아니라 여러 곳에 흩어져 있는 유다 장로들에게도 보냈다. 이리저리 쫓겨 다닐 때 숨겨주기도 했던 여러 지역의 장로들에게 감사하는 마음을 표한 것이었다. 전부를 자기 소유로 움켜잡을 수도 있었으나, 자신을 거쳐 갔던 사람들을 잊거나 무시하지 않았다. 그들의 배려와 도움을 기억하고, 좋은 것들을 함께 나누었다(삼상 30:26-31).

급할 때는 도움을 청하지만, 문제가 해결되면 그 도움을 곧 잊어버리는 사람이 있다. 다윗은 그런 말초적 대인관계를 가진 사람이 아니었다. 하나님께서 만나게 하시는 사람과의 관계를 끝까지 품고 진실한 대인관계를 이루어갔다. 그 결과, 다윗은 자신이 속한 유다 지파만 아니라 나머지 지파로부터도 인정받고 존경받게 되어, 이스라엘 전체를 다스리는 왕으로 추대받게 된다. 다윗의 인간관계는 나누고 베푸는 가운데 더욱 풍성해졌다.

최용민은 〈슬기로운 직장생활〉에서 '적자생존'의 뜻을 재미있게 풀어간다.

첫째는 '잘 적응(fit)하면 된다'라는 의미이다. 조직과 회사에 필요한 지식을 흡수하고 역량을 함양하여 조직에 적합한 인재로 세워질 때 경쟁사회에서 생존할 수 있다는 것이다.

둘째는 '적어야(write) 산다'라는 의미이다. 특히 상사의 지시 사항을 꼼꼼하게 기록하고 잘 수행해 나갈 때 좋은 평가를 받을 수 있다는 뜻이다.

셋째는 '적자(deficit) 보며 살아야 한다'라는 의미이다. 일터에서 아옹다옹 사소한 일로 다투지 않고, 손해 보지 않으려고 내 것만 움켜쥘 것이 아니라 그저 내가 적자(deficit)를 보겠다는 마음, 즉 손해본다는 마음가짐으로 사람들과의 관계를 이어갈 때 관계가 오래갈 수 있다. 장기적으로는 더 현명한 처신이 된다. 이 셋째 의미의 적자생존이 바로 나누고 베푸는 삶의 모습이 아닐까 하는 생각이 든다.

일터에서 적자(deficit)생존을 위해 나누고 베풀 수 있는 것이 무엇일까? 돈과 물질 말고도 나눌 수 있는 것은 얼마든지 많다.

하나, 가진 재능과 능력을 나누고 베풀 수 있다.

정보와 지식을 움켜쥐고, 나 혼자 살겠다고 발버둥치는 사고방식은 인간관계를 해친다.

자기 업무를 끝내면 쌩하고 퇴근하는 게 당연하게 느껴지는 살벌한 곳이 일터다. 그런 일터에서 다른 사람의 필요와 상황을 돌아보고 채워주는 여유와 아량이 일터에서의 인간관계를 풍성하게 해준다. 그래서 바울 사도는 빌립보에 있는 그리스도인들이 자기의 일뿐 아니라 다른 사람의 일까지도 돌아보라고 권면했다. "아무 일에든지 다툼이나 허영으로 하지 말고 오직 겸손한 마음으로 각각 자기보다 남을 낫게 여기고 각각 자기 일을 돌볼뿐더러 또한 각각 다른 사람들의 일을 돌보아 나의 기쁨을 충만하게 하라"(빌 2:3-4).

MZ세대가 업무 지시를 받았을 때 한다는 전형적인 세 가지 반응은 이런 거라고 한다. "왜요?" "제가요?" "지금요?" 이것도 베풀고 나누는 분위기 속에서 자연스럽게 녹아들 것이라는 상상을 해본다.

둘, 내 시간을 나누고 베풀 수 있다.

교회에 아주 성실하고 능력 있는 멋진 후배가 있다. 그 친구는 일터와 교회의 웬만한 경조사에는 반드시 직접 방문한다. 경사에는 축하해주고 조사에는 위로를 건넨다. 상황이 여의치 않으면 그냥 넘어가거나, 거리가 멀면 온라인 송금으로 대체하는 요즘 세태를 생각하면 참으로 엄청난 시간의 헌신이고 베풂이고 나눔이다.

일품성도의 대인관계는 공감, 배려, 나눔.

셋, 내 권리를 나누고 베풀 수 있다.

아브라함의 일꾼과 롯의 일꾼들이 많아져 서로 다투게 되었다. 갈라설 상황이 되었을 때, 삼촌 아브라함은 장유유서의 전통에 따라 어른의 권리를 주장할 수 있었다. 그러나 그 권리를 조카 롯에게 양보했다. 여호와의 동산 같은 소돔 땅을 먼저 선택할 수 있도록 자기 몫을 포기한 것이다. 아브라함의 권리 양보를 귀하게 여기신 하나님은 그날 아브라함에게 나타나셔서, 동서남북으로 보이는 땅과 함께 자손을 땅의 티끌처럼 풍성하게 주리라는 복을 약속하셨다(창 13:14-16).

아브라함의 '권리 포기 DNA'는 아들 이삭에게도 전수된다. 이삭이 샘의 근원을 찾아 우물을 파면 블레셋 사람들이 빼앗아 갔다. 한 번도 아니고, 두 번 세 번 계속되었다. 그럴 때마다 이삭은 싸우거나 다투지 않고 다른 곳으로 옮겨갔다. 자신의 권리를 주장하지 않고 포기했다. 권리를 양보한 그날, 하나님은 이삭에게도 나타나셔서 "두려워하지 말라"고 위로하시고, 아브라함에게 하셨던 것과 같이 자손이 번성하는 복을 주시겠다고 약속하셨다(창 26:18-24).

하나님은 자기 자녀가 다른 사람을 위해 자기 권리를 포기하고 베풀고 나누는 모습을 볼 때 기뻐하시고 뿌듯해하신다. 그래서 아브라함과 이삭에게 나타나셔서 칭찬하셨다. 자기 이익과 권리를 놓치지 않기 위해 아등바등 매달리는 세태 속에서도 하나님 아버지를 온전히 신뢰함으로 자기 권리와 소유를 포기하고 나누는 자녀들을 볼 때, 하나님은 기쁨을 감추지 않으시고 사랑하시고 복을 주신다(습 3:17).

아브라함과 이삭이 넓은 아량을 가지고 권리를 포기할 때마다 그들에게 나타나신 하나님의 임재는 인간관계가 하나님과의 관계와 얼마나 밀접하게 연결되어 있는지를 보여준다. 동시에 성도의 인간관계 모습이 하나님을 얼마나 신뢰하고 의지하는지를 보여주는 바로미터가 된다는 것을 시사한다.

지금은 포스트크리스텐덤(Post Christendom), 소위 후기기독교 세계로 불리는 시대다. 종교가 사사화(privatization)되고, 기독교가 힘을 잃고, 교회가 영향력을 잃어가는 시대다. 이런 때에 그리스도인은 단순히 종교적 열정과 교회에서만의 헌신의 모습을 나타내 보일 것이 아니다. 일상과 일터에서 만나는 사람들과의 관계에서 다윗이 보여준 3S(공감, 배려, 나눔)의 모습으로 선한 영향력을 미칠 수 있다.

지금 일터에서 인간관계가 어렵고 힘들다면, 우선 그것이 타락한 세상에서 너무나도 자연스러운 현상임을 인정하자. 동시에 그 인간관계를 아름답게 회복시켜 나가는 것이 구원받은 하나님의 자녀로서, 즉 일터를 품는 일품성도로서 반드시 붙들어야 할 사명임을 잊지 말자.

하지 말아야 할 인간관계의 노우하우스

인간관계를 아름답게 가꿔나가기 위해 꼭 해야 할 실천사항, 노하우(know-how)를 다윗의 사례(사무엘상 30장)를 통해 살펴보았다. 그렇다면 인간관계에서 하지 않아야 할 것들은 무엇일까? 나는 그걸 영어로 No-hows(노우하우스)라고 지어보았다. 우리는 그 노우하우스를 십계명을 통해 살펴볼 수 있다.

십계명은 크게 두 부분으로 나누어진다. 전반부는 하나님을 향한 계명이고, 후반부는 사람을 대한 계명이다. 하나님이 기뻐하시는 대인관계를 가꿔나가기 위해, 십계명에서 가르치고 있는 금기사항(No-hows)을 정리해보는 것도 좋을 것이다.

첫째, 다른 사람을 아프게 하지 말아야 한다.

예수님은 형제를 화나게 하거나, 형제에게 욕하거나 비하하는 것도 살인에 해당한다고 말씀하셨다. 그래서 형제에게 원망들을 만한 일이 생각나거든 예배드리기 전에 먼저 화목하라고 강조하셨다(마 5:21-24). 특히 말로 상처를 주는 행위는 대인관계를 무너뜨린다. 우리는 타인의 잘못을 콕 짚어 지적하고, 모욕적인 말로 비난하고 몰아세우는 일을 하지 말아야 한다. 잠언은 "말이 많으면 허물을 면하기 어렵다"고 하면서 "입술을 제어하라"고 권면한다(잠 10:19).

인간관계의 진수는 조직을 나온 후에 비로소 드러난다. 입속의 혀처럼 살갑게 따르던 부하들이 한순간에 얼굴을 돌리고, 간이라도 빼 줄 것처럼 내게 미소를 짓던 거래처도 내가 조직을 나오는 순간 다른 사람으로 변하는 걸 본 경험이 있는가? 그렇다면 그 인간관계는 실패한 것이다.

나름 괜찮다고 착각했던 인간관계는 조직 내의 지위와 권력 위에 세워졌던 사상누각에 불과하다. 그러므로 일터에서 갑이든 을이든, 상사든 부하이든, 다른 사람의 마음을 아프게 하지 말아야 한다. 일터를 떠나고 조직을 나와서도 변함없이 지속되는 인간관계를 가지려면 다른 사람에게 원망 듣지 않도록 유의해야 한다. 특히 그들의 마음을 아프게 하지 말아야 한다.

둘째, 다른 사람의 것을 탐내거나 훔치지 말아야 한다.
세속 일터는 경쟁을 넘어 전투가 벌어지는 곳이다. 무시무시한 전쟁터인 것이다. 내가 남을 짓밟고 일어서야 생존할 수 있다. 직장생활 초년병 시절에는 날아갈 것 같던 취업의 기쁨이 평가와 승진이라는 터널을 거치면서 사라지고, 그렇게 친했던 동기들이 무서운 경쟁자로 느껴질 때가 있다. 남의 실패가 나의 성공이고, 남의 아픔이 내 기쁨이 되는 경우를 마주하게 된다. 그러다 보면 일터에서 다른 사람의 일을 빼앗거나 타인의 공적을 내 것으로 둔갑시키고 싶은 마음이 생긴다. 도적질이다. 내게 주어진 일을 게을리하는 것도 마찬가지다. 결과적으로 조직 내 다른 사람들의 귀한 시간과 재능을 훔치는 도적질이다. 이런 도적질이 당시에는 이익인 것처럼 보이나, 결국 대인관계를 망치는 심각한 주범이 된다.

셋째, 다른 사람에 대해 거짓말하지 말아야 한다.
일터에서 다른 사람을 흉보고 뒷 담화를 하다 보면 사실보다 더 나아갈 때가 많다. 물론 뒷담화가 최고의 '안줏거리'라고 하지만, 확인되지도 않은 내용을 기정사실화해서 덧붙이다 보면 일파만

파로 확대된다. 그러면 예상하지 못한 칼이 되어 다른 사람을 해치게 된다. SNS에서 마구 뱉어내는 확인되지 않은 내용으로 인해 수많은 사람이 고통 받는다. 심지어 자살까지 하는 경우도 볼 수 있다.

"너희 말을 항상 은혜 가운데서 소금으로 맛을 냄과 같이 하라"(골 4:6)는 말씀은 대인관계에서 말하는 법, 즉 대화하는 지혜가 필수적임을 강조한다. '아침마당'을 진행하는 아나운서 김재원을 인터뷰한 글에서 흥미로운 비유를 읽은 기억이 난다. '말 잘하는 법'을 질문한 기자에게 그가 볼펜을 던지고 받는 놀이를 제안했는데, 처음엔 천천히 던지던 볼펜을 갑자기 세게 던져 기자가 받지 못했다고 한다. 기자의 기분이 좋을 리 없었다. 김재원 아나운서는 함부로 뱉은 말이 바로 이런 행동과 같다고 설명했다. 뒷담화나 거짓말은 충격이 훨씬 클 것이다.

넷째, 대인관계가 우상이 되지 않도록 해야 한다.

대인관계를 잘하고 나만의 네트워크를 잘 활용하는 것은 일터에서 아주 중요하다. 그런데 종종 대인관계에 묶여 사람에게 의존하는 쪽으로 흘러가는 경우가 있다. 문제가 생기거나 장애물이 나타나면 머릿속에서 누구의 도움을 받을지, '어느 분'에게 부탁해야 할지부터 재빨리 머리가 돌아가기 시작한다. 문제 앞에서 하나님보다 먼저 사람을 떠올리고 의지하게 되는 순간, 나의 인맥과 인간관계는 우상으로 변질될 위험이 있다.

눈앞에 있는 사람을 의지하고 싶고 주변의 유력한 사람의 도움이 아무리 절실해도 한 발짝 물러서서 하나님께 피하는 법을 배워야 한다. 그런 다음 어떤 손을 잡아도 될지 하나님께 여쭤 봐도 늦지 않다. 그래서 시편 기자는 "여호와께 피하는 것이 사람을 신뢰하는 것보다 나으며 여호와께 피하는 것이 고관들을 신뢰하는 것보다 낫도다"(시 118:8-9)라고 고백했다.

학사 에스라는 페르시아 아닥사스다 왕에게 구하는 것은 다 받을 만큼 왕궁에서 네트워크가 대단한 사람이었다. 그가 예루살렘 2차 귀환을 준비하면서, 가는 길에 매복한 적군이나 반대파의 공격을 예상했을 것이다. 당연히 자신을 도울 보병과 마병을 구할 수 있었다. 하지만 그는 왕에게 구하기를 부끄러워했다. 그래서 이 일을 놓고 먼저 하나님께 기도했고, 하나님은 그의 기도를 들어주셨다(스 8:22-23).

2024년 로잔대회를 준비하는 과정에서 최고책임자이던 유명 목사님들이 정부의 지원금을 요청할 필요가 있었다. 그럴 때 자신들의 네트워크와 인간관계에 의존하지 않았다. 그들이 섬기는 대형 교회와 그 주변에 정부 고위 관리나 정치인들이 얼마나 많겠는가? 하지만 그들에게는 전혀 연락하지 않았고, 세종시의 정부종합청사를 직접 방문했다. 실무 사무관에게 정식으로 재정지원 요청서를 제출하고, 90도로 허리 숙여 인사까지 하고서 돌아왔다는 후일담을 들었다. 그들이 장관과 국회의원을 비롯해 내로라하는 사람들과의 인간관계에 의존하지 않았던 것은 참 멋진 결정이었다. 아름다운 모습이요, 참으로 귀감이 되는 믿음의 본보기라고 생각한다.

데일 카네기는 인간관계에서 환영받는 사람이 되는 방법에 대해 말하면서, 아주 단순한 진리를 이렇게 표현했다. "개가 먹고 살기 위해 어떤 일도 하지 않는 유일한 동물이라는 것을 생각해 본 일이 있는가? 암탉은 달걀을 낳고, 소는 우유를 주고, 카나리아는 노래한다. 하지만 개는 먹고 살기 위해 아무 일도 하지 않는다, 그저 주인을 사랑할 뿐이다."

하나님의 사랑을 온전히 흠뻑 받아 그 힘으로 사람을 사랑할 수 있다면, 인간관계는 더 이상 문제나 고민거리가 아니다. 말할 수 없이 놀라운 축복이 될 것이다.

6
인간관계를 통한 일터공동체 사역

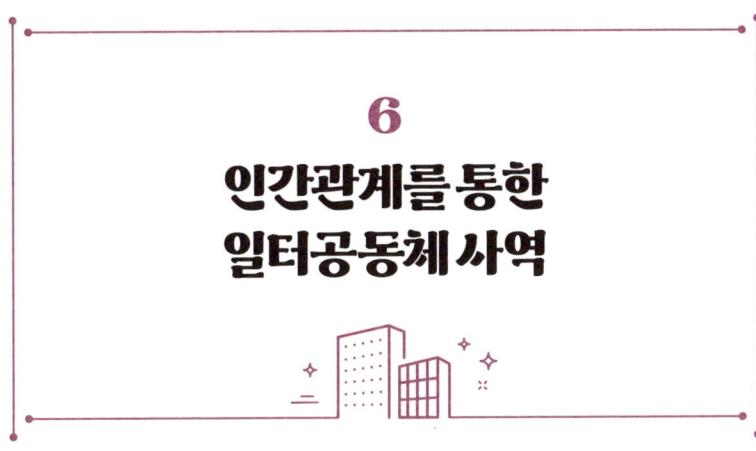

일터에서 인간관계는 주님의 뜻을 이루어가는 통로가 된다. 오스카 톰슨 주니어는 관계 중심 전도를 방해하는 세 가지 장애물 중 하나가 '깨어진 관계'라고 지적하면서, 금이 간 관계는 그리스도인의 삶에서 하나님의 성령이 역사하지 못하게 가로막는다고 했다.

인간관계는 일터에서 복음을 전하고, 영혼을 양육하고 섬기는 사역까지 연결된다. 복음을 전하기 위해 의도적으로 관계를 맺었다가 실패했다고 해서 끊거나 멀리해선 안 된다. 일터에서 이루어지는 만남과 관계를 통해 자연스럽게 하나님 나라의 복음이 전파

되는 것이어야 한다.

인간관계는 하나님과의 관계와 밀접하게 연결되어 있으므로, 하나님과의 관계가 올바로 되어 있는 크리스천의 인간관계는 하나님 나라의 복음을 전파하는 사역과 밀접하게 연관되어 있다. 그 사역을 혼자 감당할 수도 있지만, 믿음을 가진 이들과 공동체를 이루면 더 효과적으로 감당할 수 있다. 일품성도가 일터에서 더 많은 열매를 거두려면 어떻게 해야 할까?

● 첫째, 잃은 영혼을 마음에 품는다

우리는 일터에서 여러 사람을 만나고 관계를 맺는다. 앞서 말했듯이 우리의 만남은 우연이 아니므로, 일터에서 만나는 사람들을 주님이 보내주신 영혼이라고 생각해야 한다. 그렇게 하나님의 안목으로 인간관계를 바라보면, 내가 만나는 모든 사람은 품고 기도해야 할 귀한 영혼이 된다. 구체적으로 복음을 전하지 않아도, 혹은 직접 복음을 전할 입장이 되지 못한다 해도 계속 품고 기도하며 관계를 가지면, 하나님께서 일하신다.

요셉은 강간의 누명을 쓰고 들어간 억울한 감옥살이 속에서도 하나님과 동행했다. 거기서 만난 사람들과의 관계를 성실하게 가꾸어갔다. 그는 바로 왕을 모시던 비서관들의 얼굴에 근심의 빛이 있는 것을 보게 된다. 그때는 억울한 감옥살이 때문에 자기 감정과 울분을 추스르기 어려운 상태였다. 그런 상황에서 비서관들의 표정까지 읽을 정도로 사람에게 관심을 가졌다는 것은 그가 사람과의 관계에서 얼마나 진실하고 성실했는지를 보여준다. 결국 그들의 꿈을 해석해 준 일이 마침내 바로의 꿈을 해몽하는 데까지 이어졌다. 그리고 총리대신으로 발탁된다.

　아람 나라 나아만 장군의 여종은 아람이 이스라엘에서 포로로 끌고 온 여종이었다. 이방 나라에 포로로 끌려와 꿈도 없고 미래도 없는 상황이었지만, 그 여종은 자기가 모시는 나아만 장군에 대해 관심이 있었다. 일반적으로 높은 지위나 큰 권력을 가진 사람이 낮고 보잘것없는 위치의 부하를 품지만, 한낱 포로로 끌려 온 여종이 국가의 최고 권력자를 품는 것은 어색하다. 이해가 가지 않는다. 도대체 그렇게 아랫사람이 윗사람을 품어 어디에 쓸 수 있을까? 그러나 그 여종은 나아만 장군을 마음에 품었고, 그의 고민을 풀어주고 싶어 했다. 여종 덕분에 엘리사를 만난 나아만은 '요단강 목욕'을 통해 치유 받게 될 뿐 아니라 하나님을 믿는 신앙도 갖게 된다. 여종은 포로 신분이었지만, 하나님께서 이방 나라에 직접 파송하신 '전문인 선교사'였다.

　모든 회사들처럼 대한항공에도 전직 임원들의 모임이 있다. 대한항공 계열사 토파스 대표를 사임하고 나니 대한항공 전직 임원 명부에 올랐다. 이 모임에선 70에서 80세 이상 연세의 선배들이 주로 모이다 보니, 60대가 참석하면 MZ세대라고 반가워한다. 이미 떠난 회사이지만 항상 회사에 감사한 마음이 있어서, 전직 임원이라는 의무감으로도 한두 번 참석하게 되었다. 그러다 영업 부문 전직 임원 모임의 회장을 맡게 되었다. 별로 적극적이거나 활발하지도 않았던 내가 모임을 주선하고 준비하는 책임을 맡게 되니 부담이 되었다. 그러던 중, 정기모임에서 한 선배가 내가 물어보지도 않았는데 이렇게 말하셨다.

"방 대표, 나도 이제 교회 열심히 다니고 있어!"

"어이쿠, 축하하고 감사드립니다. 신앙생활 잘하시길 바랍니다."

꼿꼿하고 자기주장을 내세웠던 선배들이 나이 들고 마음이 낮아지면서 신앙생활을 시작하거나 마음이 열리는 모습들을 보게 된다. 모임을 주선하기 위해 선후배들에게 연락하다 보니 퇴직 이후의 그들의 고민과 문제들도 접하게 되었다. 그러면 교회에서 의례적으로 하는 인사말을 반복적으로 사용하게 된다.

"선배님 많이 아프시군요. 회복되고 치유되시도록 기도하겠습니다."

"어머님 모시느라 수고가 많으시군요. 어머님 건강을 위해 기도하겠습니다."

"이번에 여행 가시는군요. 즐겁고 행복한 여행이 되길 기도하겠습니다."

회사에서 근무하던 때는 서슬이 시퍼렇던 선배들도 이제는 나이가 많아 늙어가서 그런지 마음도 약해지는 것 같다. '기도하겠다'라는 인사에 감사하다는 마음을 표하신다. 비록 오래전에 함께 근무할 당시에는 품지 못했던 분들이지만, 오히려 퇴사 이후인 지금, 그들을 마음에 품어야겠다는 마음이 생기기 시작한다. 그들을 마음으로 품고 기도하면서, 자연스럽게 예수님의 사랑을 전할 수 있게 되길 기대하고 기도한다.

● 둘째, 일터의 공동체와 함께 일터를 품고 기도한다

40년 넘게 일터에서 사역했던 경험을 뒤돌아보며 새삼스레 느끼게 되는 것은, 일터사역의 열매들은 내 믿음이 좋아서가 아니라 일터에서 함께 한 믿음의 공동체 덕분이라는 사실이다. 일터의 복잡한 문제와 고민을 함께 나누고 아파하며 기도하는 공동체가 있었기 때문이다. 그래서 지금까지 은혜 가운데 지내올 수 있었다고 고백할 수밖에 없다. "또한 너는 청년의 정욕을 피하고 주를 깨끗한 마음으로 부르는 자들과 함께 의와 믿음과 사랑과 화평을 따르라"(딤후 2:22).

성경에도 일터공동체가 있었다. 성경에 나오는 일터공동체를 꼽는다면 바벨론 정부종합청사의 다니엘과 그의 친구들이 대표적인 모델이라고 생각된다. 바벨론 느부갓네살 왕의 꿈을 풀지 못해 모든 술객이 죽게 되었을 절체절명의 상황에서, 다니엘은 친구 하나냐와 미사엘과 아사랴에게 그 일을 먼저 알리고 간절히 기도해달라고 부탁했다. 그 결과 다니엘은 기도 응답으로 꿈을 해석하게 되고, 모든 지혜자의 어른이 되어 온 지방을 다스리게 된다. 바벨론 정부 청사의 '일터신우회'가 어떻게 움직이고 사역하는지 보여준 셈이다. 그들이 별도로 신우회를 조직해서 회장, 총무, 회계를 뽑은 것이 아니다. 별도로 정기예배를 드리지도 않았다. 화려한 행사나 멋진 프로젝트를 하지도 않았다. 다만 그들은 하나가 되어 일터와 일터에 속한 동료를 위해 기도할 뿐이었다. 그들에게 일터와 교회는 구별되지 않았다.

일터의 업무 문제나 관계에 대한 고민이 생겼을 때, 교회 공동체에서 그걸 기도제목으로 나누면 바로 와 닿지 않는다. 그러나 일터의 신우회에서 나누면 그 절실함이 금세 와 닿는다. 일터의 상황과 문제의 배경을 알기에 기도제목에 쉽게 공감하기 때문이다. 그래서 더 간절하게 기도할 수 있다. 일터에서 믿음을 가진 지체들로 구성된 공동체는 기도하는 공동체가 된다.

- ### 셋째, 주님이 맡기신 사명을 일터공동체와 함께 감당한다

  갈릴리 호수에도 일터공동체가 있었다. 누가복음 5장을

보면 예수님이 찾아오신 베드로의 일터, 즉 게네사렛 호숫가에는 베드로 외에도 야고보와 요한이 함께 있었다. 예수님이 갈릴리 호수의 깊은 데로 가서 그물을 내리라고 했을 때, 베드로 옆에는 아마도 세베대의 아들 야고보와 요한이 함께 있어서 베드로를 도와 그물을 던졌을 것이다.

누가복음은 야고보와 요한을 베드로의 동업자(partner)로 표현하고 있다. 그러므로 그물이 찢어질 정도로 고기가 많이 잡혔을 때 베드로만 놀란 게 아니다. 함께 일하던 야고보와 요한도 놀랐다(눅 5:10). 예수님이 "무서워하지 말라. 이제 후로는 네가 사람을 취하리라"고 하셨을 때, '그들이' 배들을 육지에 대고 모든 것을 버려두고 예수를 따랐다고 기록하고 있다(눅 5:11). 베드로뿐 아니라 야고보와 요한도 주님을 좇아간 것이다. 이 세 사람은 예수님의 부르심을 받아 순종할 준비가 되어 있었다.

그들은 함께 일하면서, 아마도 함께 기도하며 구약에 예언된 메시야를 간절히 소망하는 일터의 믿음의 공동체가 아니었을까 상상해본다. 이 작은 일터공동체는 예수님의 제자 공동체(눅 6장)로 흡수되어 예수님과 동행하였다. 그러면서 더 깊어지고 성숙해지고, 예수님이 부활하신 후에는 예수님께서 맡기신 지상명령(행 1:8; 마 28:19-20)을 넉넉히 감당한다.

세리 마태의 일터공동체도 있었다. 누가복음 5장에는 예수님이 마태를 부르시는 장면이 나온다. 세관에 앉아 있던 마태는 예수님의 부르심에 즉각 반응하여 모든 것을 버리고 예수님을 따랐다. 당시 세리는 요즘으로 치면 세관원으로, 로마를 대신해서 세금을 걷었기 때문에 유대인에게 멸시와 천대를 받던 직업이었다. 목구멍이 포도청이라 동족에게 세금을 갈취하며 느꼈던 자괴감과 수치심이 항상 그의 마음속에 있었을 것이다. 그랬기에 예수님이 부르셨을 때 새로운 인생을 향해 좌고우면하지 않고 좇은 것이다. 그런 그가 예수님을 좇기로 결단하고서 처음 한 일이 큰 잔치를 벌여 자기 일터의 동료인 세리들을 초대한 것이다. 이를 통해 세리들이 말로만 듣던 예수님을 만나 말씀을 듣고 구원의 복을 받게 되었을 것이다.

마태는 세리라는 직업을 떠났지만, 아마도 함께 일하던 동료들은 계속 그 일을 했을 것이다. 그러나 그들은 세례요한이 요단강에 나와 세례를 받고자 하는 세리들에게 "부과된 것 외에는 거두지 말라"(눅 3:12-13)고 했던 말씀대로 올바른 방식으로 일하며, 믿음의 공동체를 이루어 일터사역자의 역할을 감당하지 않았을까? 남쪽 여리고 지역의 세리장으로 있던 삭개오가 예수님이 궁금해 돌감람나무까지 올라가게 된 것도 '동종업계'로부터 들은 예수님의 소문 때문이었을 것이다. 예수님을 만나고 변화된 갈릴리 지역 세리 공동체의 이야기를 삭개오가 몰랐을 리 없다(눅 19:1-10).

일터의 믿음 공동체는 일터에서 빠져나와 우리끼리 예배드리고,

"예수님, 제 동료 세리들 소개해드릴게요!"

우리끼리 간식 먹으면서 뒷 담화하고, 서로 하소연이나 하며 푸는 모임이 아니다. 거친 풍파가 치는 세상 속으로 들어가 세상 사람들과 함께 부대끼고, 그들의 소리를 들어주고 경청하는 공동체다.

● 넷째, 일터공동체는 서로를 섬기고 필요를 채워준다

일터의 믿음 공동체는 아프고 연약한 동료들을 위로하

고 격려하며 성심껏 섬긴다. 누가복음 5장에는 예수님이 중풍병자를 고치시는 기적이 나온다(눅 5:17-26). 네 사람이 한 중풍병자를 들것에 싣고 예수님에게 치료를 받고자 한다. 하지만 입구를 막은 무리가 많아 들어갈 수 없자 지붕을 뚫고 구멍을 내서 중풍병자가 누운 상을 달아 내린다. 천장을 쳐다보신 예수님께서는 침상을 내려 보낸 '그들의 믿음'을 보시고 중풍병자를 치료하신다.

중풍병자의 침상 네 모퉁이를 붙잡고 있던 그들이 누구일까? 식구나 친구일 수 있고, 함께 일했던 일터의 동료일 수도 있다. 그들이 일터의 동료라고 가정해 보자. 다섯 명의 동료가 일터에서 매일 같이 일했다. 그런데 그 가운데 한 친구가 중풍으로 쓰러졌다. 네 명의 동료들은 안타까웠다. 친구의 치료와 회복을 위해 간절히 기도했다. 그러던 중에 예수님이 오셨다는 소식을 듣고 하던 일을 멈춘다. 동료 네 명이 의기투합하여 동료를 데리고 왔다. 그러나 예수님은 많은 사람들에게 둘러싸여 있다. 예수님이 계신 집 안으로 들어갈 틈이 없다. 포기하고 다음 기회를 기대하는 게 상식일지도 모른다. 하지만 그들에게 그럴 시간은 없다. 지붕으로 올라가 천장에 구멍을 뚫었다. 비상식적인 행동이다. 웬만한 열정과 용기가 없다면 할 수 없는 일이다. 불법 가택 침입과 훼손에 따른 책임도 감수해야 한다. 그들은 그만큼 절실하고 갈급했다. 그런 네 친구들의 열정과 헌신을 보신 예수님은 중풍병자의 믿음이 아니라 '그들의 믿음'을 보시고, 다시 말해 그들의 믿음을 인정하

예수님은 '일터공동체의 믿음'을 보시고 치유해주셨다.

셔서 치유의 기적을 베푸신 것이다.

중풍병자가 나은 것은 병자 자신의 믿음이 아니라 네 명 동료들의 믿음 덕분이다. 이 중풍병자의 치유 과정은 믿음을 가진 일터의 공동체가 서로를 어떻게 섬겨야 하는지를 잘 보여준다. 일터의 믿음 공동체는 이들과 같이 동료의 아픔을 공감하고, 그들의 필요를 채워주는 공동체여야 한다. 만약에 일터공동체가 조직을 키우고 세 불리기에만 집중하고, 정작 공동체 일원의 아픔과 고민을 무시한다면 그걸 어떻게 보아야 할까? 그런 건 그리스도인의 일터공동체라고 할 수 없다.

다섯째, '일터에서 어떻게 살 것인가?'를 함께 고민하고 기도한다

바울은 로마에서 온 브리스길라와 아굴라 부부를 만나 함께 천막 짓는 일을 하면서 선교사역을 같이 하였다. 아마도 이것이 업계 신우회의 시초가 아닐까 하는 생각이 든다.

나는 직장생활을 할 때 신우회에 열심이었는데, 모임을 가지다 보니 동종업계의 신우회가 연합해서 모이게 되었다. 내가 속한 여행업계기도회가 그 예다. 찾아보니 요식업계 신우회도 있고 패션업계 신우회도 있다. 같은 업에 종사한다는 공감대가 쉽게 형성되기 때문에 이런 모임이 활성화되는 것 같다.

어쨌든 믿음의 식구들과의 만남과 교제는 세속사회 속에서 거룩함과 화평함을 좇되, 우리끼리 똘똘 뭉치는 모임은 아니어야 한다. 업계에서 만나는 사람들과의 관계를 통해 복음을 전하는 사역을 위해서도 열려 있어야 한다.

우리나라 직장선교의 역사를 뒤돌아보면, 초기의 직장 신우회의 목표는 직장 내에서 예배를 드리는 것이 거의 전부였다. 회사 강당이나 회의실에서 목사님을 초대해 예배를 드리고 말씀을 들었다. 그때는 주일에 교회에서만 드릴 수 있는 예배를 주중의 일터에서도 드렸다는 자체가 기쁨이고 감동이었다. 하지만 '일터에서 어떻게 살 것인가?'에 대한 고민과 문제까지 돌아볼 여력은 없었다. 신우회가 예배는 드렸지만 일터에서 일어나는 문제와 고민과는 별 상관이 없다 보니, 그저 기독교인의 동호회로서 종교적 행사에 그칠 뿐, 일터에서 영향력은 끼치지 못했다.

일터의 믿음 공동체는 화려한 행사를 열거나 어떤 프로젝트를 추진하는 모임이 아니다. 업계 신우회의 멋진 연합행사를 통해 기독교인 동호회의 힘을 보여주는 것도 아니다. 일터공동체는 믿음의 식구들이 제각각 참 그리스도인으로서, 일터에서 업무와 인간관계와 상황에 대처하도록 돕고 섬기는 공동체다. 이를 위해 모여서 말씀을 공부하고, 일터의 문제들을 어떻게 헤쳐 나갈지 토론하기도 하는 것이다. 일터의 다양한 상황과 여건 속에서 하나님 나라 백성의 모습을 어떻게 보여줄 것인지 고민하기도 한다. 그런 과정에서 일터의 문제와 동료들을 마음에 품고 기도하는 사람들이 세워진다. 그러다보면 공동체에 속한 식구들이 일품성도로 성장하면서 자기가 속한 조직에서 그리스도의 향기를 발하게 될 것이다. 그리고 그 공동체는 주변으로부터 칭찬받고 인정받아 선한 영향력을 미치게 될 것이다.

일품성도
一 品 聖 徒

3부

일품성도의
일터 영성

7
일터를 품은 기도의 열매

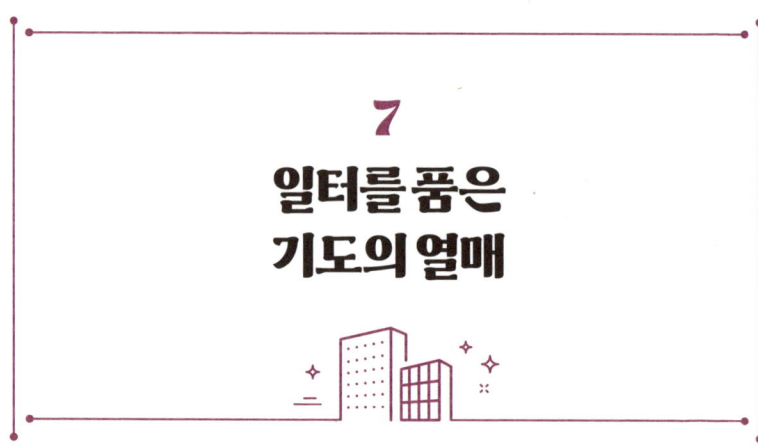

● 일터를 품는 일품성도는 일터에서 일터를 위해 기도한다. 그것이 바로 '일터 기도'다. 일터 기도는 일터의 중심에 하나님께서 함께하신다는 걸 믿는 믿음에서 비롯된다.

청년부 시절에 선배들의 권고로 기도노트를 쓰기 시작했다. 그런데 직장생활을 하다 보니 바쁜 일정에 파묻혀 노트에 기록할 여력이 없었다. 그래서 오랫동안 중단하고 있었다. 그러다 미국에서 유학할 기회에 만난 LA 새생명비전교회 강준민 목사님의 권유로 감사노트를 쓰기 시작했다. 그러면서 중단했던 기도노트를 감사노트와 함께 기록하기 시작했다. 매일 세 개 이상의 감사노트를 쓰기가 쉽지는 않았지만, 기도노트에 기록한 기도제목들이 응답되는 체험을 하면서 감사의 내용도 끊이지 않고 기록할 수 있었다. 요즘도 매일 큐티, 즉 말씀 묵상을 하고 나면 '기도와 감사노트'를 펴고서 감사했던 일들을 돌아보며 기도응답에 대한 감사제목을 기록한다. 그러면 기도에 응답하시는 하나님의 능력과 성실하심에 놀라고 감사하게 된다.

많은 경우, 청년부 시절에는 교역자의 권유나 선배의 양육에 따라 말씀 묵상과 기도 생활을 정례적으로 한다. 하지만 막상 직장에 들어가면 정신이 없어진다. 그동안 살아온 환경과 접해온 정보들을 훨씬 뛰어넘는, 어지러운 상황과 복잡한 일들이 복합적으로 결합돼 혼란스러워진다. 그래서 교회 울타리에서 보호받으며 지켜왔던 신앙생활의 습관들을 놓치게 된다. 그렇게 해서 놓치는 신앙생활의 습관 가운데 대표적인 것이 기도노트였다.

물론 기도노트 자체가 중요한 것은 아니다. 기도노트는 일터에서의 기도생활을 돕는 유용한 도구일 뿐이다. 일터는 그야말로 기도해야 하는 곳이라는 사실을 강조하고 싶은 것이다.

일터를 신앙과 이원화하여 구분하면 그리스도인으로서 사실상 가장 많은 기도제목이 나오는 일터의 기도에는 소홀해질 수 있다. 그 결과, 자연스럽게 세속사회의 일터문화에 동화되어 버린다. 결국 선데이 크리스천으로 전락하는 경우가 많다. 이런 안타까운 상황을 타개하는 방법이 바로 기도다. 특히 일터에서 드리는 기도가 중요하다. 기도노트는 일터 기도를 습관화하는 데 도움이 된다.

　일터에서 기도한다는 것은 일터에서의 믿음 생활을 확고하게 세우자는 것이지, 교회 생활과 교회 봉사를 소홀히 하자는 것이 아니다. 나는 교회에서 배우고 훈련받은 덕분에 설익은 모태신앙인에서 참으로 거듭난 성도로 성장할 수 있었음을 항상 감사하게 생각하고 있다. 비록 지금의 내 모습이 많은 시간을 보내며 헌신했던 청년부 시절의 모습과 동일하지는 않을지라도, 일터에서 기도하다 보면 나 자신이 일터로 보냄 받은 하나님의 선교사요, 일터사역자로서 선한 영향력을 미치는 하나님 나라 백성으로서 살게 되는 것을 발견하게 된다.

　일터에서는 당연히 업무를 위해 먼저 기도해야 한다. 일터에서 만나고 함께 일하는 선배와 동료와 후배를 마음에 품고서 기도하고, 일터의 상황과 문제들을 올려드리며 기도하다 보면, 어느새 흔들린다고 생각했던 믿음의 터가 견고해지는 것을 깨닫게 될 것이다. 무엇보다, 내가 마음에 품고서 기도한 일터의 동료 선후배가 하나님의 사람으로, 일터의 사역자로 서가는 것을 볼 수 있다.

● **일터에서 마음에 품고 기도한 사람**

　S형제는 내가 사내의 경영관리 교육을 받는 과정에서 만난 사람이다. 부장급 대상으로 경영전략 교육과정을 진행하는

부서의 총괄과장이던 그는 외모가 미국 영화배우 아놀드 슈왈츠제네거를 닮았다. 그래서 별명이 아놀드가 되었고, 영어 이름도 그렇게 썼던 것으로 기억한다. 그가 해외 발령을 받고, 나 또한 미국 USC MBA 유학 기회를 얻어 한동안 만나지 못했다.

내가 그를 다시 만난 건 공부를 마치고 귀국하여 교육 서비스 팀장을 맡고 있을 때였다. 최신 지식을 반영해 부지런히 교육과정을 개발하고 있었는데, 어느 결혼식장에서 귀국 발령을 받은 그를 우연히 만났다. 함께 식사하며 짧게 교제했는데, 미국에서 근무하는 동안 예수님을 만나게 되었다고 했다. 그 형제는 내가 예수님을 믿는 것을 알고 있었기에 자신에게 믿음이 생긴 것을 자랑스럽게 고백했다. 이런 점에서 일터에서 신앙인인 것을 공식적으로 공표하는 것은 여러모로 유익하고 중요하다.

그때 그는 아내와 가족을 미국에 두고 와서 기러기 아빠가 된 상태였다. 나는 그 형제가 홀로 신앙생활을 하는 것이 쉽지 않다고 생각했다. 아침마다 함께 말씀 묵상을 나누는 시간을 정기적으로 가지자고 했다. 출근하기 전인 7시 반경, 우리는 사내 식당의 한구석에서 매일 만나 말씀을 나누고 교제했다. 다니엘서를 공부할 때, 내가 그 형제의 영어 이름을 '아놀드'에서 '다니엘'로 바꾸는 게 좋겠다고 제안했다. 사내에서 다니엘과 같은 믿음의 일꾼이 되기를 바라는 마음에서였다.

S형제는 신우회의 리더로 세워졌다. 나는 매주 성경 공부를 하

면서 그와 교제하고, 그가 후배들을 키우고 양육하는 일에도 함께했다. 믿음의 동역자로서 서로를 위해 기도하기를 쉬지 않았다. 떨어져 있던 그의 아내가 미국에서 잠깐 귀국할 때면 내 아내와 같이 만나 부부끼리도 교제했다. 예수님을 믿는 그의 아내가 남편의 영적 멘토 역할을 하는 내게 감사하는 마음으로 시작된 만남이었는데, 아내들끼리도 마음이 맞아 서로 언니 동생 하는 사이가 되었다. 일터에서 만나는 직원들을 품고서 기도하다 보면 이렇게 배우자까지 연결되는 경우가 있다. 그러면 좀 더 깊고 친밀한 영적 교제를 나눌 수 있게 된다.

  내가 임원이 되었다가 해임되었을 때, 그 상황을 그동안 게을리했던 영적 교제를 다시 하라는 하나님의 신호로 받아들였다. 그래서 S형제를 포함해 3명을 불러 함께 말씀을 공부하면서 일터사역자로서의 준비를 같이 해나갔다. S형제는 항상 스스로 배우고 훈련하는 데 힘쓰는 사람이다. 나는 그에게 한국전문인선교훈련원(GPTI)에서 훈련받기를 권했다. 그는 그 훈련을 비롯해 다양한 신앙 훈련을 섭렵했다.

  내가 토파스 대표이사로 발령받아 여행업계로 갔을 때 여행사 영업을 총괄하던 그 형제와 함께 기도하는 모임을 하나 만들었는데, 그것이 바로 여행업계기도회다. 처음에는 작게 시작한 점심 교제 모임이 점차 확대되면서, 여행업계에 흩어져 있던 믿음의 식구들을 여럿 만나게 되었다. 만남이 깊어지고 넓어지면서, 여러 여행사 안에 신앙의 공동체가 다수 생겨났다. 그러더니 매년 150여 명이 모여 여행업계를 하나님께 올려드리는 연합예배로 이어지게 되었다. 여행업계기도회는 지금도 정기적으로 만나 말씀을 나누고 기도하면서 신앙의 교제를 이어가고 있다.

내가 S형제에게 사적인 일에는 법인카드를 쓰면 안 된다고 말하며 내가 경험했던 실수를 간증했는데, 그 형제는 한발 더 나아갔다. 같은 업체 사람이라도 회사 일로 만나면 법카를 사용할 수 있지만, 개인적으로 만날 때는 반드시 개인카드를 사용한다는 것이었다. 보다 투명하고 깨끗한 기준을 적용하기로 했다는 것이어서 나에게 새로운 도전을 주었다.

S형제가 해외에서 근무할 때 직원들과 함께 믿음으로 기도하여 불가능해 보이는 프로젝트를 해결한 일이 있었다. 그 과정에서 모태신앙이었지만 교회를 다니지 않고 있던 어느 직원이 기적 같은 하나님의 응답을 체험하고서 신앙을 회복하는 일도 있었다.

S형제는 단순히 종교적 영역에서만이 아니라 일터에서도 하나님과 동행하는 법을 터득했고, 주변의 신자와 불신자들에게까지 선한 영향력을 끼쳤다. 함께 출장 가는 직원에게는 신앙 서적을 선물하기도 했는데, 그 책을 읽던 직원의 마음이 열려 기내에서 회심하는 놀라운 일도 있었다.

S형제가 일터에서 경험한 하나님의 손길과 도우심에 관한 간증은 다양하고 놀랍다. 아마도 언젠가 그 형제의 새로운 '일터행전'

이 출간될지도 모르겠다. 독자들에게 나의 일터행전 이상으로 새로운 도전과 위로와 격려가 되는 기회가 있기를 기대한다.

하나님은 S형제의 순결하고 깨끗한 믿음을 보시고 경영층의 신뢰를 받게 하셨고, 사내의 다양한 주요 보직을 맡게 하셨다. S형제는 해외 주요 지역들에서 본부장 직책을 역임했고, 최근에는 A항공의 대표이사가 되었다. 마음에 품고 기도한 결과로 얻게 된 놀라운 기도의 열매다.

P형제는 참 성실하고 사심 없는 사람인데, 관련 부서에서 근무하면서 서로 좋은 선후배 관계를 맺게 되었다. 내가 처음 해외 부임지로 발령받아 앞뒤 못 가리고 있을 때, 그가 첫 방문객이 되었다. 그를 우리 집에 초대하여 함께 식사하고, 처음으로 아우토반을 타고서 하이델베르크를 방문하는 일도 함께했다. 그때부터 불교 신자였던 그 형제를 마음에 품고 기도하기 시작한 것 같다.

P형제는 자신의 인사에 대한 문제가 있을 때 나를 찾아와 고민을 말해주어 내가 조언해주기도 했다. 우리 부부가 그가 근무하는 해외지역을 방문했을 때, 부부가 함께 식사 교제를 나누기도 했다. 한동안 같은 부서에서 팀장과 팀원으로 같이 근무하기도 했다.

내가 회사를 퇴직하고 명지전문대에서 교수로 근무하고 있을 때 P형제로부터 전화가 왔다. 아내와 같이 점심식사를 하자고 했다. 만나보니 아들 결혼식에 주례를 부탁하는 것이었다. 이제는 그룹의 중견 계열사 대표이사 지위에 오른 친구라 자녀의 결혼 주례자로는 그룹 내 최고경영층을 초대해야 할 텐데, 회사를 떠나 아무런 직임도 갖고 있지 않는 나를 주례자로 초대한 것이다. P형제의 아내가 믿음의 결혼식을 하기 원해서, 남편의 멘토라고 생각되는 나를 초대한 것이라고 했다. 감사한 마음으로 주례를 승낙하고, 결혼 전까지 미국에 체류 중이던 예비부부를 위한 결혼학교를 비대면 줌으로 진행했다. 결혼식 주례를 맡아 진행하면서, 그동안에도 마음에 품었지만 간절히 기도하지는 못했던 그 형제의 믿음 생활을 위해 다시금 기도하기 시작했다.

결혼식 후 몇 달 지나지 않아, 그 형제의 아내로부터 반가운 소식을 들었다. 아내의 부탁과 요청으로 자의반 타의반 교회에 출석했던 그 형제가 주님을 영접했다는 소식이었다. 기쁜 마음으로 부부 모임을 하면서 감사기도를 드렸다. 부부 모임을 시작하면서 아내들끼리 상담하는 만남도 이루어지기 시작했다. 속 깊은 대화를 나누면서 기도제목이 더 깊어지고 넓어졌다. 그 형제가 자신의 믿음을 공식적으로 고백하는 차원에서 세례를 받았으면 하는 마음이 있는데, 아직 거기까지는 마음이 열리지 못해 계속 기도하고 있다. 시간이 된다면, 함께 성경을 공부하는 만남도 가지면 좋을 것이다.

마음에 품고 기도한다고 해서 모두 덜커덕 주님을 영접하고 금세 하나님 나라의 일꾼으로 성장하는 것은 아니다. 앞에서 나눈 사례들은 내가 겪은 '일부의 성공 사례'에 불과하다. 수십 년간 기도하고 있어도 아직 '기도 응답이 진행 중'인 사람들도 있다. 하나님께서 언제 응답하실지 모르지만, 기도에 응답하시는 하나님의 성실하심을 믿으며 계속 기도하고 있다.

아내와 함께 하는 일품사역

일터사역의 열매에 대해 나누다 보니, 감사하다는 마음을 반드시 나누어야 할 사람이 있다. 바로 내 아내이다. 입사 초기에 신우회가 막 시작되었을 무렵, 나는 신우회의 잦은 모임이나 행사로 늦게 퇴근하곤 했다. 신우회 직원들을 좁은 집에 초대해 함께 식사하는 일도 많았다. 아내는 신우회의 야유회에 아직 어렸던 큰 아이를 데리고 참석하기도 했다. 해외 근무 시에는 신우회의 지체들이 우리 집을 숙소로 사용하기도 했다. 그러다 보니 아내는 신우회의 웬만한 지체들은 거의 다 알고 지낸다. 일터사역에 대한 감도 없었을 때, 나의 설익은 일터사역을 믿고 따라준 아내에게 감사한 마음이다.

일터사역에 대한 강의나 간증을 하면 종종 자매들로부터 이런 질문을 받는다.

"그렇게 일터사역에 집중하면 가정 사역은 어떻게 했나요?"

"아내가 일터사역에 대해 같은 비전을 가졌고, 동역자 의식을 품고서 함께 했기에 가능했던 것 같습니다. 아내의 도움이 없었다면 어려웠겠지요."

답은 이렇게 했지만, 아내에게 감사한 마음을 잘 표현하지 못한 것 같아 이 지면을 빌어 다시 한 번 감사의 말을 전한다. 나의 일터 사역은 아내의 동역과 함께 해온 것이다. 앞으로도 그럴 것이다.

우리 부부에겐 '부부 브런치 사역'이란 것이 있다. 내가 마음에 품은 직원과 친밀한 관계를 가지고 복음을 전하다 보면 자연스럽게 부부끼리 만나게 되곤 했는데, 그 모임을 '부부 브런치 사역'이라고 부르기로 했다. 일터를 품는 것은 일터의 영혼을 품는 것이라고 했는데, 부부를 함께 품으면 훨씬 효과적일 때가 많기 때문이다. 아직 주님을 영접하지 않은 부부를 주말의 브런치에 초대해 대화하다 보면, 그 아내에 대한 전도는 자연스럽게 내 아내의 몫이 된다. 내가 마음에 품은 후배들도 정년에 이르러 퇴직하게 되어 시간적 여유가 생기기 시작했다. 이런 후배들도 부부 브런치의 중요한 사역 대상으로 마음에 품기 시작했다. 여기에도 아내의 협조와 동역이 필수적이다.

그런데 내가 아내와 함께 만나는 부부들 중에서 아내는 믿음 생활을 잘 하는 반면 남편은 믿음이 없거나, 있어도 신앙생활을 잘 하지 않고 있는 경우가 종종 있었다. 사실 이런 만남은 거의 대부분 믿지 않는 직원과의 만남이 부부끼리의 만남으로까지 이어진 것인데, 만나보니 그의 아내는 신앙생활을 잘하고 있는 경우가 제법 많았다. 주로 '남편들이 문제'다. 천국에 가면 아내들만 모여 있을 것 같아서 걱정이다. 이런 부부들과 교제할 때마다 남편들에게 아내처럼 믿음 생활을 하도록 부지런히 권면하고 있다. 그럴 때는 그 아내와 우리 부부 세 명이 한 팀이 되어 그 남편 한 사람에게 신앙을 권면하는 만남이 된다. 부부 브런치 사역이 3대 1 점심 사역처럼 되는 것이다.

 나는 방학이면 전임 직원의 저렴한 항공권 혜택을 이용해 아내와 함께 해외여행을 종종 간다. 여행의 목적은 여러 가지이지만, 가장 중요하게 생각하는 것은 각처에 파견되어 근무하는 믿음의 형제들을 만나 그들의 이야기를 들어주고, 위로하고 격려하는 경청 사역이다. 이때도 자연스럽게 부부 만남이 이루어진다. 직원뿐 아니라 그의 아내와 가족의 고민을 들어주고 기도하게 된다. 그러다 보면 '일품사역'의 대상과 영역이 넓어진다. 그들과의 교제를 통해 기도제목을 나누고 함께 기도하다 보면, 자연스레 아내도 함께 일터사역에 뛰어든 동역자가 된다.

 성경에도 일터사역에 헌신했던 부부가 나온다. 브리스길라와 아굴라 부부는 바울과 천막을 만드는(tent-making) 일을 하면서 동역했다. 그런데 아굴라보다 아내인 브리스길라의 이름이 먼저 나오는 걸 보면 당시에도 아내의 역할이 더 부각되었던 것 같다. 우리 부부의 '부부 브런치 사역'에서도 내 아내의 역할이 더 중요해질 것 같다.

일터를 위해 기도하는 사명

일터에서 마음에 품고 기도하는 대상은 사람만이 아니다. 우리가 속한 일터의 조직도 다 포함된다. 조직 전반에 걸친 주요 사안이나 문제들을 품고 하나님께 올려드리며 기도하면 기도 응답의 열매를 체험하게 된다. 마음에 들지 않는다고 해서 그냥 사표나 휙 던지고 떠날 것이 아니다.

마르틴 베를레의 〈나는 정신병원으로 출근한다〉라는 책을 읽었는데, 직장생활을 마치 정신병원 같은 회사와 자신과의 갈등 또는 싸움으로 비유하는 것 같아 씁쓸했다. 일터는 싸우는 곳이 아니다. 하나님이 부르신 소명을 찾고 맡기신 사명을 감당하는 곳이다. 그러므로 하나님이 나를 파송하신 일터의 의미와 뜻을 기억할 때, 일터에 있을 때만이 아니라 그 일터를 나와서도 일터의 문제와 기도제목을 항상 마음에 품고서 기도할 수 있다. 그럴 때 더 놀라운 열매를 맛볼 수 있게 된다.

명지대학교 사무처장으로 근무하면서 매우 기쁘고 감사했다. 해야 하는 일은 많았지만, 나를 불러주신 총장님을 비롯해 함께 일하는 실처장들과의 친밀한 관계와 잘 따라주는 직원들로 인해 감사했다.

사무처장으로서 일하면서 1년 정도 지났을 때, 학교재단법인의 사무국장을 겸직하게 되었다. 법인의 사안들을 접하게 되면서 고민이 시작되었다. 10여 년 전에 발생한 문제들로 인해 법인이 겪고 있는 소송들과 쌓여 있는 부채들 때문이었다. 해결하지 못해서 계속 불어나고 있는 벌금과 부채들을 대하면서 가슴이 막히고 마음이 무거워졌다. 산적한 사안들은 인간의 지혜와 힘으로는 해결할 수 없을 것 같은 문제들이었다. 홍해 앞에 선 모세와 요단강 앞의 여호수아 같은 중압감이 밀려들었다. 사무국장을 맡으면서 함께 일하는 직원들과 아침기도모임을 만들었다. 기도가 필수적이라고 생각했기 때문이다.

5년간의 사무처장 겸 사무국장직을 내려놓고 명지전문대학 교수를 하게 되면서도 학교법인의 문제와 고민거리들을 항상 마음에 품고서 기도했다. 구체적인 기도를 위해 함께 일했던 직원들과 식사 교제를 하면서, 문제들이 어떻게 진행되고 해결되고 있는지를 피드백 받는 것처럼 들어보기도 했다. 법인이 회생 개시 과정을 거치면서 미디어에도 학교의 문제가 노출되었다. 학교는 부정적 여론에 휩싸였고, 심각하고 어려운 시절을 보내야 했다. 나는 그래도 동트기 전이 가장 어둡다고 믿었기에 법인의 직원들을 위로했다. 조금만 지나면 불가능해 보이던 일들이 해결될 것이라고 격려하며, 계속해서 기도했다. 그 일터를 나온 이상, 그 일은 사실 더 이상 내 소관 업무는 아니다. 그런 만큼 기도할 의무도 없을 수 있다. 하지만 몸담고 일했던 조직의 문제는 여전히 내 기도의 과제라고 생각했다. 매일 변함없이 학교법인의 문제 해결을 위해 기도했고, 지금도 기도하고 있다.

사실 명지대학교는 주변에 기도하는 동역자들이 많은 학교다. 명지유치원부터 초등학교와 중고등학교와 전문대와 명지대학교에 이르기까지, 이곳에서 배운 수많은 신앙의 일꾼들과 선배들이 한마음으로 끊임없이 기도하는 축복받은 학교다. 그래서 때로는 위태하고 쓰러질 것 같은 상황에서도 다시 일어나고 회복되는 것을 여러 번 체험할 수 있었다.

내가 사무국장 시절에 시작했던 상당한 금액의 증여세 취소 소송은 안타깝게도 1심에서 패소했다. 2심에서도 패소해 더 이상 해결될 가능성이 보이지 않았다. 그런데 최근에 희망이 없어 보이던 그 소송 건이 대법원에서 승소하고 파기 환송되는 일이 일어났다. 엄청난 세금 부채가 단번에 해결된 것이다.

학교법인의 불가능해 보이던 난제들이 해결되어 가는 모습을 보면서, 마음에 품고서 기도하는 사명이 얼마나 중요한지 깨닫게 된다. 그러기에 내가 할 일은 여전히 기도하는 것이다. 우리가 기도할 때 하나님이 일하시기 때문이다. "When we do, we do. When we pray, God will do."

● **일터의 총괄기도책임자를 자처하다**

대한항공과 아시아나항공의 통합 건은 국내외의 많은 사람이 알고 있는 사안이다. 쉽게 해결되리라고 생각했던 통합 건은 코로나를 거치면서 지지부진하게 되었다. 시장의 경쟁 제한을 무너뜨릴 수 있다는 반독점법에 의거해 외국 정부와 항공사들의 거센 반대와 이의 제기가 끊이지 않았다. 그래서 예상했던 일정보다 훨씬 오래 지연되었다.

신우회는 통합 건이 대두되면서부터 이 사안을 기도제목으로 삼고 기도하기 시작했다. 코로나 기간에도 비대면 줌 모임으로 매주 두 번 기도회를 가질 때마다 기도했다. '항신회'라는 대한항공 신우회의 OB 멤버들도 통합 건을 마음에 품고서 기도했다. 나 역시 회사를 나온 지 10년이 넘었지만, 대한항공 신우회 모임에 정기적으로 참석해 후배들을 기도로 도우면서 기도의 끈을 확실히 붙들 수 있었다.

기도의 결과, 두 항공사의 통합은 2024년 말에 전격적으로 허가되었다. 회사의 통합은 단순한 물리적 통합만이 아니다. 직원과 시스템과 제도의 통합이라 결코 단순하지 않다. 그렇기에 순조로운 통합을 위해 다시금 기도의 끈을 이어가고 있다. 이를 위해서인지, 하나님께서는 사내의 주요 보직에 믿음을 가진 경영진들을 포진시키고 계시다. 그리하여 그들이 하나님이 주시는 솔로몬의 지혜와 다윗의 리더십으로 통합을 이끌어가도록 섭리하고 계신다. 이제는 내 문제가 아님에도 불구하고, 내가 간절히 기도하는 지난 일터의 기도까지 하나님은 기쁘게 받아주시는 것 같다. 그래서 나는 한층 더 기도에 힘을 보탠다.

일품성도는 총괄기도책임자(Chief Prayer Officer)다.

    대한항공의 안전 운항, 노사 화합, 영업 풍년, 경영층 복음화는 그 회사의 신우회원들이 수십 년 전부터 계속 기도해온 기도제목이다. '믿음의 기업 대한항공'이라는 모토를 걸고, 수많은 믿음의 역군들이 회사를 마음에 품고서 기도해왔다. 기도의 결과, 회사가 내부적으로 탄탄해지고 경영층도 유연해지면서, 직원들과의 의사소통도 원활해지는 모습을 보게 된다.

    대한항공이 속해있는 한진그룹은 다음세대를 키우는 교육과 의료 사업을 오래전부터 해왔다. 초등학교와 중고등학교뿐 아니라 인하대학교, 항공대학교, 인하전문대학, 그리고 인하병원에 이르기까지, 대규모 교육 사업체를 경영하고 관할하는 재단법인이 정석인하학원이다. 이 학원의 이사들은 그룹의 회장을 비롯해 자회사 대표나 학교 총장들로 구성돼 있다. 그런데 최근 이 학원에서 연락이 왔다. 나를 임기 4년인 학원의 개방이사로 선임하겠다는 것이다. 개방이사는 학원의 투명경영을 위해 외부에서 적합한 인사를 선임하는 것이다. 회사로 보면 사외이사 같은 것이다. 그런 자리에 회사를 떠난 지 이미 10년이 넘은 나를 이사로 추천해서 이사회를 통과했다는 소식이었다. 그 회사를 마음에 품고서 믿음의 기업이 되게 해달라고 기도하니, 하나님께서 조금 더 구체적으로 기여하고 기도하라고, 나를 이 학원 재단의 개방이사로 보내주신 것이라고 생각한다.

회사에는 여러 보직이 있다. 특별히 주요 분야를 책임지는 경영진에게는 말 그대로 '주요'를 뜻하는 'Chief'라는 영어 단어가 붙는다. 총괄경영자로서 대표에 해당하는 CEO(Chief Executive Officer)가 있다. 운영책임자는 COO(Chief Operation Officer)로 불리며, 재무책임자는 CFO(Chief Finance Officer)로 불린다. 여기에 더해 CPO라는 보직을 개인적으로 만들어 보았다. 회사와 그룹과 학원을 위해 쉬지 않고 기도하는 '총괄기도책임자'로서 CPO(Chief Prayer Officer)인 것이다. 이 직무의 책임과 역할을 성실히 담당하리라고 다짐해 본다.

8
성경 인물에게서 배우는 일터 기도

●   일터를 품는 그리스도인에게 중요한 것이 일터를 위한 기도라면, 일터 기도의 모범은 어디에서 찾아야 할까? 당연히 성경의 인물 가운데 있다.

  느헤미야는 일터사역을 다룰 때 항상 인용되는 멋진 일터사역자이다. 그는 하나님을 믿지 않는 이방 나라 페르시아의 아닥사스다 왕의 술 맡은 관원이었다. 당시에 그 자리는 보통 자리가 아니다. 비서실장 비슷한 자리라고 보면 될 것 같다. 그렇게 높은 공직자의 자리까지 오른 유대인이 하나님을 온전히 신뢰하면서 경험한 믿음의 이야기가 기록된 것이 느헤미야서다. 그의 이야기는 세속사회에서 믿음을 지키며 살아가는 일터의 크리스천들에게 본이 된다. 때로는 위로와 격려가 된다.

우리는 아브라함의 종 엘리에셀이 주인의 아들 이삭의 아내를 찾기 위해 떠나는 출장길에서 보여준 '출장기도'를 통해 일터 현장에서 어떻게 기도해야 하는지를 배울 수 있다. 고난 중에 오직 하나님께 부르짖었던 다윗과 에스더서에 나오는 모르드개의 모습을 통해서는 사람을 의지하지 않고 오직 하나님께 부르짖는 기도를 연습할 수 있다.

● 엘리에셀의 출장기도

아브라함의 지시를 받아 아들 이삭의 아내를 구하기 위해 여행을 떠난 엘리에셀의 '출장행전'은 참으로 놀랍다. 창세기 24장에는 아브라함이 아들 이삭의 배우자를 찾기 위해 자신의 늙은 종 엘리에셀에게 친척들이 거주하는 밧단아람에 다녀올 것을 명한 이야기가 나온다. 우리는 아브라함과 엘리에셀의 대화, 그리고 주인의 출장 명령을 수행하는 엘리에셀의 모습을 통해 일터에서 상사와 부하 사이의 관계와 업무를 수행하는 법을 배울 수 있다. 사실 그보다 중요한 교훈이 있다. 엘리에셀이 그 임무를 수행할 때 하나님께 기도하는 모습이다.

아브라함은 엘리에셀에게 아들을 위한 믿음의 배우자를 찾아오라고 지시하면서 그의 출장길을 축복한다. "내 고향 내 족속에게로 가서 내 아들 이삭을 위하여 아내를 택하라 … 하늘의 하나님 여호와께서 … 그 사자를 너보다 앞서 보내실지라"(창 24:4,7).

아브라함의 지시사항을 확인한 엘리에셀은 수일이 걸리는 장거리 출장길을 떠난다. 엘리에셀이 목적지에 도착하자마자 한 것은 출장 목적의 수행을 위한 기도다. 사실 그가 출장 기간 내내 한 일도 시종일관 하나님과 대화한 것이다. 당연히 출장지에 도착해서도 자신의 출장 목적을 이루기 위해 구체적인 기도제목을 아뢴다. "여호와여 원하건대 오늘 나에게 순조롭게 만나게 하사 내 주인 아브라함에게 은혜를 베푸시옵소서"(창 24:12).

엘리에셀은 기도할 때 구체적으로 아뢴다. 물동이를 들고 와서 자신과 나귀에게 물을 마시게 하는 자를 하나님께서 주신 자로 여기겠다고 고백하며 기도한다(창 24:13-14). 엘리에셀은 기도와 함께 하나님의 응답을 기다렸고, 리브가가 올 때 즉시 다가가 하나님의 뜻을 확인한다. 그랬기에 리브가를 만났을 때 엘리에셀의 첫 반응은 감사기도였다(창 24:26-27).

엘리에셀은 기도한 대로 리브가를 만나게 된다. 그가 아브라함의 친척인 것을 알게 되었을 때도 반갑게 리브가의 손을 잡고 기뻐하기 전에, 기도에 응답하신 하나님께 먼저 감사기도를 드렸다(창 24:26-27). 엘리에셀은 리브가의 아버지 라반의 결혼 승낙 확답을 받았을 때도 라반에게가 아니라 하나님께 감사기도를 드렸다(창 24:51~52). 출장 기간 내내 수시로 간구하고 감사의 기도를 올리는 엘리에셀의 출장기도는 오늘날 우리가 배워야 할 일터 기도의 진수다.

항공사는 양국 항공청 간의 협의를 통해 노선권을 확보하여 항공기를 운항한다. 따라서 노선권을 협의하는 양국 간의 항공협정 회의가 매우 중요하다. 항공협정 회의에는 양국의 항공국장과 항공사 임원들이 함께 참석한다. 대한민국을 대표하는 한 팀이지만, 국내 항공사 간의 입장이 달라 보이지 않는 경쟁이 치열하다. 특히 자국의 항공국장에게 자사의 요구사항을 합리적으로 어필하는 것이 중요하다.

내가 항공협정 담당 임원에 보임되어 첫 항공협정 출장을 가게 되었을 때 일이다. 그런데 문제가 있었다. 경쟁 항공사 임원은 수년간 동일 업무를 한 베테랑이고, 정부 측과도 상당히 친밀한 관계를 유지하고 있었다. 그에 반해 나는 업무 경험도 부족하고 정부 측 인사를 잘 알지도 못하는 상황이었다. '정부 측 인사와 어떻게 친밀한 관계를 맺을 것인가?' 하며 머리를 굴리는데, 뾰족한 방법이 없었다. 내가 할 수 있는 것은 기도밖에 없었다. 출장 일정이 잡힌 시점부터 하나님께 간절히 기도했다.

출장 당일, 출발하는 항공편에 탑승했다. 기내에서 정부의 항공국장을 처음 만나 어색하게 인사했다. 국장은 내 좌석의 두 칸 앞 좌석에 앉았다. 막상 국장을 만나니 마음이 더 답답해졌다. 그래서 내 자리에서 간절히 기도했다.

"주님, 회의 경험도 없고, 정부 인사와의 관계도 전무하지만, 주님께서 불쌍히 여기사 이번 항공협정에 놀라운 은혜를 베풀어주소서."

기내에서 식사를 마치고 화장실을 다녀오다 항공국장 좌석을 지나치는데, 낯익은 책이 눈에 띄었다. 〈생명의 삶〉 큐티 책이었다. '앗! 큐티 책이라니! 할렐루야!' 반가운 마음에 국장 옆의 빈 자리에 앉아 신앙에 대한 이야기를 나눴다. 알고 보니 교회 출석한 지 얼마 안 되었는데, 아내의 권면으로 큐티를 하기 시작했다고 말했다. 큐티 책 덕분에 항공국장과 갑작스럽게 가까워졌다. 자리로 돌아와 기도에 응답하신 하나님께 감사기도를 드렸다. 이후 출장 기간 동안 그와 함께 친밀한 관계 속에서 성공적으로 항공협정을 마무리할 수 있었고, 이후에도 정부와 원만한 관계를 유지할 수 있었다. 하나님은 나의 간절한 출장기도에 놀라운 방법으로 역사하셨다.

● 단숨기도와 진솔한 기도

아닥사스다 왕이 느헤미야의 얼굴에 수심이 있는 것을 보고서 그 문제 해결을 위해 무엇을 원하는지 물었을 때, 느헤미야는 먼저 하늘의 하나님께 기도했다. "왕이 내게 이르시되 그러면 네가 무엇을 원하느냐 하시기로 내가 곧 하늘의 하나님께 묵도하고"(느 2:4).

느헤미야는 그동안 왕의 은혜를 얻기를 기도하면서, 생각나는 아이디어와 주님이 주시는 지혜로 구체적인 계획을 준비하고 있었을 것이다. 그러니 왕이 원하는 것을 말하라고 했을 때 얼마나 기뻤을까? 나 같으면 머릿속의 계획들을 줄줄 풀어냈을 법도 한데, 느헤미야는 대답하기 전에 먼저 하나님께 기도했다. 기도 응답에 감사하는 기도였을 수도 있고, 대답을 잘 할 수 있게 해달라는 기도였을 수도 있다. 느헤미야는 긴급한 일터의 상황 속에서 하나님의 도우심을 구했던 것이다.

아닥사스다 왕의 허락과 지원을 받아 예루살렘에 내려온 느헤미야를 기다리고 있던 것은 유대인의 회복을 반대하는 수많은 반대와 멸시와 방해였다. 그렇지만 그는 마음속으로 계획했던 성곽을 구축하는 사역을 발 빠르게 진행해 나갔다. 높은 지위와 연봉을 마다하고 사심 없이 내려와 하나님의 성을 건축하는 자신에게 은혜를 베풀어주시고, 복을 달라고 솔직하게 기도했다. 화려한 미사여구나 경건한 척하는, 폼이나 잡는 기도가 아니었다. 그저 하나님의 바짓가랑이만 붙들고 드리는 진솔한 고백이었다. "내 하나님이여 내가 이 백성을 위하여 행한 모든 일을 기억하사 내게 은혜를 베푸시옵소서"(느 5:19). "내 하나님이여 이 일로 말미암아 나를 기억하옵소서 내 하나님의 전과 그 모든 직무를 위하여 내가 행한 선한 일을 도말하지 마옵소서"(느 13:14). "내 하나님이여 나를 위하여 이 일도 기억하시옵고 주의 크신 은혜대로 나를 아끼시옵소서"(느 13:22). "내 하나님이여 나를 기억하사 복을 주옵소서"(느 13:31).

고자질기도와 다윗의 탄원시

느헤미야를 괴롭히던 사람들이 많았지만, 그 중에서도 산발랏과 도비야는 성곽 건립 계획을 비웃고 멸시했다. 뿐만 아니라 꾸며낸 내용을 담은 공개 보고서로 거짓 소문을 퍼뜨려 느헤미야를 위협하기도 했다. 살해하려는 시도도 서슴지 않았다. 느헤미야는 그들의 방해 공작을 계속해서 받으면서, 그들의 만행을 하나님께 전부 일러바쳤다. 그의 기도는 고자질기도였다. "우리 하나님이여 들으시옵소서 우리가 업신여김을 당하나이다 원하건대 그들이 욕하는 것을 자기들의 머리에 돌리사 노략거리가 되어 이방에 사로잡히게 하시고"(느 4:4). "내 하나님이여 도비야와 산발랏과 여선지 노아댜와 그 남은 선지자들 곧 나를 두렵게 하고자 한 자들의 소행을 기억하옵소서"(느 6:14).

느헤미야의 기도는 그다지 고급스럽거나 우아하지 않았다. 화려하거나 거룩해 보이지도 않는다. 옷매무새를 고쳐 입고서 강단에서 대표로 하는 기도와 많이 다르다. 그러나 그의 기도가 우리의 마음에 와닿는 것은 그의 일터의 상황이 지금 우리 일터의 모습과 크게 다르지 않기 때문일 것이다. 느헤미야의 기도야말로 우리가 배우고 연습해야 할 기도이다.

때로는 일터에서 가시 같은 존재를 만나게 된다. 울화통이 나고, 미움과 증오로 잠도 자지 못하는 상황이 될 수도 있다. 그럴 때 하나님은 고자질기도를 원하신다. 마음에도 없는 화려한 억지 기도문을 읊조리기보다 내 마음을 괴롭히는 사람을 하나님께 올려드리고, 솔직하게 기도하기를 원하신다.

고자질기도를 가장 잘한 사람이 다윗이다. 다윗의 탄원시들은 자신을 괴롭히고 핍박하는 자들의 행위를 하나님께 일러바친 것이다. 스스로 복수하지 않고 하나님께 전권을 맡겨드렸다. 그렇지만 사랑이나 자비의 표현은 아니었다. 자기 마음속에 있는 아픔과 미움의 감정을 감추지 않고 다 노출한 것이다.

다윗은 원수와 자기를 해치려고 모해하는 자들을 향한 자신의 분노와 저주를 마구 쏟아냈다. 미사여구로 치장하지 않았다. 용서하는 척도 하지 않았다. 그냥 자기 속마음을 있는 그대로 하나님께 토로했다. 하지만 이러는 것이 그렇게 쉽지는 않다. 하나님 앞에서 뭔가 괜찮아 보이려는 마음 때문에 회칠한 무덤이 되곤 한다. 하나님 앞에서도 자기 의를 내세우고자 하는 교만한 마음 때문이다.

도엑이 사울 왕에게 "다윗이 아히멜렉의 집에 왔었다"라고 고

"예수님, 쟤 좀 혼내주세요!"

자질했을 때, 다윗은 이렇게 탄원했다. "이 사람은 하나님을 자기 힘으로 삼지 아니하고 오직 자기 재물의 풍부함을 의지하며 자기의 악으로 스스로 든든하게 하던 자라 하리로다 그러나 나는 하나님의 집에 있는 푸른 감람나무 같음이여 하나님의 인자하심을 영원히 의지하리로다"(시 52:7-8)

다윗이 가드에서 블레셋 사람에게 잡혔을 때, 자신의 갈급한 상황을 노래한 것이 시편 56편이다. "내가 하나님을 의지하고 그 말씀을 찬송하올지라 내가 하나님을 의지하였은즉 두려워하지 아니하리니 혈육을 가진 사람이 내게 어찌하리이까"(시 56:4).

다윗의 탄원시 중 백미라고 할 수 있는 시편 109편은 고자질기도의 진수를 보는 것 같아 입이 다물어지지 않는다. "그들이 악으로 나의 선을 갚으며 미워함으로 나의 사랑을 갚았사오니 악인이 그를 다스리게 하시며 사탄이 그의 오른쪽에 서게 하소서 그가 심판을 받을 때에 죄인이 되어 나오게 하시며 그의 기도가 죄로 변하게 하시며 … 그에게 인애를 베풀 자가 없게 하시며 그의 고아에게 은혜를 베풀 자도 없게 하시며 그의 자손이 끊어지게 하시며 후대에 그들의 이름이 지워지게 하소서"(시 109:5-13).

다윗의 탄원시들을 읽으면서, 자신의 마음을 하나님께 진솔하게 쏟아놓는 모습을 배우고 싶다는 생각이 든다. 우리도 하나님께서 우리의 고통스러운 상황과 형편을 다 알고 계시기에 포장하거나 장식하지 않고, 도우시고 보호하시는 하나님께 그저 처절하게 내 속내를 정직하게 드러내 올려 드려야 한다.

피난처, 요새, 힘, 도움, 방패…. 성경에 자주 등장하는 단어들이다. 다윗은 잘 싸우는 장수였다. 그가 그럴 수 있었던 것은 하나님께 쪼르르 달려가 피난처에서 잘 피하고, 요새에서 잘 견디고, 방패 뒤에 잘 숨었기 때문이다. 이것은 우리가 암울한 고난의 터널을 지나면서 붙잡아야 할 믿음의 모습이고 태도이다. 하나님께 잘 피하고, 피난처에 꼭꼭 숨어 견디는 사람이 신앙인인 것이다. 어렵고 힘들 때, 그저 "하나님 저 너무 힘들어요, 도와주세요"라고 고백하면 된다.

● 진솔하게 기도하면 기도를 바꿔주신다

내가 학교에서 일할 때, 어느 직원의 태도 때문에 분노가 생긴 적이 있었다. 한동안 불면증으로 잠을 자지 못했을 정도였다. '어떻게 하면 내 속의 분노를 쏟아낼 수 있을까?' 머리를 굴리느라 마음이 타들어 갔다. 그때 다윗의 탄원시를 읽으면서 내 마음 상태를 하나님께 진솔하게 올려드렸다. 다윗의 탄원시를 따라 내 마음을 쏟아놓을 때, 성령님께서 찾아오셔서 상한 마음을 어루만져 주셨다. 분노로 가득 찼던 마음에 조금씩 평안이 찾아오기 시작했다.

내가 지시한 내용대로 일이 진행되지 않아 문제가 생긴 적이 있었다. 해당 업무 담당자에게 자초지종을 물었다. 하지만 그 직원은 자기 잘못이 아니라고 우겼다. 욱하고 분노가 터져 나오려 했지만, 꾹 누르고서 참았다. 내 사무실로 들어가 자리에 앉아 기도했다.

"주님 저 이번에 잘 참았지요? 괜찮았나요? 칭찬해 주세요!"

하나님은 솔직한 기도를 듣기 원하신다.

뒤돌아보니 나는 속마음과 화와 분노를 주님께 올려드리지 못하고 살았던 것 같다. 그런데 다윗은 토로할 '대상'이 있었기에 오히려 직접 원수를 갚지 않고 모든 원수 갚는 일을 온전히 하나님께 맡길 수 있었다. 다윗은 "너희가 친히 원수를 갚지 말고 하나님의 진노하심에 맡기라 … 악에게 지지 말고 선으로 악을 이기라"

(롬 12:19,21)는 말씀을 탄원시를 통해 실천하고 연습했던 것이다.

우리가 하나님께 진솔하게 기도하면 하나님은 우리의 기도를 바꿔주신다. 다윗의 탄원시는 전반부와 후반부로 나뉘는데, 전반의 고통과 아픔의 고백이 언제 있었냐는 듯, 후반의 고백의 톤은 완전히 바뀐다. "하나님이여 내 마음이 확정되었고 내 마음이 확정되었사오니 내가 노래하고 내가 찬송하리이다"(시 57:7).

하나님께 내 속마음을 진솔하게 쏟아 붓고 의지할 때, 하나님의 임재와 만져주심을 체험하면 고백이 달라진다. 이것은 하박국 3장에 나오는 선지자의 반전 고백과도 일맥상통한다. "비록 무화과나무가 무성하지 못하며 포도나무에 열매가 없으며 감람나무에 소출이 없으며 밭에 먹을 것이 없으며 우리에 양이 없으며 외양간에 소가 없을지라도 나는 여호와로 말미암아 즐거워하며 나의 구원의 하나님으로 말미암아 기뻐하리로다 주 여호와는 나의 힘이시라 나의 발을 사슴과 같게 하사 나를 나의 높은 곳으로 다니게 하시리로다"(합 3:17-19).

우리가 다윗의 시편 중에서 가장 애호하는 구절들이 주로 고통 중에서 고백했던 탄원시들 중에 있음을 기억하자. 상황은 하나도 변한 것이 없어도 다윗처럼 입술의 고백이 달라진다. 이것이 신앙의 힘이다. 답답하고 절망적인 상황에서도 다윗의 변화된 고백이 우리의 고백이 되기를 원한다. 코로나 기간 같은 고난이 또 있을지라도, 우리 신앙과 믿음의 고백들이 영글어 열매 맺는 기간이 되기를 기도한다.

예수님의 겟세마네 기도도 마찬가지다. 십자가의 고난이 지나가기를 바라는 속마음의 고백 뒤에는 아버지 하나님께 의탁하는 고백이 나온다. 전반전의 십자가 고난 후에 후반전의 부활이라는 반전을 생각하면서, 예수님의 고난을 묵상하며 주님께 의지하리라고 새롭게 다짐할 수 있기를 바란다.

● **사람보다 하나님을 의지하는 기도**

직장생활을 하다 보면 원하는 대로 풀리지 않고, 공평하게 평가받지 못하는 것 같아 우울해지고 실망하며, 더 나아가 분노하게 될 때도 있다. 나름 '빽'이 있거나 튼튼한 인맥을 가진 사람은 인맥을 동원해서 원하는 것을 얻어내려고 힘이라도 쓰지만, 그렇지 못한 사람은 그야말로 손을 놓고 절망하게 된다. 이 부분에서는 크리스천도 별 차이가 없어 보인다.

에스더서는 하나님이라는 단어가 나오지 않는 성경이지만, 시퍼렇게 살아서 인도하시는 하나님의 세밀한 손길과 놀라운 인도를 느낄 수 있는 기록이다. 왕궁 문을 지키던 하위 공무원 모르드개는 하만의 계략으로 유다 민족이 멸절당하게 되었을 때 자기 옷을 찢고 베옷을 입고서 금식하며 대성통곡한다. 그냥 울기만 했을까? 정말 간절히 하나님께 살려달라고 기도했을 것이다. 포로로

잡혀 와서 사는 운명도 기구한데, 자신 때문에 온 민족이 말살당하게 생겼으니 절체절명이다. 창자가 끊어지는 고통으로 하나님께 기도했을 것이다. 그때 그 소식을 들은 아하수에로 왕의 왕후 에스더와의 소통이 시작된다. 모르드개는 에스더에게 이렇게 말한다. "이 때에 네가 만일 잠잠하여 말이 없으면 유다인은 다른 데로 말미암아 놓임과 구원을 얻으려니와 너와 네 아버지 집은 멸망하리라 네가 왕후의 자리를 얻은 것이 이 때를 위함이 아닌지 누가 알겠느냐 하니"(에 4:14)

모르드개는 난관에 부딪혔을 때 자기가 애지중지 키우고 양육한 왕후 에스더에게 달려가서 청탁할 수도 있었다. 그런데 그렇게 하지 않고, 먼저 금식하면서 하나님께 부르짖었다. 그렇게 기도하는 가운데 하나님께서 구원해주실 것이라는 확신을 얻었기에 "유다인은 다른 데로 말미암아 놓임과 구원을 얻으려니와"라고 왕후 에스더에게 담대하게 말할 수 있지 않았을까? 그러고 보니 에스더와의 소통은 청탁이 아니라 거의 지시에 가까웠다. 모르드개는 사람보다 하나님을 의지한 기도의 사람이었다.

모르드개는 왕의 암살 음모를 사전에 발견하고 왕후 에스더에게 알려 큰 공을 세우기도 한다. 그런데 그냥 잊혀버리고, 아무런 포상 조치도 없었다. 모르드개 입장에서는 왕후 에스더에게 청탁해서 승진의 기회로 삼았을 수도 있다. 그러나 그러지 않았다. 성경에는 나오지 않으나, 그냥 하나님만 의지하고 기도했을 것이다.

그런데 결정적인 사건이 벌어진다. 아하수에로 왕이 잠이 오지 않아 역대 일기를 읽다가, 모르드개가 자신의 생명을 구한 사람임을 알게 돼 엄청난 영예와 훈장을 수여한다. 그 결과 모르드개는 하만과의 대결에서 승기를 잡게 된다. 모르드개가 그때 승진 청탁을 했다면 이런 극적인 반전의 승리는 없었을 것이다. 인맥을 의지하면 그만그만한 수준으로 풀리지만, 하나님만 의지하고 기도하면 놀랍고 엄청난 방식으로 하나님이 일하신다.

우리는 일터에서 문제가 발생하거나 외부의 도움이 필요할 때 자기가 갖고 있는 네트워크와 인맥을 어떻게 동원할지 머리를 굴리기 시작한다. 이리저리 청탁하다 안 되면 그제야 다급해져 기도한다. 모르드개는 그렇게 하지 않았다. 그저 하나님께 매달렸다. 그러자 하나님께서 에스더를 통해, 또한 아하수에로 왕을 통해 기도에 대한 확실한 응답을 이루어 가셨다. 우리도 우리의 일터에서 그렇게 해야 한다. 하나님은 내 능력과 내 인맥으로 해결하려고 애쓰고 애쓰다 안 되면 마지막에 매달리는 동아줄이 아니기 때문이다. 우리는 모르드개를 통해 일터에서 사람에게 의지하지 않고, 하나님께 쪼르르 달려가 하나님의 바짓가랑이를 붙잡고 매달리며 간구하는 기도의 모본을 배울 수 있다.

9
일품성도는
향기·편지·사신이다

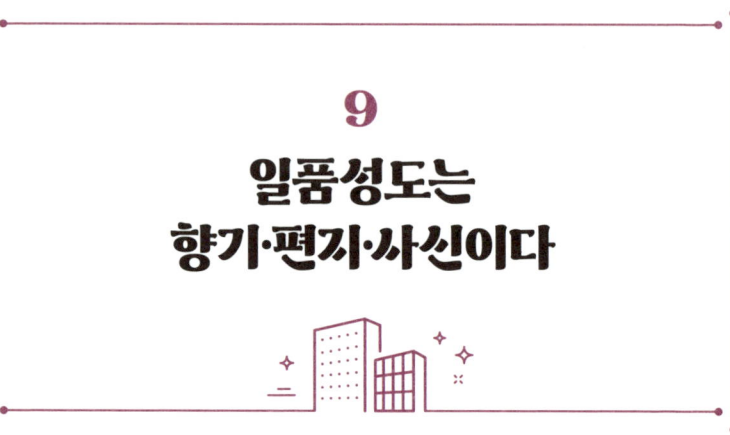

● 　　과거 기독교가 뜨겁게 부흥하고 양적으로 확장되던 시기에는 어깨에 띠를 두르고서 거리로 나가 전도지를 나눠주고, 공원이나 역 앞에 앉아 있는 사람들을 찾아가 복음을 전하곤 했다. 캠퍼스에서 풀밭에 앉아 있는 학생에게 사영리나 브리지로 전도하면 많은 학생이 주님을 영접했다. 그런 전도를 통해 많은 영혼이 주님께 돌아왔던 기억이 내게도 생생하다.

　지금은 태국에서 사역하는 선교사가 된 친구와 함께 캠퍼스를 돌아다니며 시도 때도 없이 전도했던 추억이 있다. 최근에 그 친구 부부가 있는 태국을 방문해 교제하고 그들의 사역을 볼 기회가 있었다. 현지 병원장 출신인 60대의 태국인 자매가 자기 소유를 팔아 어려운 사람들이 많이 사는 마을에 집을 지었다. 마을의 환자들을 방문해 기도해주고, 마음이 열린 사람에게는 복음을 전하고 있었다. 그 결과 많은 환자들이 치유되고 주님께 돌아왔다. 나도 그 기도 심방에 참여해서 간절히 기도했는데, 마비되었던 하반신이 치유되어 예배드리게 되었다는 기쁜 소식을 귀국 후에 들었다.

우리나라에서도 그런 신유의 기적이 여기저기서 일어난 적이 있다. 그렇게 뜨겁고 화끈했던 사역의 열매들이 이른바 포스트크리스텐덤 시대가 되었다는 우리 사회에서는 너무도 낯설게 되어 버렸다. 이제는 그리스도인의 전도하는 모습이 무작위의 사람들에게 무작정 달려들어 복음을 전하던 과거처럼 일방적이고 공격적이어선 안 된다. 무례하지 않고 관계 지향적이어야 한다. 자연스레 영향력이 전달되는, 참 하나님 나라 백성의 모습이어야 한다. 이런 시대에 세속 일터에서 일터를 품고 복음을 전하는 그리스도인은 구체적으로 어떤 모습으로 복음을 증거하고 복음의 영향력을 미칠 수 있을까?

고린도후서에는 그리스도인이 세상을 향해 어떤 모습으로 나타나야 하는지를 잘 보여주는 단어들이 있다. 향기(aroma, 고후 2:15), 편지(letter, 고후 3:3), 사신(ambassador, 고후 5:20)이다. 사신은 대사를 뜻한다. 첫 글자만 따면 ALA(알라)이다. 이슬람교에서 하나님을 지칭하는 알라가 아니다. 일터를 품는 일품성도라면 '알아야 할' 세상을 향한 모습을 뜻한다.

● 그리스도의 향기를 낸다

"우리는 구원 받는 자들에게나 망하는 자들에게나 하나님 앞에서 그리스도의 향기니"(고후 2:15).

이 말씀에서 '향기'(aroma)란 더러운 냄새를 감추기 위해 겉에 마구 뿌리는 향수 같은 것이 아니다. 뿌리지 않아도 그냥 뿜어져 나오는 꽃 냄새 같은 걸 의미한다. 그리스도의 향기는 그리스도인이 그리스도를 알고서 그분과 친밀하게 교제할 때 자연스럽게 풍기는 것이다.

그리스도인은 입술을 열어 복음을 전하는 것도 중요하지만, 마음과 말과 표정과 행동을 통해 하나님 나라의 향기가 풍겨야 한다. 캘빈은 "우리는 복음을 전해야 한다. 때로는 말을 통해서도 전해야 한다"라고 말했다. 전도는 말로 전하는 것이 우선이라고 흔히 생각하지만, 캘빈에 따르면 말 이외의 복음 증거 수단과 방법이 더 많고, 어쩌면 더 중요하다는 것이다. 그것이 우리의 삶을 통해 퍼져나가는 향기일 것이다. 이 향기에 대한 반응이 때로는 다를 수도 있다. 감동하고 칭찬하는 반응도 있지만, 어리석고 불쌍하다며 평가 절하하는 반응도 있을 수도 있다.

회사 신우회에 말을 천천히 하고 가끔 더듬기도 하는 형제가 있

일품성도에게는 그리스도의 향기가 난다.

었다. 빠릿빠릿하지 못해 때로는 답답하게 여겨지기도 했다. 그런데 그는 아무리 화가 나는 일이 있어도 큰 소리를 내지 않았다. 남 탓하지 않고 조용히 자기 일에 충실했다. 윗사람들로부터 좋은 평가를 받지 못해 진급에서 누락될 때도 흔들림이 없었다. 하지만 그와 함께 일해 본 사람이라면 신자든 불신자든 다 그를 천사라고 불렀다. 왜 그렇게 불렀을까? 세속적 가치에 좌우되거나 영향받지 않고, 정결하고 깨끗하게 사는 그의 모습 때문이다. 구별되어 다르게 사는 그의 모습으로 인해, 그가 이 세상에서 사는 사람이 아니라 다른 나라(하나님 나라)에서 사는 사람처럼 느껴졌기 때문이리라.

향기는 전체를 감싼다. 레위기의 제사법에 따르면 제물의 전부를 불사르는 것이 여호와께 '향기로운 제사'(레 1:9)다. 이 말씀은 "너희 몸을 하나님이 기뻐하시는 거룩한 산 제사로 드리라"(롬 12:1)는 말씀과 연결된다. 우리 삶 전체가 하나님께 드려질 때 향기로운 제사가 된다는 뜻이다. 그러므로 향기는 우리의 삶 전체가 하나님 나라를 위해 드려질 때 드러나는 것이다. 이런 향기는 굳이 말로 하지 않아도 주변에 자연스럽게 퍼진다. 일터에서 그리스도인에 대한 평가는 그렇게 이루어진다. 팀을 넘어 부서로, 부서를 넘어 본부까지 그 향기가 자연스럽게 퍼져나가는 것이다. 악취도 마찬가지다. 때로는 그리스도인이 악취를 낼 때가 있다. 이 또한 그냥 퍼져나가기 때문에 막을 방법이 없다. 그러므로 하나님 나라 백성의 삶은 참으로 중요하다.

대한항공 인사제도에 다면평가제도가 신설되었다. 기존의 상하 평가 외에 자신이 평가받고 싶은 평가자를 임의로 선정할 수 있는 제도이다. 피평가자가 조직 내의 누군가에게 자신을 평가해달라는 요청을 할 수 있게 된 것이다. 단, 한 사람이 타인을 평가할 수 있는 인원수는 제한돼 있다. 이 다면평가제도가 신설되고 나서 신우회의 Y자매에게 자신을 평가해달라는 요청 메일이 쇄도했다고 한다. 하지만 평가 인원수가 제한돼 있기에, 미안하지만 어쩔 수 없이 대부분의 평가 요청을 거절할 수밖에 없었다고 안타까워했다.

평가 요청 메일이 왜 그 자매에게 쏟아졌을까? 그저 마음씨 좋은 사람이니까, 밑져야 본전이라고 요청했을까? Y자매는 교회와 신우회에서뿐 아니라 사회적으로도 중요한 일을 맡아 성실히 섬겨온 사람이다. 조직 내에서도 직원들을 품어주고 보듬어주었다. 그런 사람이니 피평가자의 입장에서 그 자매를 볼 때, '아마도 이 사람이야말로 나라는 사람을 가장 잘 이해하고 바르게 평가해줄 수 있겠다'라고 생각했을 것이다.

이 사례를 보고서, 일터에서 살아가면서 일터를 품는 크리스천의 바람직한 모습을 그려볼 수 있었다. 크리스천이 일터의 주변 사람들과 좋은 관계를 맺으면서 공감하고 배려해줄 때, 사람들은 이해받고 인정받고 있다고 느낄 수 있다. 이 자매는 주변으로부터 그런 사람이라는 인정을 받은 것이다. 그와 달리, 교회와 신우회에서는 열심히 봉사하고 열정적으로 활동하는 사람이 정작 자기가 속한 조직의 인간관계에서는 삐거덕거리고, 아무 영향을 못 미치는 경우도 많다. 어쩌면 다면평가제도의 평가요청서 숫자 같은 것이 일터사역자의 바람직한 모습을 측정하고 평가할 수 있는 '핵심지표'가 될 수도 있겠다는 재미있는 생각이 든다.

자크 엘룰은 〈세상속의 그리스도인〉에서 우리들의 신앙이 '일상생활' 속에서 향기로 나타나야 한다고 강조한다.

"기독교는 일상의 모든 영역에서 살아가는 '생활양식'으로 나타나야 참 기독교적 진리를 표현하고 고수할 수 있다. 우리가 무관심하게 지나치는 가장 사소한 것들에 이르기까지 모든 것을 신앙의 빛에 비추어 의문을 제기하고 다시 보아야 하며, 또 하나님의 영광이라는 관점에서 재검토되어야 한다."

여행 플랫폼을 운영하는 어느 중견기업의 직원들 사이에서 갈등이 심해져 서로 싸우고, 급기야 물리적 충돌까지 일어났다. 일반적으로 사내 폭력이 발생하면 상벌제도를 통해 근신이나 정직 등의 처벌을 하게 된다. 심하면 권고사직이나 파면까지 간다. 그런데 이 회사의 대표인 K형제는 그들을 벌하지 않았다. 서로 화해할 수 있는 상황과 여건을 만들어주고서 기다렸다. 그 회사는 별로 크지 않은데도 전문 상담사와 계약을 맺고 정기적으로 직원들의 심리 상담을 도왔다. 상처가 완전히 아물려면 시간이 걸리겠지만, 그 직원들은 아직 함께 일하고 있다.

K형제는 군림하려 들지 않는다. 직원들 앞에서 시도 때도 없이 아재개그를 시연하기도 한다. 옆에서 보면 권위가 서지 않는 것 같아 걱정될 정도이지만, 어깨에 전혀 힘을 주지 않는다. 그러면서 직원들과 건강한 관계를 가꾸어간다. 그 형제는 '그 일' 말고도 대내외적으로 심각한 어려움이 많았다. 문제들이 복잡하게 꼬이고 풀기 힘든 상황이라 나 같으면 풀이 죽고 녹초가 될 만도 한데, 그런 상황에도 항상 밝고 긍정적인 태도를 견지한다. 상황이 호락호락하지 않아 힘들고 지칠 때면 나에게 기도 부탁을 한다. 감사하게도, 기도할 때마다 하나님께서 놀라운 방법으로 해결해주시

는 것을 본다.

그의 회사가 최근에 국세청의 세무감사를 받았다. 몇 년간 영업 실적이 계속해서 증가하다 보니 관심의 대상이 된 모양이다. 감사 결과, 회계처리 및 기장 오류 등의 문제가 발견돼 예기치 않았던 큰 금액의 세금을 추징당했다. 추징액 감면을 위해 세무 전문 컨설팅 업체와 계약을 맺었다. 컨설팅 결과, 과거의 서류를 일부 조정하고 각색해서 이의 제기를 하면 된다고 했다. 그런데 마음이 찜찜하고 평안하지 않았다. 그러다가 내가 매일 아침 보내주는 일터개발원 묵상 말씀이 마음에 깊이 와닿았다고 한다. 인간적인 꼼수와 세속적인 방식을 다 내려놓고, 추징받은 금액 그대로 납부하기로 했다. 컨설팅 업체가 놀랐고 함께 고민하던 직원들도 놀랐다. 그들의 놀람 뒤에 그리스도의 향기가 조용히 퍼지고 있었을 것이다.

우리는 하나님 나라의 백성이다. 우리의 삶의 모습을 통해 주변 사람들이 하나님 나라 백성의 맛을 느끼고 향기를 맡아볼 수 있어야 한다. 그것이 그리스도의 향기로 나타나는 것이다. 비록 매일 매 순간 그렇게 하지는 못해도, 우리의 표정과 말과 행동과 성품을 통해 언뜻언뜻 다가올 하나님 나라가 캡처되듯 나타나 보인다면, 그것이야말로 참 일품성도의 향기가 아닐까?

- ### 그리스도의 편지가 된다

 "너희는 우리로 말미암아 나타난 그리스도의 편지니 이는 먹으로 쓴 것이 아니요 오직 살아 계신 하나님의 영으로 쓴 것이며 또 돌판에 쓴 것이 아니요 오직 육의 마음판에 쓴 것이라"(고후 3:3).

 편지(Letter)에는 전하고자 하는 글(내용)이 있다. 기본적으로 글쓴이의 마음과 뜻이 담겨 있다. 편지가 예뻐 보이기 위해 스스로를 치장하고, 봉투에 스티커도 붙이고 비싼 우표를 붙인다고 해서 편지의 역할을 하는 것이 아니다. 그 내용이 중요하다. 봉투는 예쁘고 화려한데, 정작 봉투를 열어보니 글 같지도 않은 내용이 가득하거나, '이 편지를 12명에게 보내지 않으면 불행이 닥친다'고 겁주는 행운의 편지(chain letter) 따위라면 참 편지가 아니다.

 '그리스도의 편지'는 세상 사람들이 우리라는 편지지에 글을 써서 보낸 분(그리스도)의 마음과 뜻을 읽을 수 있는 것이어야 한다. 우리를 통해 하나님의 마음을 읽을 수 있으려면, 우리의 모습이 하나님의 마음을 닮아야 한다.

 편지는 수동적이다. 누군가 읽겠다고 해야 읽혀진다. 그렇다고 그냥 앉아 있기만 하지는 않는다. 베드로 사도의 편지에서 그리스도의 편지의 역할을 잘 설명해주고 있는 듯하다. "너희 마음에 그리스도를 주로 삼아 거룩하게 하고 너희 속에 있는 소망에 관한 이유를 묻는 자에게는 대답할 것을 항상 준비하되 온유와 두려움

그리스도의 편지는 그리스도를 전한다.

으로 하고"(벧전 3:15).

　향기와 편지의 순서를 따질 필요는 없겠지만, 굳이 순서를 따지자면 향기가 먼저고 편지가 다음이다. 어떤 그리스도인의 삶의 모습에서 풍겨 나오는 '향기'에 매료된 사람은 그 이유가 궁금해진다. 그래서 소망에 관한 이유를 묻게 될 때 '편지'가 되어 그리스도의 복음을 전달하면 된다.

　국내 대형 여행사에 신입직원으로 입사해 높은 지위까지 올라간 Y형제가 사내에서 신우회를 만들어 종교 활동을 한다는 이유로 주변의 반대와 모함을 받아 회사를 나오게 되었다. 그는 하나님과 동행하며 살아가겠다는 비전을 품고서 새로운 회사를 세웠다. 기반이 잡히고 영업실적도 서서히 올라, 이제 좀 괜찮으려나 하는 시기에 코로나가 터졌다. 코로나로 모든 비즈니스가 어려움과 고초를 겪었다고 하지만, 여행업계는 그야말로 올 스톱이었다. 코로나 이전에는 내국인 출국자가 3천만 명이라는 경이로운 호조건이었다. 그렇게 잘나가던 여행사들도 완전히 문을 닫는 경우가 흔했다. 그런 여행사의 대표가 실업자가 되고, 새로운 일자리를 찾아 헤매기도 했다. Y형제의 회사도 예외는 아니었다. 매출이 거의 제로에 가까운 상황이었다. 그렇지만 그는 사무실을 유지했다. 그의 사무실은 그 어려운 기간에 힘들고 지친 업계 사람들의 안식처요 사랑방 역할을 했다. 일자리 정보도 얻고, 서로 위로하고 격려하며 고통스러웠던 코로나 터널을 통과할 수 있는 보금자리가 되었다.

Y형제는 사심 없이 자기의 것을 기꺼이 나누는 사람이다. 그가 함께하는 여행상품을 이용한 사람들은 그에게서 그리스도의 편지를 읽게 되어 다시 찾는 경우가 많다. 그는 나다나엘처럼 깨끗하고 정결한 그리스도의 편지다.

● 그리스도의 대사다

"그러므로 우리가 그리스도를 대신하여 사신이 되어 하나님이 우리를 통하여 너희를 권면하시는 것 같이 그리스도를 대신하여 간청하노니 너희는 하나님과 화목하라"(고후 5:20).

그리스도인은 하나님 나라의 사신(ambassador, 使臣), 즉 대사(大使)이다. 대사의 역할은 본국(本國)을 대표하는 것이다. 본국 정부의 메시지를 전달하고 본국의 문화를 보여주기도 한다. 그런 의미에서 그리스도의 대사는 하나님 나라라는 본국을 보여주는 사람이다. 하나님 나라를 보여주는 역할을 성도(대사)와 교회(대사관)가 담당하는 것이다. 그런데 세상의 본국과 달리, 미래에는 완전하게 임할 하나님 나라가 현재에는 잘 보이지 않는다. 그러므로 그리스도인은 그리스도의 대사로서 세상(주재국) 사람들과 부지런히 소통하고 친밀한 관계를 맺으면서, 보이지 않는 하나님 나라의 정책과 문화와 메시지를 전달해야 한다. 관계를 통해, 때로는 메시지(복음)를 통해 하나님 나라가 어떤 나라인지 보여주어야 한다.

존 오트버그는 〈인생, 영생이 되다〉에서 하나님 나라의 대사의 역할과 태도에 대해 재미있게 표현하였다.

"천국에 들어가는 것보다 더 큰 문제는 현재의 삶 속에서 천국에 어울리는 사람이 되어, 저 위 하나님 나라의 한 조각을 이 아래 세상으로 가져오는 것이다. 그럴 때마다 하나님 나라가 이 망가진 세상 나라 속으로 들어오는 것이다."

하지만 현실에서는 가끔 어떤 외교관이나 관계자가 현지에서 아름답지 못한 일에 연루돼, 그때까지 쌓아놓은 본국의 이미지를 훼손시키고 현지인의 공격을 받곤 한다. 어느 나라 대사의 부인이 쇼핑 갑질을 해서 괜찮다고 생각되었던 그 나라의 이미지가 훼손되고 본국으로 소환되는 일이 있었다. 그리스도인이 하나님 나라의 대사라고 해서, 이런 모습을 보이지 않는다는 보장은 없다.

　대사는 주재국에 의해서가 아니라 본국의 지침과 정책에 따라 움직인다. 그렇다고 주재국을 무시하거나 백안시하지도 않는다. 주재국의 동향을 면밀하게 파악하기 위해 그들과 친밀한 관계를 맺는다. 때로는 주재국의 상황에 따라 위험에 처하기도 한다. 엄청나게 넓은 대사관저에서 멋진 관용차를 타고 폼이나 잡으라고 파송 받은 것이 아니다.

　본국과 주재국 사이에 마찰이나 갈등이 발생했을 때, 대사에게는 중간에서 조정(coordinate)해야 하는 어려운 과제가 주어진다. 대사가 그 과제를 수행할 때, 본국과 주재국 사이에서 화목하는 역할(peace-maker)을 담당한다. 이런 대사의 역할과 사명을 잘 감당하면 본국에서 신뢰받고, 주재국으로부터 인정받고, 교민들에게 칭찬도 받게 된다.

　내가 비엔나 지점장으로 근무하던 시절, 상사협의회 회장이 되어 현지 상사의 지사장들과 운동도 하며 즐거운 시절을 보냈다. 그때 우리는 오스트리아 대사님과 정기적으로 상사협의회를 운영하여 주변의 동구 국가들과도 비즈니스 상황을 공유했다. 그러던 중에 갑자기 대한민국에 IMF가 터졌다. 그 영향은 엄청났다. 나름 건실하게 신용을 쌓아가고 있던 한국의 이미지가 순식간에 나락으로 떨어졌다. 지사장들은 동분서주했다. 관할 국가의 거래처를 방문해 나라의 이미지 개선과 관계 회복에 온 힘을 쏟았다. 그때 오스트리아 대사님은 해당 국가를 상대하는 일뿐 아니라, 지사장들과 함께 출장을 다니면서 한국의 이미지를 회복하는 데 힘을 쏟았다.

나는 그 분이 지사장들과 동행하며 고통에 공감하는 모습을 현장에서 보면서 감동하고 도전받았다. 굳이 그렇게까지 하지 않아도 누가 뭐라고 하지 않았겠지만, 그 대사님은 정말 불철주야로 뛰어다녔다. 그래서 지사장들로부터 존경받았고 교민들의 칭찬도 자자했다. 함께 일하는 대사관의 직원들은 당연히 그 대사님을 신뢰했다. 그 나라의 정부와 대한민국 정부로부터도 인정을 받았으리라고 생각된다. 그 대사님이야말로 대사의 본분을 기억하고, 이웃의 아픔을 공감하고 배려하고 나누는 크리스천의 모습이 아닐까 하는 생각이 든다. 그 분의 이름은 반기문, UN사무총장을 지낸 바로 그 분이다.

여행업계기도회에 CEO와 직원들 사이의 중간 연결자, 즉 링커(linker) 역할을 멋지게 감당하는 J형제가 있다. 흔히 CEO의 지시나 질책을 받을 때 직원들에게 그대로 쏟아 붓듯 전달하는 관리자들이 대부분이지만, 이 형제는 CEO의 답답한 마음과 고민을 잘 이해할 뿐 아니라 부하직원들의 고충과 애로를 공감하며, 그 사이의 간격을 좁혀가는 역할을 잘 감당했다. 상대의 필요와 요구의 핵심을 빠르게 파악하는 공감 능력과 그 필요를 신속히 채워주고자 하는 배려의 마음, 번뜩이는 아이디어로 고민을 해결하는 그의 문제 해결 능력까지 볼 때면 신기하기만 했다.

  J형제는 회사 직원들을 주님께 인도하고자 하는 열정까지 대단하다. 직원들에게 신앙적인 조언도 한다. 좋은 말씀을 들을 기회가 있으면 직원들을 초대한다. 그런데 이런 행위가 그를 좋아하고 따르는 부하직원들에게는 종교 갑질이 아니라 자상한 관심과 배려로 느껴진다. 그가 회사 경영에 중요한 프레젠테이션이 있을 때는 긴급하다며 주변의 믿음의 공동체에 기도 부탁을 한다. 기도 응답을 받아 일이 잘되면 자기 공이 아니라 하나님이 도우셨다고 CEO에게 자랑하기도 한다. 그는 믿지 않는 CEO가 언젠가 주님을 만나게 되기를 간절히 기도하고 있다.

  매일 아침 새벽기도로 하루를 시작하는 J형제에게 일터는 CEO와 직원 사이의 연결고리일 뿐 아니라 하나님과 직원들을 연결하는 축복의 통로다. 그는 주님의 사랑을 베풀고 성령님의 지혜를 쏟아내는 멋진 하나님 나라의 대사(Ambassador)다. 그와 같은 일품성도가 세상에 많아지기를 간절히 기도한다.

一品聖徒

4부

일품성도의 소명 찾기

10
내 열정과 세상의 필요가 만나는 곳

● 어떤 일에서 달인이 되었거나 최고의 경지에 오른 예술가를 소개하는 TV 프로그램이 있다. 그런 데 나온 사람들은 자기가 하고 있는 일에 대해 엄청난 열정을 가지고 있다는 걸 보게 된다. 그런 사람들을 보면서 마음이 환해지고 도전을 받기도 하지만, 내 모습을 그들과 비교하면 초라해지는 걸 느끼기도 한다. 하지만 이런 느낌은 올바른 반응이라고 할 수 없다. 내가 모든 일을 잘할 수 있는 것은 아니기 때문이다. 나에게는 나서서 잘할 수 있는 일이 있다. 그 일이 아무리 보잘것없어 보이더라도, 각자의 일에서는 각자가 달인일 수 있는 것이다. 그리스도인 역시

각자의 일에서는 나름의 달인이 되어야 한다. 그런데 그리스도인에게는 여기에 더해 자기가 하는 일이 하나님께서 부르신 일인지, 달리 말해 하나님께서 주신 소명(召命)이라는 의식을 품고 있는지가 중요하다.

하나님의 부르심, 즉 소명(calling)이란 문자 그대로 하나님께서 우리를 하나님의 일에 부르셨다는 개념이다. 이는 우리의 일이 하나님을 나타내 보일 수 있는 통로가 될 수 있다는 말이기도 하다. 그래서 루터는 소명을 '하나님의 가면'이라고 했다. 우리가 저마다 속한 상황과 가정, 일터와 학교, 그리고 사회 어느 곳에서든, 하나님께서 우리 각자의 소명을 통해 일하고 계시다는 뜻이다. 문제는 우리가 지금 하는 일이 과연 하나님의 소명인지를 어떻게 아느냐 하는 것이다. 젊은 그리스도인이라면 자신이 장래에 하고 싶거나 할 수 있는 일이 하나님의 소명인지 아닌지를 어떻게 알 수 있는가 하는 문제가 궁금할 것이다. 그리스도인으로서 자신의 일이 하나님의 일, 즉 소명이라는 확신을 가질 수만 있다면, 그 일과 일터를 품는 자세 또한 더욱 적극적일 수 있을 것이기 때문이다.

● **나의 열정과 세상의 필요가 만나는 지점**

일터를 품는 그리스도인이 되려면 자신이 무엇을 좋아하고 무엇을 잘하는지를 아는 것과 아울러, 무엇에 부르심을 받았

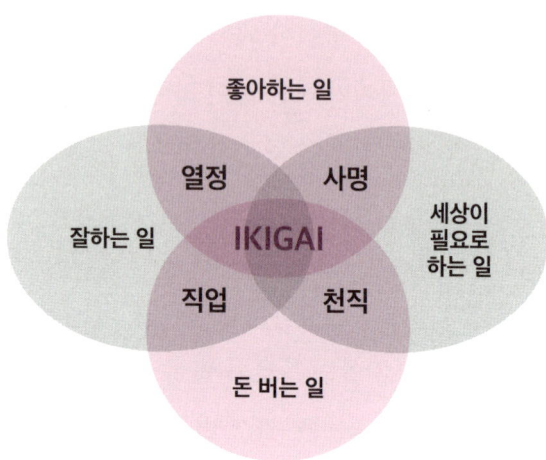

이키가이: 삶의 의미, 보람

는지까지 알 필요가 있다. 이것을 알아보려면 우선 자기에게 맞는 일자리를 찾는 데 도움이 되는 다음의 네 가지 점검 질문이 도움이 된다.

첫째, 내가 좋아하는 일인가?
둘째, 내가 잘하는 일인가?
셋째, 세상이 필요로 하는 일인가?
넷째, 돈을 벌 수 있는 일인가?

자기가 좋아하는 일과 잘하는 일이 만나면 열정(passion)을 일으킬 수 있다. 잘하는 일과 돈을 벌 수 있는 일이 만나는 지점이 직업(profession)이 되면 당연히 좋다. 좋아하는 일이 세상이 필요로

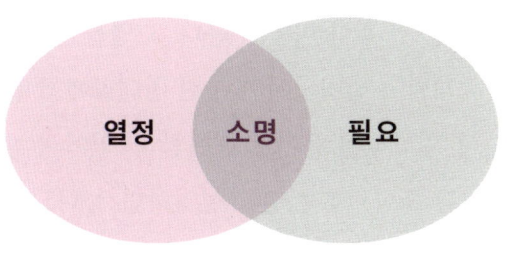

소명이란? '나의 열정'과 '세상의 필요'가 만나는 곳에 있다.

하는 일이기도 하면 사명(mission)이 되고, 세상이 필요로 하는 동시에 돈을 벌 수 있는 일이라면 천직(vocation)이라고 할 수 있다. 이 네 가지 조건이 동시에 만나는 지점을 직업으로 갖고 있다면, 그런 사람은 상대적으로든 절대적으로든 삶의 보람과 의미를 많이 느낄 것이다.

일본어에 '이키가이'(生き甲斐)라는 단어가 있다. 생명을 의미하는 이키(生き)와 목적을 의미하는 가이(甲斐) 두 단어가 결합한 것이다. 그래서 이키가이의 뜻은 삶의 보람 또는 삶의 의미가 된다. 앞의 네 가지 점검 질문은 일에서 의미와 보람을 느낄 수 있는 '이키가이의 조건'이라고 볼 수 있다. 하지만 현실에서 이 네 가지를 고루 갖춘 사람을 찾아보기는 힘들다.

저명한 크리스천 저술가인 프레드릭 비크너는 "나의 열정과 세상의 필요가 만나는 곳에 소명이 있다"고 했다. 현실에서 찾아보기 힘든 '이키가이의 네 요소'보다 소명에 대한 비크너의 이 정의가 더 단순명료한 것 같아 마음에 든다. 소명을 기독교적 용어로 한정하여 이해시키고 설명하려면 불신 청년들에게 접근할 때 한계가 있었는데, 일반적인 용어로 표현할 수 있어서 좋기도 하다. 비크너의 정의를 중심으로 소명을 설명하면서, 나의 경험도 같이 나누려 한다.

사실 '이키가이의 네 요소'에서 '돈을 벌 수 있는 일'이라는 조건을 빼면 프레드릭 비크너가 정의한 소명에 관한 개념과 별 차이가 없어 보인다. 열정은 '내가 잘하는 것'(what I am good at)과 '내가 좋아하는 것'(what I love to do)이 만나는 지점에서 생긴다고 볼 수 있는데, 자기가 잘하면서도 좋아하는 일이라면 자연스레 열정에 불이 붙을 것이다. 그 열정이 '세상이 필요로 하는 일'과 만나는 곳에 소명이 있다고 했기 때문이다.

문제는 자기의 열정을 스스로 찾기가 쉽지 않다는 것이다. 그래서 현대의 진로 교육은 각자의 열정을 찾아주기 위해 다양한 노력을 기울인다. 좋아하고 잘하는 것이 무엇인지 발견하도록 돕기 위해 적성검사도 하고 성격유형검사도 한다. 그럼에도 불구하고 개인의 열정의 영역을 정확하게 발견하는 일은 여전히 쉽지 않다. 그런 교육적 노력이 오히려 부작용을 일으킬 수도 있다. 열정이라는 요소에만 초점을 맞추다 보니 세상의 필요를 돌아보지 않게 되기 때문이다. 소명은 자기의 열정과 세상의 필요가 만나는 지점에 있는 것인데, 자기의 재능과 적성과 열정에만 관심이 쏠리면 자칫

'내 열정'과 '세상의 필요'가 뒤바뀌면 이런 꼴 난다.

이기적인 사람이 될 수도 있다. 그러므로 자기에게 맞는 세상의 필요까지 잘 살펴야 참 소명을 발견할 수 있다. 자기에게 열정을 일으키는 일이 무엇인지를 아는 동시에, 자기에게 기대하는 세상의 필요가 무엇인지 아는 것 또한 중요하다는 것이다. 그래야 그 교집합의 지점에서 소명을 발견할 수 있다.

● 열정과 필요를 반대로 적용하면 안 된다

삼손은 힘이 셌다. 힘쓰는 일에는 정말 최고였다. 맨몸으로 사자와 싸워 이기고, 나귀 턱뼈로 수천 명을 죽일 정도였다.

천부적으로 부여받은 그의 육체적 재능과 열정이 세상의 필요와 올바로 만났다면 이스라엘을 블레셋으로부터 구해내는 사사의 소명을 잘 완수했을 것이다. 하나님은 삼손이 출생하기 전에 그의 부모를 통해 이미 그 소명을 부여하셨다. 그러나 결과는 반대였다. 삼손은 오히려 세상으로부터 오는 명예와 자랑이라는 열정에 자신의 필요를 얹어 살았다. 타락하고 세속화되기만 하는 세상 열정(풍조)과 육체적 욕망을 채우고, 자기 힘을 과시하고 싶은 명예욕이라는 삼손의 필요가 만날 때, 사사라는 삼손의 소명은 완전히 깨지고 말았다.

많은 경우, 소명이랍시고 추구하는 우리의 모습도 삼손의 모습과 다르지 않다. '이것이 나의 열정이다'라고 우기지만, 그걸 자기의 필요와 혼동한다. 더 많이 벌고 더 높은 지위에 오르고, 더 안정된 삶을 지속적으로 누리고자 하는 나의 필요와 욕구를 열정과 혼동하는 것이다. 그러다 보니 정작 세상이 필요로 하는 것은 무시하고, 내가 처한 상황의 요구들은 거추장스러운 짐으로 여기고, 내 욕구만 채우는 방향으로 치닫게 된다.

성경에 '세상의 필요'를 무시할 때 망가진 대표적 인물이 있다. 이스라엘 초대 왕 사울이다. 사울은 사무엘 선지자의 기름부음을 받아 왕으로 위임받았을 때 자신의 부족함을 알았기에 사람들 앞에 나서기를 주저했고 겸손하기까지 했다. 점차 자기의 능력과 재능을 확인하고 백성들의 필요를 보면서 소명을 이뤄나간다. 그런데 인생의 후반부로 가면서 세상의 필요가 아닌 자기의 필요와 욕망에 사로잡히게 된다. 충신 다윗을 살해하려 하면서 왕으로서의 소명을 잃어가기 시작했고, 결국 비참한 죽음을 맞게 된다.

자신에게 열정이 있고 세상의 필요도 느끼며, 그 사이에서 확실한 소명을 품고서 살아가고 있다면 감사할 일이다. 세상에서 몇 퍼센트 안에 드는 축복받은 부류에 속했기 때문이다. 자기의 열정도 확실치 않고 세상의 필요도 찾지 못하겠다고 하소연하는 사람이 사실 대부분이다. 그보다 심각한 사람은 세상의 필요를 아예 거들떠보지 않고, 그저 자신의 필요와 열정에만 올인하는 사람이다. 그런 사람에게 소명의 삶은 물 건너가게 된다.

젊었을 때의 나는 나의 열정이 어디에서 생길 수 있는 건지 몰랐고, 나에게 요구되는 세상의 필요가 무엇인지도 모르는 편이었다. 어떤 일에 대한 열정을 품기는커녕, 나의 재능과 능력이 무엇인지도 잘 몰라 답답했다. 그러니 소명 의식과 부르심에 대한 이해도 있을 수 없었다. 그런데 알고 보니, 모세도 그랬다!

출애굽기는 이스라엘의 지도자 모세가 200만 명이 넘는 대규모 인원을 이끌고 이집트를 떠나 40년간의 모진 고난 끝에 목적지 가나안에 이르게 되는 여정을 묘사하고 있다. 이 일을 위해 하나님께서 모세를 부르시는, 즉 소명을 주시는 장면이 출애굽기 3장에 나온다. 당시 모세의 나이는 80세였다. 이집트 왕을 설득하고 이스라엘 백성에게 자신이 받은 소명을 설명하려면 말을 잘해야 하는데, 말주변이 없었다. 더 큰 장애물은 40년 전에 이집트에서 도망쳐 나온 실패의 경험이 트라우마로 남아 있다는 것이다. 굳이 열정이라고 이름 붙일 것이 없었다. 사실상 아무 생각 없이 살아가고 있었을 것이다.

40년 전의 모세에게는 이집트 땅에서 살면서 동족을 학대하는 애굽 사람을 죽이기까지 하던 열정이 있었다. 이제는 그런 열정마저 완전히 말라버렸다. 하나님은 그런 모세를 부르시고, 그에게 출애굽의 소명을 부여하셨다. 그러므로 나에게 80세 때의 모세처럼 열정이 없다고 해서 소명이 없고, 소명 따위는 다른 사람의 이야기라고 우길 순 없다. 지금 나에게 아무것도 있지 않다고 생각한다면, 오히려 하나님께서 소명을 부여하실 가장 적기임을 깨달아야 한다.

300명의 군사로 10여만 명의 미디안 군사를 물리친 불세출의 사사 기드온도, 하나님이 부르실 때는 그야말로 아무것도 아니었다. 이스라엘을 압제하던 미디안 사람들의 탈취가 두려워 포도주 틀에서 몰래 밀을 타작하던 겁쟁이였다. 자기를 가장 초라한 가문에서도 가장 약하고 별 볼 일없는 사람이라고 생각하고 있었다. 열정이라곤 전혀 없던 기드온을 하나님께서 부르시고 소명을 부여하신 것이다. 사람에게 특별한 재능과 열정이 있어야만 소명이 주어지는 것이 아니라는 것을 성경은 모세와 기드온의 사례를 통해 확실히 보여준다.

11
자기의 열정을 발견하는 법

● 어릴 때 나의 부모님은 그저 공부만 잘하면 된다고 내게 말씀하셨다. 융통성도 없고 사회성도 부족하고, 그저 소심하고 내성적이니 공부만 열심히 하라고 주문하셨다. 그 주문에 순종한 나는 학교에서 숙제를 내주면 집에 오자마자 숙제부터 하고 노는 모범생이 되었다. 방학 숙제로 수련장을 받으면 개학 며칠 전에 몰아서 해치우는 게 일반적이던 다른 아이들과 달랐다. 수련장의 날짜에 맞춰 매일 숙제했던 'FM 스타일'이었다.

초등학교 2학년 때, 남대문시장의 화재로 부모님의 가게가 전소되었다. 푼돈에 불과하던 육성회비조차 납부하기가 어려워졌다. 항상 최종 미납자 명단에 올라, 종례 시간마다 내 이름이 불렸다. 부끄럽고 창피한 마음에 더욱 소심하고 내성적인 아이가 되었던 것 같다. 교회에서 중고등부에 들어간 청소년 시기에도 그랬다. 그러다 대학부에 가서 제자 훈련을 받고 성경 공부 그룹을 인도하면서, 내게 가르치고 나누는 데 달란트가 있다는 것을 느끼게 되었다. 내 꿈은 자연스레 교수가 되었다. 융통성도 사회성도 부족하지만, 그저 자리에 앉아 꾸준하게 공부하는 것을 좋아하고 재미있게 가르치는 것 같으니, 공부 열심히 해서 대학원에 들어가고 유학 가서, 박사학위를 따서 교수가 되고 싶었다. 학생들을 가르치면서 복음을 전하고 제자 훈련을 시키는 것이 재능과 적성에 맞겠다고 생각했다. 그것이 나에게 주신 소명 같았다.

그런데, 소명이라고 확신했던 꿈이 무너지는 일이 생겼다. 내가 홀어머니를 모시고 가정 경제를 책임져야만 했다. 돈을 벌어야 했기에 당연하다고 생각했던 대학원부터 포기했다. 전혀 생각하지 않았던 회사 생활을 시작할 수밖에 없었다. 게다가 시력이 약해 병역면제를 받았다. 군대에서 할 수 있는 사회생활조차 해보지 않은 스물세 살 청년에 불과했다.

관심과 적성을 보면 나를 대학 교수로 부르신 게 맞는 것 같은데, 상황은 그렇게 흘러가지 않았다. 회사원 생활이 마치 어울리지 않는 옷을 입은 것 같았다. 3-4년 벌어 학비를 마련하면 공부를 다시 하겠다는 계획도 현실과 점점 멀어져갔다. 멀어진 만큼,

나는 더 작아졌다. '나 같은 사람이 과장으로 승진할 수 있을까? 그러면 그럭저럭 만년 과장으로 버틸 수 있을 것 같은데'라는 게 당시의 내 마음이었다. 그래서 과장 진급이 됐을 때 매우 기뻤다. 그러던 내가 훗날 대기업의 임원이 되었다. 계열사의 대표이사를 거쳐 대학교의 사무처장 겸 사무국장이 되었다. 결국 그토록 되고 싶었던 교수가 되어 학생들을 가르치기도 했다. 그러니 누구라도 지금 당장 자기의 재능과 적성과 열정을 찾지 못하겠다고, 하나님의 부르심을 모르겠다고 걱정할 필요는 없다.

대한민국은 아이가 유치원에 들어가면서부터 대학 진학이라는 목표만 추구하게 하는 왜곡되고 편향된 교육열에 휩싸여 있다. 이로 인해 청소년이 되고 청년이 되어서도 자기가 어떤 사람인지 돌아볼 여유가 없다. 그래서인지 MBTI나 DISC 같은 적성검사가 유행처럼 번지게 된 것 같다.

적성검사로 자신이 어떤 사람이라는 것을 참고삼아 알게 되는 것은 좋지만, 여기에도 단점은 있다. 검사 결과가 자기를 판단하는 규격과 기준이 되어버리고, 자신에 대한 선입관에 사로잡히게 하는 것이다. 검사 결과에 묶여 다른 가능성을 제한하면 소명과 진로를 찾는 데서 도리어 방해가 될 수 있다.

자신의 재능과 열정을 일찌감치 발견하고 관심과 흥미의 대상이 확실하다 해도 자랑할 일은 아니다. 그걸 알게 해주신 하나님께 감사한 마음을 가져야 한다. 남보다 조금 앞서서 열정과 소명을 발견했다 해도, 살다 보면 언제든 새로운 관심거리가 생길 수 있다. 상황에 맞게 자신을 변화시켜야 할 때도 있다. 그러니 아직 열정과 소명을 발견하지 못했다 하더라도 크게 걱정할 필요는 없다. 기회가 더 이상 없다 싶고, 나이도 들어 늦었다 싶을 때가 최고의 시작점일 수 있다. 이제라도 그걸 찾아가면 된다.

내 열정을 찾기 위해 기억할 세 가지

적성검사나 환경과 상황을 초월하여 열정을 찾으려 할 때, 다음의 세 가지를 기억하면 좋겠다.

첫째, 자기의 경험이 중요하다는 걸 기억하자.

적성검사 결과 '나는 이러이러한 사람이니까 이쪽으로만 가야 한다'라고 방향을 정해놓는 것은 어리석다. 비록 내 적성에 맞지 않는 것 같고 꿈과도 어긋나 보이는 상황을 마주하게 되더라도, 그럴 때 하게 되는 경험이 자기의 재능과 열정을 발견하는 통로가 될 수 있다. 때로는 소명을 찾는 방향타가 되기도 한다.

요셉을 생각해보자. 우리는 요셉을 꿈꾸는 사람, 소위 비전을 품은 사람이라고 하여 요셉처럼 꿈을 품으라고 말한다. 그런데 요셉은 어릴 적에 꾸었던 꿈, 즉 해와 달과 별이 자기에게 절하는 꿈에 집착하지 않았다. 남들 위에 군림하며 살겠다고 생각하지도 않았다. 그의 인생 역시 꿈처럼 술술 풀리지도 않았다. 오히려 원치 않는 종살이와 옥살이를 체험했다. 그런데 애굽 군대 장관 보디발의 집에서 노예 생활을 하는 동안 자기의 재능을 발견하고 계발할 수 있었다. 놀랍게도 그 재능은 재정관리와 경영의 능력이었다. 누명을 쓰고 들어간 감옥 속에서, 성실과 인내라는 삶의 태도까지 훈련받았다.

요셉의 인생에 대해 이야기할 때, 그가 어릴 적부터 꿈만 좇아다니는 꿈쟁이라고 흔히 강조되는데, 그에게 다양한 경험을 통해 체득한 능력과 태도가 없었다면 바로의 꿈을 풀어준 해몽의 은사도 애굽의 총리가 되는 일에서는 무용지물이 되었을 것이다. 혹시라도 모든 게 잘 풀려 옥에서 풀려났다 해도, 잘해야 관상가나 점쟁이가 되지는 않았을까?

요셉처럼 어떤 상황이든 성실한 자세와 적극적인 태도로 임할 때, 예전에 없었거나 없다고 생각했던 나의 은사와 재능이 계발되고, 그것이 자신의 열정으로 자라게 된다. 요셉의 소명은 사실상 그의 꿈이 아니라 체험과 경험에서 비롯되었다.

벤저민 하디는 실전 경험의 중요성을 강조하면서, 〈퓨처셀프〉에서 이렇게 말한다.

"경기장 밖에 있으면 현실은 모른 채 이론만 따지며 비평을 일삼게 된다. 그곳에는 진짜 위험이나 패배가 없으니 무언가를 배우려고도, 배운 걸 응용하려고도 하지 않는다. 하지만 일단 경기장

안으로 들어가 현실에 맞서면 실패하고 배우고, 배운 걸 또 응용한다. 당장 사용할 수 있는 정보를 상황에 맞게 적절히 활용하게 된다."

나는 어릴 때 책을 읽은 기억이 별로 없다. 책 읽는 것을 좋아하지 않았다. 그보다는 백지에 끼적이며 그림 그리는 것을 좋아했다. 그래서인지 초등학교나 청소년 시절에 읽어야 할 기본 도서를 그냥 건너뛰고 대학으로 들어왔다. 친구들과 대화해보니, 내가 책을 안 읽어도 너무 안 읽었다는 생각이 들었다. 아내와 연애하면서도 어린 시절에 읽었어야 할 책의 내용에 대해 이야기할 때면 밑천이 떨어질 것 같아 입을 다물 수밖에 없었다. 비로소 이 책 저 책 마구 읽어보기 시작했다. '쪽 팔리지 않기' 위한 의무방어전 성격의 독서가 아니었을까? 이렇듯 기본 독서와 상식이 밑바닥인 내가 책을 썼다. 벌써 네 번째 책을 쓰고 있다. 글을 쓰는 데 가장 기본이 되는 것이 독서량이라고 하는데, 나 스스로도 이해가 가지 않는다. 물론 성인이 되어 신앙서적과 경영 관련 서적들은 나름 읽었으나, 다른 분야의 책은 별로 손을 대지 않았다. 그런데 어떻게 글을 쓰고 있을까? 문득 깨닫게 되었다. 나도 모르는 사이에 글쓰기 훈련이 진행되고 있었다는 것을! 그것은 다름 아닌 큐티(말씀 묵상)였다.

내가 큐티를 접한 것은 교회 대학부에 올라와서부터였다. 그때부터 말씀에서 느끼고 배운 것, 삶에 적용할 것들을 큐티 노트에 기록했다. 그게 벌써 45년이 더 지났다. 매일 아침마다 한 큐티의 기록을 계산해보면 거의 10,000편이 넘는 글쓰기 훈련을 한 것이다. 이 글쓰기 훈련이 지금도 매일, 하루도 쉬지 않고 계속되고 있다. 가랑비에 옷 젖듯이, 큐티 노트 필기를 통해 조금씩 글쓰기 능력이 자라고 있었던 것을 눈치 채지 못한 것 같다. 글을 쓰다 보니 독서량도 자동적으로 늘어가게 되는 것을 느끼게 된다.

경험이 우리를 변하게 한다. 체험이 우리를 자라게 한다. 그러므로 지금 경험하고 있는 것이 지루하고 단조롭고 의미 없어 보이더라도, 어느 날 그 경험이 자라 큰 나무로 우뚝 설 것을 기대하자. 지금 하고 있는 경험은 자기의 열정을 찾는 데에서 가장 중요한 열쇠가 된다.

애굽에서 도망친 모세에게 주어진 경험은 40년간 광야에서 양을 치는 목자의 삶이었다. 그런 모세에게 출애굽의 지도자라는 소명을 주셨을 때 피하고 싶었을 것이다. 자신을 스스로 돌아보아도 나이 많고 말도 못 하고, 과거에 애굽을 도망쳐 나온 트라우마까지 있다. 그런 자신이 그 큰 소명을 감당한다는 건 이해되지 않았을 것이다. 그렇지만 광야에서의 체험은 그가 이스라엘 백성을 광야 길로 인도할 때 놀랍게 쓰임 받았을 것이다. 말 안 듣는 양 무리를 치는 목자로서의 경험도 목이 곧은 200만 백성들을 가나안으로 인도하는 데 사용되었으리라고 추측해본다.

우리가 어떤 상황에 있든지, 우리에게 아무렇게나 주어지는 경험은 없다. 자신에게 어떤 재능과 어떤 열정이 있는지 모르겠다면, 지금 자기가 겪고 있는 상황과 하고 있는 일, 즉 경험한 것들을 다시 한번 들여다 보기 바란다. 거기에 숨어 있는 소명의 씨앗을 발견할 수 있을 것이다.

둘째, 주님께 하듯 하는 성실한 태도와 자세가 중요하다.

모세의 이야기를 통해 현재의 경험이 중요하다는 걸 알 수 있었다. 그렇다면 우리는 어떤 경험이든 어떤 일에서든 '골삼이삼'(골로새서 3장 23절)의 자세로 해야 한다. "무슨 일을 하든지 마음을 다하여 주께 하듯 하고 사람에게 하듯 하지 말라"(골 3:23).

하지만 나에게 주어지는 일과 상황이 그리 달갑지 않고, 나만 안 풀리는 것 같고, 모든 기회가 나만 피해 가는 것 같은 상황에서는 그저 어쩔 수 없다며 눈 딱 감고, 슬쩍 농땡이 피우면서 넘어가고 싶을 때가 있다. 내가 원하는 일도 아니고, 내 재능과 열정과 전혀 관계없게 느껴지고, 하나님이 창세 전부터 나만을 위해 준비해 놓으셨을 멋지고 아름다운 소명과는 동떨어진 일 같으니, 이번에는 대강 하고 넘어가려 한다. 그 상황을 모면할 때까지 가까스로, 억지로 끌려간다. 아르바이트 같은 허드렛일을 할 때도 마찬가지다. 자기가 지금 이런 시시한 '알바'나 할 사람이 아닌데, 언젠가 주어질 멋진 소명을 이루기 위해 어쩔 수 없이 하는 중이라고 생각한다. 이것은 골삼이삼의 태도가 아니다. 지금 자기에게 주어진 일과 경험이 자기가 추구하는 것과 완전히 다른 방향처럼 느껴질지라도, 그 상황을 허락하신 하나님의 뜻과 손길이 있을 것을 기대해야 한다. 그래서 그 일을 주님께 하듯 하는 태도가 바로 골삼이삼의 자세다.

그런데, 열심히, 부지런히, 성실하게 살라는 어른들의 권면이 구닥다리 교훈이며 꼰대의 넋두리로 여겨지는 세상이다. 요즘처럼 빠르고 걷잡을 수 없이 변화하는 세상 속에서, 정신없이 생존을 위해 살아가는 현대의 청년들에게 그저 참고 성실하게 살라는 말은 미련하고 어리석은 조언이라고 생각한다.

〈하마터면 열심히 살 뻔 했다〉라는 책이 있어서 읽어보았다. 틀에 짜인 조직 생활을 탈출해서 살고 있는 자유로운 영혼의 고백이었다. 그런데 다 읽어보니, 그 저자 역시 열심히 성실하게 살고 있었다.

소명은 어느날 번갯불처럼 번쩍하고 눈앞에 나타나거나, 요셉과 다니엘의 꿈에서처럼 환상으로 나타나는 것이 아니다. 자기에게 주어진 상황과 여건 속에서 성실하게 최선을 다하여 쓰디쓴 경험을 겪어낼 때 비로소 발견되는 것이다.

나는 맞지 않는 옷을 입은 듯 어정쩡한 자세로 회사 생활을 시작했지만, 그동안 배운 지식과 상식을 사용하기만 해도 남들 정도만큼은 할 수 있을 것 같아 조금씩 적응하기 시작했다. 그런 나를 괴롭혔던 것은 회식이었다. 당시엔 회식이 잦았다. 한번 시작하면

코가 비뚤어질 때까지 마셔댔다. 2차와 3차까지 가는 '장거리 회식'이 보통이었다. 신앙적인 결단으로 술을 마시지 않기로 한 나에게 술자리는 최악의 시험이요 고민거리였다. 회식 일정이 잡히면 마음이 답답해졌다.

내가 술을 안 마시는 걸 아는 우리 팀의 회식이면 그나마 어떻게 사정하고 버텨도 보겠는데, 다른 부서의 상사나 외부 거래처와 회식이 잡히면 한 달 전부터 소화가 되지 않았다. 비록 원치 않는 회사 생활이지만, 이 무시무시한 술자리만 없으면 대강은 버틸 수 있을 것 같았다. 당시 교회 선배들이 많이 근무했던 이랜드 같은 크리스천 기업에 들어가면 '이런 고민은 하지 않을 텐데' 하며 주변을 기웃거리기도 했다. 하지만 어쩔 수 없이 주어진 회식 자리에 꾸준히 참석했다. 술 안 먹는 '또라이'로 불리며 멸시와 조롱을 받기도 하고, 때로는 강요와 공격과 위협을 받기도 했다.

그런데 어떻게든 피하고만 싶었고 내 신앙의 장애물이라고 여겼던 술자리의 경험은 나에게 '술 안 먹고도 사회 생활하면서 살아내기'라는 소명을 보게 해주었다. 이건 내가 스스로 이름 붙인 술과 관련한 소명의 명칭이다.

술을 마시지 않는다고 하면 "술 없이 대기업 임원과 기업체의 대표이사는 어떻게 했느냐?"고 의아하다며 물어보는 사람이 많다. 그러면 나는 노래방의 탬버린 사역, 술자리에서의 주정 청취 사역, 취한 동료를 집까지 태워주는 라이드(ride) 사역, 고스톱판의 광 팔기 사역을 통해 골칫거리던 술자리가 사역의 현장이 되었다고 말해준다.

술자리를 주께 하듯 하라는 말은 아니다. 술자리마저 소명을 이루어가는 체험의 자리가 될 수 있다는 걸 말하고 싶은 것이다. 어떤 상황에서든 어떤 경험이든, 하나님의 뜻에 거스르는 일이 아니라면 주께 하듯 충성스럽게, 성실하게 받아들여야 한다는 말이다.

토파스 대표이사 근무 기간에는 새로운 IT 시스템을 도입하는 프로젝트 때문에 눈코 뜰 새가 없었다. 4년간의 프로젝트 끝에 비로소 이전의 기능과 확실하게 구별되는 업그레이드된 첨단 시스템이 적용되었다. 그런데 문제가 생겼다. 시스템을 사용하는 여행사 직원들에게는 우리의 새로운 시스템이 낯설었다. 새 시스템의 사용법을 배워야 하다 보니 부담스러웠을 것이다. 이미 익숙하게 사용해오던 경쟁사의 시스템이 더 편리하고 부담이 없다는 것이었다. 새로운 시스템은 기능과 사용법 모든 면에서 확실히 경쟁우위가 있는데, 이를 설득하고 알릴 방법이 없었다.

기도하는 중에 하나님이 새로운 아이디어를 주셨다. 나에게 주신 달란트를 사용하라는 것이었다. 그래서 업그레이드 기능들을 정리하고, 여행사 직원들이 사용하는 데서 편리함을 강조하는 만화 시나리오를 사내에 공모했다. 선정된 시나리오에 따라 각 기능을 재미있게 설명하는 여섯 컷의 만화를 직접 그리기 시작했다. 대표이사가 출근하면 자리에 앉아 만화를 그렸다. 주께 하듯 충성

스럽게 그렸다. 어떻게 하면 더 재미있게 어필할 수 있을까 고민하다 보니 6컷의 만화가 30여 편이나 탄생하게 되었다. 신기능의 효능을 콕 집어서 강조하는 만화들은 회사 홈페이지에 웹툰 방식으로 연재됐다. 여행사 관계자들의 관심이 높아지자 토파스의 웹툰 북으로 편집해 여행사에 배포했다. 회사의 대표이사가 그린 토파스 웹툰은 효과가 있었다. 기능을 홍보하고 어필하는 데에서 효

토파스(Topas) 대표시절에 그린 시스템 홍보 만화(편당 6컷 중 앞의 4컷).

과가 조금씩 나타나기 시작했고, 점차 시장점유율을 회복하기 시작했다.

셋째, 실패를 통해서도 은사와 열정을 발견할 수 있다.

모세는 이집트 왕세자 시절에 모든 것을 가지고 있었다. 당시 세계 최고 문명국이던 이집트에서 최고의 교육을 받고, 최고의 지위와 권력을 누리고 있었다. 그런 모세가 자기 민족인 히브리 노예들이 고통 받고 있다는 것을 깨닫게 된다. 세상의 필요를 알게 된 것이다. 자기의 능력과 열정이 세상의 필요와 만난 일이었다. 그렇다면 그건 누가 보더라도 확실히 그의 소명이라고 할 수 있었다.

모세는 히브리인을 향한 동포애와 열정을 품고서 그들의 아픔을 달래주고 필요를 채워주고자 했다. 히브리인이 이집트에서 탈출할 수 있는 전략을 세운다고 가정한다면, 모세가 이집트 왕세자로 군림하고 있을 때가 최고의 때였다. 아마 모세도 '하나님께서 이때를 위해 나를 이집트 공주에게 양육받게 하셨구나'라고 생각하며 나름의 소명 의식을 불태우고 있었을 것이다. 하지만 그가 품고 있던 꿈은 완전히 깨지고 말았다. 살인죄를 저질러 사막으로 탈출하는 신세가 되고 만다. 모세의 꿈과 소명은 완전히 사라지고 처참하게 실패한 것이 분명해 보였다. 그래서 40년간 광야에서 무명의 목자 생활을 하며 하루하루를 보내고 있었다. 그런 모세를 하나님께서 부르셔서 소명을 부여하신다.

하나님은 그를 그저 부르기만 하신 것이 아니었다. 40년의 광야생활을 통해 출애굽의 리더로서 능력과 태도를 갖추도록 훈련하셨다. 사막 생활의 노하우를 배우게 하시고, 사막의 지리도 익히게 하셨다. 머리 꼭대기까지 높아져 있던 모세의 자존심과 교만을 끌어내려 온유하고 겸손한 자가 되게 하셨다. 성경은 모세를 당대 최고로 온유한 사람이라고 칭찬한다. 우리 또한 모세처럼 실패를 통해서도 소명을 발견할 수 있다.

벤저민 하디는 〈퓨처셀프〉에서 이렇게 말했다. "과거의 스토리를 거듭 반복해서 재해석하고 재구성하라. 그러면 점점 성숙해지면서 가장 힘겨웠던 순간들마저 경외심과 기쁨으로 바라보게 될 것이다. 고난에서 교훈과 삶의 의미를 얻게 되고, 그 순간들을 사랑하게 될 것이다."

내가 회사 생활을 시작하면서, 유학 가서 교수가 되고 싶었던 꿈과 개인적인 소명은 완전히 부서진 것 같았다. 내 인생은 실패한 것처럼 보였다. 모세가 40년의 광야 생활에서 모든 꿈을 포기하고 살았던 것처럼, 만년과장으로, 샐러리맨으로 계속 살게 되면 다행이라고 생각하며 살고 있었다. 그런데 하나님은 내가 실패라고 생각했던 그 상황 속에서, 그 '실패'를 통해 일하고 계셨다. 직장에서 일하는 동료들을 신앙적으로 돕는 일에 관심을 품게 하셨고, 그 일을 통해 소명으로 이끄셨다. 그때는 일터사역(Workplace Ministry)이라는 용어도 모르고 그 의미도 몰랐지만, 결국 그 사역을 하도록 인도하셨다. 성(거룩한 것)과 속(속된 것)을 구분하여 일터와 교회를 나누는 이원론적 신앙관을 부서뜨리고, 성과 속을 하나로 만들어 일터에 예수님을 모셔드리자고 외치는 일터사역자로 불러주셨다. 보너스로, 그렇게 꿈꾸며 하고 싶어했던 교수의 자리로도 불러주셨다.

12
일품성도가 품어야 할 세상의 필요

자기의 열정을 찾는 세 가지 방법을 알았다면, 이제는 세상의 필요(needs)를 발견하는 방법을 알 필요가 있다. 열정을 찾는 것이 나를 발견하는 일이라고 한다면, 세상의 필요는 내가 처한 상황과 하고 있는 일 사이의 연관성이라고 할 수 있다.

세상의 필요를 파악하려면 어떻게 해야 할까? 인터넷으로 설문조사를 하거나 ARS를 이용해 시장조사를 하거나, 고객과 인터뷰해서 시장조사를 하듯 사람들에게 직접 물어야 할까?

'세상의 필요'라고 하면 뭔가 위대하고 멋진 일을 상상한다. '무너져가는 환경을 회복하기 위해 무엇이 필요한가?', '세계 빈곤의 퇴치를 위해 무엇이 필요한가?', '부의 양극화라는 고질적인 문제를 해결하기 위해서는 무슨 소명이 필요한가?' 같은 거시적인 일들이다. 이런 일들이 세상의 큰 필요들인 건 맞다. 이런 필요에 내 열정을 불태울 수 있다면 참으로 귀한 소명을 발견한 것이다. 하지만 모든 사람이 그런 큰 필요에서 자기의 소명을 발견하는 건 아니다. 대부분은 세상의 어떤 필요를 나의 재능과 열정과 연결할 것인지부터 막막하다. 도무지 감이 오지 않는다.

거시적인 세상의 필요를 내 열정과 관련해서 찾기 힘들다면, 미시적인 세상의 필요에서부터 찾아보기로 하자. 작더라도 내게 맞는 세상의 필요를 발견하여 채우고 충족시키다 보면, 더 크고 중요한 세상의 필요들을 발견하게 될 것이다.

주변을 둘러싸고 있는 상황 속에는 각자가 놓치지 말아야 할 세상의 필요가 언제나 있다. 그 필요는 다음의 몇 가지를 참고하면 발견할 수 있다.

- ### 지금 나에게 주어진 책임과 의무가 세상의 필요다.

지금 자신이 학생이라면, 학생으로서의 의무가 세상의 필요다. 한 가정의 가장이라면, 가정을 재정적으로 꾸려가야 할 책임이 세상의 필요다. 유교 경전 〈대학〉에서 '수신제가치국평천하'(修身齊家治國平天下)라고 했는데, 자기에게 주어진 상황에서 자기가 책임지고 있는 부분을 먼저 발견하고, 그 필요부터 채워야 한다.

다윗은 자기에게 주어진 책임을 충실히 감당했다. 어린 시절부터 자기가 맡은 양떼를 돌보는 데 충실했고, 아버지의 심부름 수행에서도 성실했다. 사울 왕에게 쫓겨 도망 다니면서도 가족에 대한 부양의 책임을 잊지 않았다. 그런 책임의식과 의무수행이 그를 강하게 만들었고, 이스라엘 왕으로서의 소명을 이루는 데 쓰임 받았다. 양떼를 치며 물매 던지는 연습을 할 수 있었고, 아버지의 심부름으로 형들의 도시락을 배달하러 가던 길에 골리앗을 만나, 연습해둔 물매 던지기로 그를 물리쳤다. 부모와 가정을 돌보면서 이룬 공동체가 나중에는 왕권을 강하게 세우는 기초가 됐다.

강민호는 〈어나더레벨-두 갈래길〉에서 책임과 의무를 강조하며 이렇게 이야기했다. "책임과 의무를 피하면서 얻게 되는 자유는 자기의 세계를 점점 축소하고 고립하면서 획득하게 됩니다. 반면에 책임과 의무를 지면서 얻게 되는 자유는 자기의 세계를 확장하고 독립시킵니다."

가정 경제를 책임져야 하는 상황이 되어 꿈꾸던 유학을 포기하고, 적성에 맞지 않는 회사 생활을 하면서 어머니를 재정적으로 심리적으로 섬겼다. 내게 가장 어울린다고 생각했던 교수가 되는 꿈을 포기하고 회사 생활을 시작했을 때는 너무 힘들었다. 그래서 처음 몇 년 동안 공부의 길을 계속 찾아보았다. 야간대학원도 다녀보고 석사논문도 시도했다. 그래도 계획했던 대로 풀리지 않아 여러 밤을 눈물로 지새우기도 했다. "나에게 가장 어울리는 이 길을 왜 막으십니까? 언제까지 직장생활을 해야 합니까? 언제까지 책임과 의무에 매여 내 꿈을 포기해야 합니까?" 힘들고 지칠 때마다, 자기 전에 기도할 때나 아침 큐티를 할 때마다 호소하듯 기도했다. 그런데, 당시의 나에게 주어진 세상의 필요는 어머니에 대한 효도와 가정 경제를 책임지는 것이었다.

바울은 "누구든지 자기 친족 특히 자기 가족을 돌보지 아니하면 믿음을 배반한 자요 불신자보다 더 악한 자니라"(딤전 5:8)라고 가정 경제의 책임에 대해 강조했다. 데살로니가 교인들에게는 이렇게 권면했다. "또 너희에게 명한 것같이 조용히 자기 일을 하고 너희 손으로 일하기를 힘쓰라 이는 외인에 대하여 단정히 행하고 또한 아무 궁핍함이 없게 하려 함이라"(살전 4:11-12).

혹시 지금 자신이 원치 않는 일을 자기에게 주어진 책임과 의무 때문에 하는 처지라면 그 처지를 비관하기보다, 그 책임과 의무가 나를 향한 세상의 필요라고 생각하기 바란다. 거기서 소명을 발견할 수 있을 것이다.

• 지금 내 일터와 상황의 필요가 세상의 필요다

지금 내가 있는 곳이 가정이든 직장이든 어느 곳이든, 그곳에서 나를 필요로 하는 것을 찾아내는 것이 세상의 필요를 찾는 방법이다. 자기에게 맞지 않고 재능과 열정이 없음에도 불구하고, 하나님은 우리 주변의 상황에서 세상의 필요를 보여주시며, 거기로 우리를 부르셔서 소명을 부여하신다.

떨기나무 아래에서 모세를 부르실 때는 당시 세상의 필요, 즉 이스라엘 백성들의 부르짖음을 보여주셨다. 그때 모세에게는 그 소명을 받을 능력이나 재능과 열정은 1도 없었지만, 그를 그냥 부르신 것이다. 기드온을 부르실 때도 마찬가지다. 미디안의 압제로 바알과 아세라 상 앞에 절해야만 하는 이스라엘 백성의 비참한 상황을 그에게 보여주셨다. 하지만 기드온은 아무것도 가지고 있지 않은 상태였다. 그야말로 전혀 준비되지 않은 선수 같았지만, 세상과 상황의 필요에 이끌려 소명의 길로 나섰다. 그 후 엄청난 재능과 능력과 열정을 덧입게 되고, 놀라운 승리를 경험하게 된다.

사내에 새로운 영업시스템(CRS)을 도입하는 중요한 프로젝트 수행팀(Task Force)의 팀장으로 발령받은 일이 있었다. 그때 과장 진급도 같이 받았다. 회사에서 인정받았다고 좋아했는데, 나중에 알고 보니 본사의 과장급들이 모두 안 하겠다고 손사래를 쳐 나에게까지 오게 된 일이었다. 내가 기획력과 보고서 작성 능력을 인정받아 본사까지 왔다고 생각했는데, 결국 맡게 된 것이 생면부지의 IT 프로젝트였다. 화도 나고 겁도 났다. 수행팀(TF)에는 불과 두 명의 신입직원을 붙여주었고, 본사에서 멀리 떨어진 시스템부서에 자리 잡고서 알지도 못하던 IT 프로젝트를 6개월간 진행해야 했다.

그 TF는 영국항공의 시스템을 도입해 우리 회사와 한국 실정에 맞도록 수정하고, 그에 맞춰 스케줄 데이터베이스(DB)를 구축하는 작업이었다. 영국항공의 시스템 매뉴얼을 읽고 이해하는 것도 힘들었고, 그걸 한국 실정에 맞게 수정하고 보완하여 그 기준에 따라 DB를 구축하는 것은 엄청난 3D 업무였다. 험난한 역경을 넘고 넘어, 마침내 6개월 후 시스템이 '컷오버'(Cut-Over: 프로젝트 개발의 종료 단계)되어 다시 본사로 귀임하려 했는데, 시스템 유지와 보수가 필요하다고 하여 추가로 1년 이상 그 시스템과 씨름해야 했다. 나아가 각 여행사에 그 시스템을 보급하는 프로젝트까지 맡게 되어 본사의 주요 업무에 복귀하기는 더 어렵게 되었다. 그 사이에 동기들은 다 다녀온 해외 근무 발령도 지연되었다.

하지만 나는 그 프로젝트를 수행한 경험으로 인해 영업 시스템 전체에 대해 이해하고 흐름을 알게 되었으며, 그것을 인정받아 해외 근무를 하고 온 다음엔 본사의 주요 보직인 마케팅 부서 팀장을 맡게 되었다. 나중에는 여행사에 보급했던 그 시스템을 통하여 여행사들과 관계하는 계열사인 토파스의 대표이사를 맡게 되었다. 전혀 접해보지 않았고 피하고만 싶었던 IT 업무 경험은 나의 재능과 능력을 키워주었고, 나를 계열사의 대표이사로 세우기 위해 인도하신 하나님의 손길이었음을 뒤늦게야 깨달을 수 있었다.

지금 내가 처한 상황과 일터에서 필요한 일이 항상 멋지고 아름답지만은 않다. 아무나 할 수 있는 허드렛일처럼 보이거나, 그저 만만한 나에게 던져지는 귀찮은 일처럼 느껴지기도 한다. 그런데 그런 필요들을 성실하게 채워나갈 때 없던 재능이 창조되고, 발견하지 못했던 능력이 나타나고, 숨어 있던 열정이 드러나는 경험을 하게 된다.

허드렛일 같고 3D처럼 보이는 업무의 필요를 꾸준히 감당하는 것이 물론 그리 쉬운 건 아니다. 그 필요에서 의미를 찾아야 한다(Meaning Finding). 의미가 없다면 의미를 만들어야 한다(Meaning Making). 자기가 처한 상황과 일터에서 의미를 찾고 만드는 작업은 소명을 찾아가는 데서 아주 중요하다.

세상의 필요는 만남에서 비롯된다

우리는 자기 주변에 있는 사람, 교제하는 사람, 관계를 맺으며 비즈니스를 하고 있는 사람들과의 만남에서 세상의 필요를 발견할 수 있다. 사실 그것이 세상의 필요다. 하나님은 우리가 사람들과의 만남을 통해 일하게 하신다.

힘들었던 나의 회사 생활 초기에 나를 붙들어 주었던 것은 부서의 성경 공부 모임이었다. 예약과에서 근무하던 직원들 가운데 믿음의 형제자매를 몇 명 만나 함께하는 성경 공부를 인도했는데, 입사 초기의 혼란 속에서 전혀 찾지 못했던 일터에서의 의미를 조금이나마 발견할 수 있었다. 그 형제자매들과의 만남을 통해 그들의 영적 필요를 채우면서, 나를 일터로 보내신 하나님의 뜻을 어렴풋이 알게 되었다. 그 성경 공부 모임은 타 부서의 비슷한 모임들을 만나 확대되었고, 회사의 신우회로 성장하는 데까지 이르게 된다.

말씀을 가르치고 나누는 나의 달란트와 열정은 일터에서 만난 사람들의 필요를 만나면서 나의 소명으로 연결되었다. 신우회 사역과 더불어 일터에서의 소명을 더 확실히 발견하게 되면서, 나의 일터는 가정 경제의 책임을 감당하게 해주는 직장의 수준에서 더 나아가 사역의 현장이 되었다. 일터사역은 내 인생의 귀중한 소명이 되었다. 이와 같이, 일터에서의 만남은 세상의 필요를 발견하는 아주 중요한 요소다.

대한항공을 떠나 계열사 대표이사로 발령받아, 계열사로 보내신 의미를 찾지 못해 영적으로 외롭고 헤맬 때도, 여행업계의 믿음의 동역자들을 만나면서 이곳으로 부르신 소명을 발견할 수 있었다. 만남을 통해 사귐의 기쁨을 누리고, 섬김의 가치를 체험하고, 공동 사역의 열매를 맺을 수도 있었다. 그러고 보니 청년부 시절에도 지금의 아내에게 성경 공부를 하자고 제안해 카페에서 함께 말씀을 나누면서 자연스럽게 연애를 시작했다. 만남을 통해 가장 중요한 가정을 이루는 소명을 발견한 것이다.

   나의 열정과 세상의 필요는 상호 영향을 주고받으면서 나의 소명을 견고하게 세워나간다. 나의 열정이 크면 보이지 않던 세상의 필요가 보이고 느껴진다. 그것을 따라가다 보면 없었던 열정이 생기기도 한다.

13
하나님의 인도를 받는 법

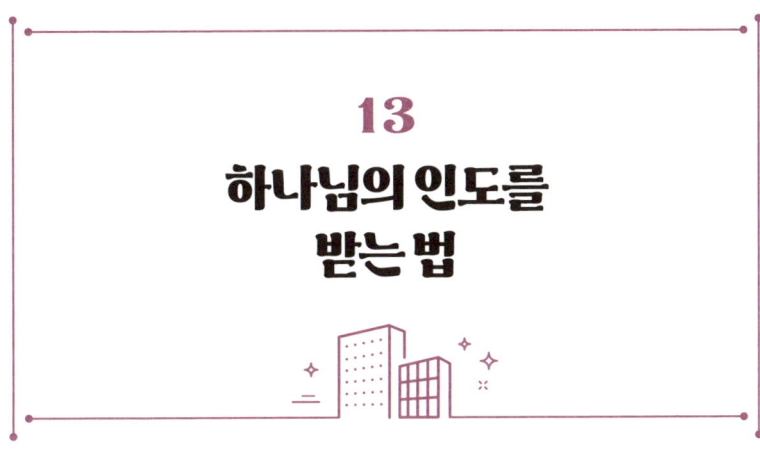

• 　　비크너가 말한 소명의 정의에 따라 '나의 열정'과 '세상의 필요'에 대해 이야기했다. 소명을 찾아가기 위해서는 이 두 가지면 대체로 충분할 것 같지만, 소명을 찾아가는 여정이 쉽지는 않고 때로는 고통스러워 절망하기도 할 것이다. 그래서 한 가지 더 추가하고 싶은 게 있다. 바로 '하나님의 인도하심'이다. '열정'이 나를 발견하는 것이고 '필요'가 세상의 상황과 일터를 발견하는 것이라면, '인도'는 하나님의 뜻을 발견하는 것이다.

　나의 열정과 세상의 필요가 만나는 곳에 소명이 있다는 것은 앞에서 충분히 설명했다. 그 소명이 또 하나의 프리즘인 '하나님의 인도하심'을 통해 필터링 될 때, 참으로 올바른 소명으로 업그레이드된다.

소명을 밝혀주는 하나님의 뜻

　　다윗은 피난 생활을 통해 자신의 능력과 열정을 키웠다. 하나님의 뜻에 합한 참된 왕을 간절히 찾는 세상의 필요를 확인할 수 있었다. 게다가 사무엘 선지자를 통해 왕이 되리라는 기름부음까지 받았다. 그의 열정과 세상의 필요가 만났으니 정말 확실한 소명이다. 그렇다면 아둘람 굴에서 사울 왕을 만났을 때 그를 죽이자는 부하의 말은 시의적절한 소명의 실행이라고 생각했을 것이다. 그러나 다윗은 그렇게 하지 않았다.

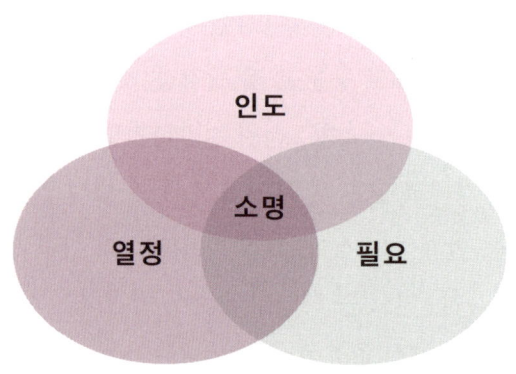

'나의 열정'과 '세상의 필요'가 만나는 지점에서 하나님의 인도하심을 발견하라.

다윗은 사울 왕에게 끊임없이 쫓겨 다니며 여기저기에서 멸시와 천대를 받았다. 사울 왕을 죽일 수 있는 상황이 두 번씩이나 있었지만 단호하게 거절했다. 모든 요인을 감안할 때 지금이 괴로운 상황을 벗어날 수 있는 최고의 기회라고 생각되어도, 하나님의 인도하심, 즉 하나님의 뜻이라는 세 번째 프리즘에 비춰보면서 그 절호의 기회를 거절하였다.

다윗은 순간순간마다 하나님의 뜻을 물었다. 성전에 올라갔을 때만이 아니라 일터에서의 비극적인 절망의 상황 속에서도 하나님과 친밀한 교제를 나누며 하나님과 동행하고, 하나님의 인도하심에 순종했다.

그러면 때마다 하나님의 인도하심을 확인하기 위해 우리에게 필요한 것은 무엇일까?

첫째, 하나님의 말씀을 묵상해야 한다.

평상시엔 하나님의 말씀인 성경에 데면데면하다가, 급할 때는 하나님의 음성을 듣고 소명을 찾겠다며, '소명학교'에 다니겠다고 야단법석을 떤다고 해서 하나님의 뜻을 알게 되는 것은 아니다. 평소에 하나님과 친밀한 교제를 나누어야 한다.

다윗의 대표적인 시편인 23편을 보면, 다윗은 양떼를 치던 푸른 풀밭에서도 하나님과 친밀하게 교제했다. 블레셋의 죽임을 면하기 위해 침 흘리며 미친 척할 때도 하나님과 교제했다. 아들 압

살롬에게 반역을 당해 눈물 흘리며 왕궁을 떠나 도망칠 때도 하나님과 교제했다. 하나님께 여쭌 것이다.

모태신앙인으로서 설익었던 나의 신앙은 말씀 묵상을 통해 조금씩 견고해지기 시작했다. 회사 생활 초기에 내가 바라던 꿈이 풀리지 않고, 소명이라고 생각했던 길이 꽉 막혀 힘들고 괴로웠을 때, 말씀 묵상은 더 깊어지기 시작했다. 두려움과 염려로 마음이 꽉 막히고 답답하여 소리지르고 싶었을 때, 말씀 묵상의 시간은 그 마음을 담을 그릇이 되어주었다.

가정 경제에 대한 책임을 던져버리고, 하고 싶은 대로 훌쩍 도망쳐버리고 싶었을 때, 하나님은 말씀 묵상을 통해 나를 위로하시고 붙들어 주셨다. 청년부 동계수련회에서 하나님께 울며불며 매달리며 내 길을 보여 달라고 기도했을 때, 다음날 아침 큐티 시간에 주신 히브리서 12장 말씀을 통해 내가 하나님께서 사랑하시는 귀한 아들이라서 지금의 어려움을 주시는 것이라고 속삭여주셨다. 아무런 꿈과 소망도 없는 상황 속에서, 시편 62편 말씀을 통해 하나님만이 나의 소망이므로 잠잠히 기다리라고 약속해주셨다.

대한항공에서 토파스로 발령받아 두려움과 섭섭함이 교차될 때는 발령받은 당일 아침에 마가복음 1장 38절 말씀을 통하여 새로운 임지에서 지금까지 해왔던 일터사역과 복음사역을 함께하자고 초청해 주셔서 하나님의 동행하심을 확신할 수 있었다. 예기치 않은 시점에 토파스 대표직을 사임하게 되어 절망하게 되었을

주님은 아침마다 기다리신다. "어김없이 또 오셨군요 ㅠㅠ"

때도 고린도전서 15장 58절 말씀을 통해 견실하고 흔들리지 말며, 지금까지 해왔듯이 항상 주의 일에 더욱 힘쓰라고 내 마음을 만져주셨다. 말씀 묵상을 통한 이런 체험에 대해 말하라면 몇십 페이지라도 더 쓸 수 있을 것이다. 하나님은 말씀을 통해 우리에게 하나님의 인도하심을 보여주시고, 우리가 그것에 순종할 때 우리를 소명의 길로 인도하신다.

둘째, 때로는 기다리고 견뎌야 한다.

하나님의 인도에 반드시 따라오는 것은 기다림과 견딤, 곧 인내이다. 하나님은 우리를 소명의 길로 인도하시기 전에 우리가 기다림과 인내라는 다리를 건너오게 하신다. 그 다리를 건너면서 하나님을 온전히 신뢰하게 되고, 하나님께 온전히 의지하게 된다.

코로나 사태로 모두 힘들어할 때, 하나님께서는 내게 하박국 말씀을 통해 기다림의 법칙에 대해 알려주셨다. "비록 더딜지라도 기다리라 지체되지 않고 반드시 응하리라"(합 2:3)는 말씀이었다.

코로나 사태가 한창일 때는 끝이 보이지 않았다. 코로나의 터널 속은 너무나 침침하고 답답했다. 특히나 항공, 여행, 관광업계는 빈사 상태가 되었다. 그런데 기다리라고 하셨다. 지체하지 않고 응답하시겠다고 약속하셨다. 이렇게 늦어지고 녹초가 될 만큼 더딘데 지체하지 않으신다니, '이게 무슨 궤변인가?' 하는 생각마저 들었다. 그러나, 하나님의 정시 일정표에 따르면 지연(delayed)이 아니라는 말씀이다. 우리가 느끼기에 더딘 것이지, 하나님의 일정표의 '정시율'(on-time performance)은 언제나 100퍼센트라는 말이다.

회사에서 진행하는 부차장급 경영학습 프로그램 과정에 입과했다. 이 과정에서 최우수 성적으로 수료하면 미국 유수 대학에 MBA를 보내준다고 했다. 경영학에는 문외한이지만, 이 기회를 통해 배워야겠다고 다짐하고 열심히 공부한 결과 최우수 성적으로 수료하게 되었다. 하지만 약속했던 MBA 이야기는 온데간데없이 사라져 버렸다. 몇 개월을 기다리다 지쳐 더 이상 생각하지도 않고 있었는데, 3년 후에 갑작스레 MBA 발령이 날 테니 GMAT 와 TOEFL 시험을 준비하라는 전화를 받았다. 짧은 시간에 부랴부랴 영어 공부를 하며 뒤를 돌아보니 하나님께서 인도하신 손길이 있었다. 기다리기만 하던 그 3년 동안 입양을 앞둔 아기를 돌보는 '사랑의 부모 사역'을 할 수 있었다. 일터사역의 내용과 내가 그린 카툰을 결합한 책을 두 권이나 출판할 수 있었다.

우리의 기다림에는 하나님의 뜻이 있다. 그 기간이 힘들고 어려워도 잘 견디며 지낼 때, 하나님께서 뜻하신 시간에 하나님의 뜻을 보이시고 인도하신다.

셋째, 최종 결과물보다 전체 과정을 중요하게 여긴다.

직업이 사람의 정체성을 규정하는 사회가 되다 보니 장래의 직업과 일터를 소명으로 착각할 때가 있다. 우리는 요셉이 이집트의 총리대신이 되었다는 결과(product)에만 초점을 맞춘다. 그러다 보니 소명이 마지막 종착역, 즉 최종 결과에 있다고 오해하는 것이다. 그렇지 않다. 요셉의 소명은 종노릇하든 옥살이하든 하나님의 인도하심을 순종하면서 나아가는 모든 과정(process)에 있었다. 우리는 이 점을 잊지 말아야 한다. 소명은 하나님께서 주시는 과정이고, 그 과정을 따라 걸어가는 것이 나의 소명이다. 최종 아웃풋(output)은 하나님께서 정하실 것이다.

우리는 뭔가 멋져 보이는 결과물을 내려고 한다. 그래서 미디어를 통해 어떤 분야에서 세계 최초의 인물, 혹은 세계 최연소의 인물로 선정되어 하나님께 영광 돌린다고 인사말을 할 때 하나님이 영광을 받으신다고 착각한다. 그러나 하나님은 나의 멋진 사역(practice)보다 나 자신(person)을 더 원하신다.

하나님은 내가 없어도 엄청난 일을 하시는 분이다. 그런 하나님의 관심은 엄청난 사역의 결과보다 한 영혼, 바로 나 자신에게 있다. 나와의 친밀한 교제와 동행이 하나님의 최대 관심사인 것이다. 그러므로 하나님께서 먼저 나를 낮추시고 내가 계획한 일정을 늦추시더라도, 내 사역과 내 현재의 모습보다 나 자체를 더 사랑하시고, 나로 인해 기쁨을 이기지 못하시는 하나님의 마음에 집중하자.

하나님께서 모세를 부르실 때 이렇게 질문하셨다. "네가 들고 있는 것이 무엇이냐?"

모세가 답했다. "지팡이입니다."

지팡이는 모세가 광야생활 40년 동안 겪은 경험과 체험을 의미한다. 목자로서의 노하우와 재능과 능력의 상징이라고 할 수 있다. 하나님이 주시려는 소명과 전혀 관계없어 보이고 아무 도움도 되지 않는 것 같다. 200만 명의 이스라엘 백성이 출애굽하여 가나안 땅까지 가는 일에 지팡이가 무슨 도움이 될까? 그런데 하나님은 모세와 갑론을박 논쟁하며 그를 설득하실 때 그 지팡이를 거론하셨다. 재미있는 것은, 모세가 하나님께 설득당해 이집트로 가는 모습을 이렇게 표현한 것이다. "모세가 하나님의 지팡이를 손에 가졌더라"(출 4:20).

의미도 가치도 없어 보이는 지팡이가 이집트 땅에서 10가지 재앙을 내릴 때마다 놀라운 방법으로 사용되었다. 나중에는 이집트 군대가 뒤쫓아와 두려움과 절망 속에서 홍해를 가르는 데도 사용된다. 모세의 지팡이가 하나님의 지팡이가 되었기 때문이다. 모세의 40년 광야생활의 상징인 지팡이가 하나님이 부여하신 소명의 지팡이, 다시 말해 하나님의 지팡이로 변화되는 것이 바로 소명을 발견하는 것이다.

우리는 소명을 말할 때 뭔가 화려하고 멋진 사역이나 결과라고 착각한다. 그래서 하나님의 소명이 어렵게 느껴지고, 특별하고 탁월한 달란트를 가진 사람에게만 해당되는 것이라고 오해한다. 그러나 소명은 우리가 일상에서 경험하는 상황에서 만들어지고 발견되는 것이다.

지금 나의 상황과 나의 주변과 나의 이웃을 돌아보면서, 나에게 주어진 삶과 책임에 충성스럽게 임하자. 거기에서 나의 소명이 싹이 트고 자라나 열매를 맺게 될 것이다. 그래야 진정한 일품성도가 될 수 있다.

5부

일품성도의
지혜와 사명

14
일품성도의
일터 인생 사계절

스킬소스(Skillsource)의 창립자이자 대표인 척 프라우드 핏은 'At Work On Purpose'에서 사람들이 연령대에 따라 양자택일의 사안처럼 고민하게 되는 삶의 주제들을 알파벳 첫 글자를 대비하는 단어로 비교하며, 다음과 같이 구분하여 제시했다.

20세에서 35세 사이에 주로 고민하는 주제는 소명 대 경력(Calling vs Career)이다.

36세에서 50세 사이에 주로 고민하는 주제는 탁월(충실) 대 평범(나태)(Mastery vs Mediocrity)이다.

51세에서 65세 사이에 주로 고민하는 주제는 의미 대 성공

(Significance vs Success)이다.

66세에서 80세 사이에 주로 고민하는 주제는 유산 대 유휴(Legacy vs Leisure)이다.

프라우드핏이 제시한 위의 내용이 각 연령대의 사람들이 주로 고민하는 주제라는 건 맞는 것 같다. 하지만 사람마다 성장 환경과 처한 상황은 다르다. 누구는 20대나 30대에 하는 고민을 40대에 할 수도 있다. 이런 고민이 연령을 따라 순서대로 질서정연하게 생기는 것도 아니다. 때로는 갈등하는 주제가 겹치거나 뒤섞여 복잡한 양상을 띠기도 한다.

프라우드핏이 제시한 비교 주제들을 하나씩 살펴보면서, '나는 지금 어디에 와 있는가?' 혹은 '어떤 고민을 하고 있는가?'를 관찰해보자. 그러면서 자신이 나아가야 할 방향이 무엇인지 돌아보는 기회가 되기를 바란다. 나는 프라우드핏이 구분한 네 가지 연령대를 이 장의 제목에서처럼 '일터 인생 사계절'로 부르려 한다.

소명이냐 경력이냐?

인생의 봄에 비유할 수 있는 20대와 30대 중반까지는 자신의 소명(Calling), 즉 어떤 일을 하면서 살아야 자신에게 어울리는지를 고민하지 않을 수 없다. 그것이 또한 자기 경력(Career)의 기초가 되기 때문이다. 그런데 보통은 소명보다 경력으로서 일을 바라보는 때가 이 연령대의 특징이다. 이때는 일과 일터를 소명과 경력 사이에서 구분하여 생각하기가 쉽지 않다. 하지만 일터를 품는 성도라면 "일과 일터를 어떻게 바라볼 것인가?"라는 문제와 늘 씨름해야 한다. "일터를 나의 경제적이고 사회적인 필요를 채워주는 '경력'으로 볼 것인가? 아니면 하나님이 나를 부르셔서 맡기신 '소명'으로 이해할 것인가?"라는 문제다. 무엇으로 보느냐에 따라 선택 기준이 달라지고, 일에 임하는 태도도 달라진다. 이 문제는 사실 나이가 들어서도 계속되는 것이기도 하다. 일반적으로는 젊을 때 반드시 해야 할 고민이긴 하지만 말이다.

일터를 경력으로만 보면, 일터는 나의 경제적 필요와 사회적 필요와 개인적 필요를 충족시키는 수단이 된다. 따라서 고소득의 연봉이 우선 중요하고, 사회적으로 어떤 평가와 인정을 받는가에 집중하게 된다. 이러면 끊임없이 앞만 바라보고, 혹은 위만 바라보고 쉼 없이 달려가게 된다. 그러나 일터를 소명으로 보고, 일과 일터를 하나님의 부르심으로 이해한다면 생각과 상황은 달라진다. 경력이 내가 추구하는 것을 얻기 위한 수단이라면, 소명은 하나님이 부르신 뜻을 이루기 위한 과정이기 때문이다.

일과 일터를 경력으로 보는 것이 물론 잘못은 아니다. 그러나 경력으로만 이해하고 달려가기만 하면 우리의 일터는 살벌하고 평안이 없는 전쟁터로 변할 것이다. 우리는 '일터가 나의 경력이냐, 아니면 하나님의 부르심(소명)이냐?'라는 질문에 답할 말을 준

비해야 한다.

    사울은 이스라엘의 첫 왕으로 부르심을 받았다. 이스라엘을 다스리는 지도자로 부르심을 받았기에, 집권 초기에는 겸손한 자세로 소명에 충실했다. 그런데 자신이 맡은 일(왕권)이 하나님의 부르심에서 자신의 경력과 성공으로 서서히 변질되기 시작했다. 자기의 왕위 유지에 몰두하게 된 것이다. 그 결과 경력과 성공 유지에 위협이 되는 경쟁자인 다윗을 죽이려고 혈안이 되었다. 그러면서 영적으로 무너지고, 심리적으로는 공황 상태에 빠지게 되었다. 사회적으로도 파멸에 이르러 비참한 죽음을 맞이하게 된다.

유진 피터슨은 〈다윗: 현실에 뿌리박은 영성〉에서 사울 왕에 대해 다음과 같이 평가한다. "사울은 일을 잘하려고 노력했고, 좋은 왕이 되려는 방편으로 하나님을 끌어들인 것이다. 그러나 하나님을 끌어들인다는 것은 완전히 본말이 전도된 행동이다. 사울은 하나님을 하나의 수단으로 대우했다. 일을 위해 예배가 도구화되거나, 예배를 위해 일이 도구화되는 것은 모두 치명적인 결과를 낳는다. 우리가 추구해야 할 것은 일과 예배가 완전히 일치를 이루는 삶이다."

직장 초년병 시절, 나로서는 소명이냐 경력이냐를 생각할 여력이 없었다. 그런데 시간이 지나면서 희미하게나마 일터로 부르신 하나님의 뜻을 조금씩 깨달을 수 있었다. 어느 순간 하나님께서 나를 일터로 부르셨다는 소명을 명확하게 느끼게 되었다. 그러면서 일터와 일에 대한 나의 마음가짐과 태도가 점차 변화되기 시작했다.

일터, 즉 직장을 선택해야 하는 청년의 시기에는 나의 직업을 무엇으로 볼 것인가를 고민하고 씨름해야 한다. 일터를 세상적인 관점이나 세속적인 기준으로만 바라볼 것이 아니라, 하나님이 맡기시고 부르신 곳으로 생각하고 기도하면서 나의 할 일과 일할 때의 태도를 선택해야 한다.

기도해야 한다고 해서, 하나님이 갑자기 꿈에 나타나 가야 할 직장의 이름을 가르쳐주시거나, 용한 기도 사역자를 찾아가 직장을 '점지'받는 걸 기대하라는 말은 아니다. 이와 반대로, 교회에서 신앙생활을 잘하던 청년들이 직업을 선택할 때는 기도 없이 세상의 기준과 방식을 그대로 좇아가는 경우가 많은 것 같아 안타깝다. "이 세대를 본받지 말고 마음을 새롭게 함으로 변화를 받아 하나님의 선하시고 기뻐하시고 온전하신 뜻이 무엇인지 분별하라"(롬 12:2)는 말씀은 단순히 머릿속에서만 맴도는 화려한 격언이 아니다. 일터의 선택과 일을 바라보는 안목에도 적용되고 실천되어야 하는 말씀이다. 나의 일과 일터를 경력에 매여서 보는 것이 아니라 하나님의 부르심이라는 관점에서 볼 때, 우리는 의미 있는 직장생활을 영위할 수 있다.

탁월과 충실인가, 평범과 나태인가?

인생의 여름에 해당하는 30대 중반 이후와 40대에는 최선을 다해 '탁월'과 '충실'(Mastery)을 추구할 것인가, 아니면 '나태함'이나 '평범함'(Mediocrity)에 머무를 것인가를 고민하고 선택해야 한다. 이것은 업무의 성과나 결과를 말하는 것이 아니다. 일에 임하는 태도와 자세를 말한다.

직장에 들어온 신입직원들은 부푼 꿈을 품고서 일을 시작하지만, 기대했던 직장 분위기와 업무 성격이 자신과 맞지 않을 때는 고민하게 된다. 경제적, 사회적, 개인적 필요의 충족을 위해 시작한 일이지만, 예상했던 만족과 성취가 주어지지 않으면 일에서 점차 의미를 찾지 못해 헤매게 된다. 마음도 나태해지고 만다. 먹고 살려고 어쩔 수 없이 직장을 오갈 뿐, 자신에게 주어진 업무에 충실하지 못하게 된다.

'평범'은 일을 게을리하거나 대강 처리하는 데서 나오는 결과이기도 하다. 하지만 사실 그것만을 말하는 건 아니다. 업무를 망쳐서 'C-player 인사고과'를 받는 것만도 아니다. 오히려 업무를 잘해서 인정받고 있을지도 모른다. 그러나 일과 일터에 대해선 그 마음이 떠난 상태다. 몸은 다람쥐 쳇바퀴 돌 듯 집과 직장을 오가지만, 마음은 일터에 있지 않은 것이다.

세바스천 트레거는 〈나는 직장에서도 크리스천입니다〉에서 이렇게 말했다. "나태함이 반드시 활동이 없거나 생산성 결여를 뜻하는 건 아니다. 그것은 마음이 활동하지 않는 것, 즉 직장에서 하나님의 목적을 볼 수 없거나 보지 않으려 하는 모습(태도)이다."

'탁월'은 업무를 대하는 태도와 자세가 얼마나 충성스럽고 성실한가에 대한 것이다. 대부분의 경우 성실하게 일하면 좋은 결과를 가져오고, 일터에서 인정받게 되고, 더 나아가 전문가, 즉 달인으로 성장하게 된다. 하지만 그렇지 않을 수도 있다. 겉으로 열심히 일하고 충성스럽게 섬긴다고 해서 그 결과가 반드시 최고가 되고 탁월하게 되는 것은 아니다. 여기서 말하는 '탁월'을 추구하는 사람은 "무슨 일을 하든지 마음을 다하여 주께 하듯 하고 사람에게 하듯 하지 말라"는 골삼이삼(골 3:23)의 마음 자세를 가진 사람을 말한다. 물론 여기에도 함정과 올무가 있다. '주께 하듯' 성의를 다해서 하던 일이 '주인'이 되어버리는 경우다. 일에서 '탁월'을 추구한 결과 높은 지위에 오르고 연봉도 오르고 사회적으로 인정도 받게 된다. 하지만 그 일과 지위와 소득과 평판이 나의 주인, 즉 우상이 되어버린다. 그러기에 골삼이삼 말씀은 빌삼일삼(빌 3:13) 말씀으로 균형을 잡아야 한다.

"형제들아 나는 아직 내가 잡은 줄로 여기지 아니하고 오직 한 일 즉 뒤에 있는 것은 잊어버리고 앞에 있는 것을 잡으려고 푯대를 향하여 그리스도 예수 안에서 하나님이 위에서 부르신 부름의 상을 위하여 달려가노라"(빌 3:13-14).

엘리 제사장과 사울 왕은 본인을 포함한 가족이 거의 한날 한시에 죽임을 당한 불행한 인생들이다. 엘리는 무기력하고 무지한 상태에서 나태에 머물러 있다가 불행한 말로를 맞이했고, 사울 왕은 탁월의 추구가 탐욕으로 변질되고 왕권 유지가 우상으로 변질되는 바람에 비참한 종말을 맞이한 사례다.

그리스도인은 일터에서 나태함으로 평범함에 머물러선 안 된다. 최선을 다해서 탁월함을 추구해야 한다. 동시에 탁월이 우상으로 변질될 수 있음을 기억하고 영적으로 깨어 있어야 한다. 우리의 마음은 나태와 우상 사이에서 좌우로 움직이는 추와 같다. 나태에 머무르지 않기 위해 탁월을 추구하되, 일이 우상으로 변질되지 않도록 깨어 있어야 한다.

나의 직장생활의 기억 가운데, 상황이 바뀌어 예상했던 해외 발령이 연기되었을 때, 탁월을 추구했던 내 마음이 한순간에 나태로 곤두박질쳤던 기억이 있다. 해외 근무를 간절히 기다리면서 맡은 업무를 탁월하고 충성스럽게 수행하고서 결과를 기다렸는데, 마음이 무너졌기 때문이었다. 그렇게 열심히 했던 업무가 갑자기 싫어졌다. 내 경력 개발 과정(Career Development Path)을 돌봐주지 않은 팀장도 꼴 보기 싫었다. 1년간 '재수'한 후에 해외 발령이 났지만, 기다리는 1년 동안 탁월과 나태 사이의 내적 씨름에서는 패배했던 것 같다.

해외 MBA 과정을 거치는 동안 새로운 지식을 배워서, 귀임한 다음 새로운 프로젝트와 계획들을 열심히 쏟아놓던 때도 있었다. 그야말로 주어진 일을 주께 하듯 한다면서 충성스럽고도 공격적으로 탁월을 추구했다. 그런데 어느새 그 탁월이 우상으로 변해 갔다. 주께 하던 일이 주인처럼 되어버리는 상황이 되었다. 탁월을 추구하는 목적이 임원 승진이라는 우상으로 변질될 때, 하나님께서 내게 개입하셨다. 탁월과 충실이 우상이 되게끔 기울어진 내 인생의 추를 끌고 와, 다시금 중심을 잡을 수 있게 하셨다.

● 의미인가, 성공인가?

다음은 '의미'(Significance)와 '성공'(Success) 사이에서

고민하는 단계이다. 주로 중년에 해당하는 50대와 60대 초반의 세대에 해당한다. 이 연령대는 흔히 가을에 비유되곤 한다. 열매를 거두기도 하고, 어느 정도 여유를 누리는 시기이기도 하다. 이때는 성공이라는 열매가 중요해 보인다. 그렇게 거둔 열매가 인생에서 어떤 의미인지 생각할 수도 있다.

성공과 의미를 함께 추구할 수 있으면 좋겠지만, 대개는 성공을 추구하다 의미를 잃어버리게 된다. 20-35세 시절에 경력과 소명 사이에서 씨름했던 것처럼, 성공과 의미 사이에서도 줄다리기를 하게 된다. 성공을 맛본 사람은 그 자리에서 내려오기가 쉽지 않다. 그래서 많은 정치가들이 그렇게도 국회의원 배지에 매달려 발버둥치는 것 같다. 겉으로 보기에는 화려하지만, 위태로운 성공에서 내려올 수 있는 방법은 그 속에서 의미를 찾는 것이다.

느헤미야는 페르시아 왕궁의 비서관이라는 직책을 버리고, 아무도 알아주지 않고 오히려 주변의 공격과 압력만 기다리는 유대 땅을 선택했다. 안정과 안락이라는 '성공' 대신 훼파된 예루살렘의 성벽 건축이라는 '의미'를 선택한 것이다. 물론 성공이 부정적이거나 비신앙적인 것은 아니다. 하나님은 그리스도인들에게 형통(Prosperity)의 복을 허락하신다(신명기 28장). 그런데 주님께서 선물로 주신 형통과 축복이 자랑과 교만으로 변질되는 경우가 너무도 많다.

솔로몬은 모든 것을 얻은 사람이다. 지혜와 명예, 부귀와 안녕이라는 축복을 세트로 받아 누렸다. 그가 이방 국가의 여인과 결혼한 것은 튼튼한 외교와 안보를 위해 선택한 '성공적' 판단이었다. 그것이 한동안 통하기도 했다. 그의 재임 기간에는 전쟁이 거의 없었다. 분명히 성공했다. 그런데 그에게 지혜와 총명을 주신 하나님의 뜻과 의미는 잊고 말았다. 그러다 보니 성공이 올무가 되어 그의 신앙을 유린했고, 우상까지 섬겼다. 몇 번에 걸친 하나님의 지적까지 무시하는 지경에 이르게 된다.

성공은 축복이다. 하지만 성공에만 머무르려고 발버둥칠 때 교만하게 되고, 성공의 의미를 잊게 된다. 솔로몬의 후반 인생의 실패는 성공과 의미 사이의 씨름이 얼마나 중요한지를 보여준다.

유산이냐, 유휴냐?

66-80세의 노년 시기에는 '유산'(Legacy)과 '유휴'(Leisure) 사이에서 씨름해야 한다. 이때를 계절에 비유하면 겨울에 해당한다. 은퇴 이후 쉬게 되는 연령대이다. 아무래도 활동적인 시기는 아니다. 한편으로는 인생의 마지막을 바라보면서 무엇을 남길지를 생각하게 된다. 남길 것이 물질이든 영향력이든, 무엇이든 말이다. 그런데 이때 주로 먼저 생각하는 것은 자신이 누릴 것, 즉 유휴에 관한 것이다. 다음세대에 뭔가 남겨야 한다는 의무보다 권리를 먼저 생각하는 것이다.

우리나라에서는 65세가 되면 여러 가지 혜택이 주어진다. 65년 동안 수고한 땀과 노력에 대한 국가의 보답이라고 생각할 수 있다. 그동안 쌓아놓은 다양한 삶의 마일리지에서 비롯된 보너스 혜택과 권리를 누리는 데 익숙해진다. 어떻게 편안한 노후를 보낼 것인가에 온 관심이 집중된다. 안락한 노후생활이 최고의 관심사가 되는 것이다. 그런데 이제는 은퇴 이후에 살아야 할 날이 너무나 많아졌다. 미뤄왔던 취미생활이나 여행도 몇 번 하다 보면 싫증이 난다. 놀고 싶어도 기력이 약해져 쉽지 않다.

'2young2retire.com'의 설립자 마리카 & 하워드 스톤은 〈당신은 너무 젊다〉에서 "가치 있는 삶의 목표를 내려놓은 은퇴자들에게 안락한 생활(Leisure)은 이내 질병의 삶을 초래하게 된다"라고까지 말했다.

어떤 분이 은퇴 후에 이른바 '프리미엄 시니어타운'이라고 불리는 곳에 입주했던 경험을 쓴 글을 읽었다. 그는 그곳에서 최고급 식단에 언제나 즐길 수 있는 다양한 레저 시설을 누리며 사는 편안한 노후를 기대했다. 그런데 매일 만나는 거주자들이 늘어놓는 과거의 무용담과 시도 때도 없이 늘어놓는 자식 자랑에 그만 지치고 말았다. 그래서 1년도 못 되어 탈출했다는 것이 글의 결론이었다.

올바른 후반 인생을 위해서는 나의 안락한 노후생활(Leisure)이 아니라 나의 유산(Legacy)을 다음세대에 전달하는 데 집중해야 한다. 샘 혼은 〈언제든 다시 시작할 수 있는 용기〉에서 "겉으로는 모든 것을 다 가진다 해도 내면은 공허하다. 나 다음으로 살아갈 누군가를 위해 보다 좋은 세상을 만드는 것, 그런 일에 공헌하는 데 진정한 성공이 있다"라고 강조한다.

모세는 여호수아라는 다음세대 지도자를 세웠다. 엘리야 선지자는 엘리사라는 후계자를 육성했다. 바울은 디모데를 세웠다. 예수님도 하나님 나라 복음 전파 사역을 위해 열두 명의 제자를 세우셨다. 그런데, 모세로부터 차기 지도자로 세움받은 여호수아는 가나안 정복이라는 위대한 사역을 감당했지만 다음세대의 리더를 세우지 못했다. 그 후의 이스라엘은 자기 소견에 옳은 대로 날뛰는 무법과 불신앙 천지가 되어버리고 만다.

인생의 마지막 계절에는 다음세대에게 하나님을 향한 믿음과 신앙의 유산을 물려주는 것이 가장 중요한 과제다. 여행도 좋고 쉼과 안식도 필요하다. 그러나 평화로운 바닷가에서 조개나 줍고, 저 푸른 초원 위에서 '나이스 샷'만 외치며 나만의 안락에 빠져 다음세대에 유산을 전달하는 최종과제를 놓친다면 마지막 단계의 단추를 잘못 채우는 실수를 범하게 되는 것이다. 물론 여기서 말하는 유산은 부동산이나 통장의 잔고 같은 물질적인 것이 아니다.

교수 사역의 65세 정년을 앞둔 시점에 일터개발원의 원장 사역을 맡아달라는 요청을 받았다. 일터개발원은 맡은 일을 소명으로 생각하고, 일터에서 하나님 나라를 세우고 선한 영향력을 미치는 일터사역자를 가르치고 훈련하는 사단법인이다. 하나님의 일꾼을 세우는 의미 있는 사역이라고 생각하여 흔쾌히 동의했다. 하지만 어느새 내 마음속으로는 인생 후반의 멋진 성공을 꿈꾸고 있었던 것 같다. 겉은 의미(Significance)를 추구한다는 포장지로 감쌌지만, 그 속에 내 이름과 명성을 드러내려는 성공(Success)의 욕망이 숨어 있었는지 모른다. 그렇게 되면 일터개발원 사역이 다음세대의 지도자를 세우는 유산(Legacy)이 아니라 나만의 달콤한 누림(Leisure)으로 전락될 수도 있을 것이다. 이 점을 주의하고 기억하자고 스스로에게 다짐했다.

  우리는 자기의 속마음과 동기를 수시로 살피고, 하나님의 말씀이라는 거울에 늘 비춰보아야 한다. 인생 사계절의 마지막, 겨울 같은 시절에 다음세대를 세우는 '유산 남기는 사역'을 감당하기 위해서는 일터의 모든 사계절에서 하게 되는 선택과 균형의 씨름에서 올바른 선택을 해야 한다. 내 경력만이 아니라 하나님의 소명을 또한 좇아야 한다. 평범이라는 이름의 나태와 욕심이라는 우상 사이에서 흔들리는 추를 붙잡아 올바른 탁월의 자리에 가져다 놓아야 한다. 눈에 보이는 화려한 업적과 성공에만 매몰되지 않고, 참된 의미 또한 추구해야 한다. 그렇게 보내는 사계절의 씨름판에서 올바른 선택을 할 때 내 인생이 안락한 노후에 묻히지 않고, 다음세대의 리더를 세워 영적 유산을 물려주는 아름답고 귀한 인생으로 마무리될 수 있을 것이다.

15
일품성도의 직장생활 ARC

● 　　일터를 기쁜 마음으로 품으려면 우선 일터에서 일하고 싶은 동기가 부여되고 만족도가 높아야 한다. 일터를 품는다고 하면서 현실의 일터에서 불만이 쌓이고 인간관계도 울퉁불퉁하고, 심지어 자신이 그 일터에서 유능하지 못하다는 평가를 받고 있다면 어떻게 일품성도가 될 수 있겠는가?

　일터에서 만족하며 보람을 느끼려면 일반적으로 심리적인 요인이 외적인 조건보다 중요할 때가 많다. 심리학의 자기결정이론(self-determination theory)에서도 인간의 동기부여는 연봉이나 지위 같은 외부의 동기뿐 아니라 내적 욕구, 즉 심리적 욕구에 영향을 받는다고 한다.

스탠퍼드대학의 빌 버넷과 데이브 에번스는 〈일의 철학〉에서 행복한 일터를 디자인하는 방법을 제시하면서 세 가지 내적인 심리적 요인(ARC)을 설명한다. ARC는 자율성(Autonomy), 관계성(Relatedness), 숙련도(Competence)를 말한다. 자율성(A)은 직무를 자발적이고 주도적으로 하고자 하는 욕구를 의미한다. 관계성(R)은 일터에서 만나는 사람들과의 관계를 말한다. 숙련도(C)는 자기 업무를 처리하는 능력의 수준이다. 어떤 일이나 개념을 설명할 때 필요한 기본과 기초 지식을 'OO의 ABC'라고 표현하는데, 위 설명에 의하면 '직장생활의 ABC'는 '직장생활의 ARC'로 대체될 수 있을 것 같다. 일터에서 자신의 행복도를 스스로 평가할 때 ARC라는 척도로 살펴보면 자기의 모습을 객관적으로 볼 수 있다.

회사에 취직해서 직장생활을 시작하는 신입직원의 경우 ARC는 제로 상태다. 우선 자기가 스스로 할 수 있는 일이 별로 없다. 사내에 잘 아는 사람도 없다. 업무 숙련도는 햇병아리 수준이다. 입사 초기에는 갓 입사한 기쁨과 매달 채워지는 급여통장을 보는 낙으로 그럭저럭 보낼 수 있지만, 세월이 지나도 ARC가 고르게 충족되지 않으면 시간이 갈수록 점차 힘들어진다. 스트레스가 쌓일 수밖에 없다. 많은 직장인이 초기 3년을 버티지 못하고 퇴사하는 것도 연봉이나 복지 때문이라기보다 자신들의 ARC가 충족되지 못했기 때문인 경우가 많다. 그래서 신입직원은 자신의 ARC

를 업그레이드하기 위해 노력해야 한다. 관리자는 직원들의 ARC가 어떤 상태인지 살펴보고, ARC의 욕구가 충족될 수 있도록 다각적으로 도와주어야 한다.

● **자율성, 관계성, 숙련도의 조화**

꿈에도 그리던 독일 지점에 발령받은 다음, 첫 3개월간의 고통스러운 기간을 잊을 수 없다. 침대에 등만 대면 자던 사람이 몇 주일 동안 불면증에 시달리기도 했다. 차라리 가벼운 교통사고라도 나서 잠깐 입원했으면 좋겠다는 생각마저 들었다. 왜 그랬을까? 당시 일터에선 나의 ARC 상태가 완전히 최악이었기 때문이다.

자율성(A) 측면에서 볼 때, 검찰총장이라는 별명을 가진 지점장의 추상같은 요구사항은 한도 끝도 없었다. 여유를 가지고 생각하면서 뭔가 주도적으로 할 수 있는 여건이 전혀 아니었다. 떨어지는 업무를 소화하는 일만 해도 매일 야근해야 할 정도였다. 월화수목금금금, 주말을 완전히 반납할 수밖에 없었다.

관계성(R)도 최악이었다. 매니저로서 내가 관리해야 할 직원들은 서로 반목하고 질시하여 사무실에서 고성이 오가기까지 했다. 그 나라 현지 직원의 불법적이고 막무가내인 행동들은 쏟아지는 업무 스트레스를 더욱 증가시켰다.

숙련도(C) 면에서 봤을 때도 부족했다. 새롭게 주어진 업무와 그에 대한 책임은 한 번도 경험해보지 못한 것들이었다. 출근할 때마다 살얼음을 디디는 것 같았다. 뭔가 새로운 문제라도 터지면 가슴속이 타들어 가는 것 같았다.

미국에서 MBA 유학을 마치고 귀국할 무렵, 여객사업본부에 교육서비스팀이 신설되어 팀장으로 발령받았다. 이전의 교육이 교육훈련본부에서 일방적으로 개설하는 실적 보고용이었다면, 새로운 팀에서는 현장 직원들이 필요로 하는 교육과 가려운 곳을 긁어주는 맞춤 훈련 프로그램을 주도적으로 개발하고, 그것을 꼭 필요한 직원들을 대상으로 전달하는 것이어야 했다. 새로운 팀에 발령받은 구성원들은 각 분야에서 최고의 엘리트 직원들이라 주도적이고 창의적으로 업무를 수행할 수는 있었지만, 끊임없이 새로운 교육과정을 만들어야 해서 쉽지만은 않았다. 더구나 그때는 비대면 교육의 초기 단계여서 온라인교육과정까지 새롭게 만들어야 했다. 눈코 뜰 새 없이 바쁘고 분주했다. 어느 날은 아침 회의 때 한 직원이 웃으며 내게 말했다.

"팀장님, 어제 꿈에서 팀장님을 봤습니다."

"아니, 바쁜 팀장을 왜 유 대리 꿈에까지 등장시키나?"

"온라인교육과정을 만들고 있는데, 뒤에서 팀장님이 감시하고 있었습니다."

"하하하…."

모두 배꼽을 잡고 웃었지만, 그의 꿈은 현실을 반영한 것이었다. 직원들은 일이 많아 야근이 잦았고, 때로는 집에까지 일을 가지고 갔다. 그런데 나중에 OB모임에서 그들을 만나 대화하며 뒤돌아보니, 그때가 제일 재미있고 활기차게 일한 것 같다고 이구동성이었다. 그때 신설된 팀의 업무 만족도가 높고 행복했던 이유가 무엇일까? 한마디로 말해 ARC가 삼위일체로 완벽하게 충족되었기 때문이다.

자율성(A)면에서 볼 때, 신설팀에는 경영층의 지시가 필요없었다. 팀장과 팀원들은 완전히 자발적이고 자기주도적이었다. 업무를 새롭게 디자인했고, 새로운 교육계획을 끊임없이 수립하여 시행했다. 그러다 보니 팀장이 직원들의 꿈에까지 나올 정도로 업무 강도가 셌고 일정을 맞추려는 스트레스도 컸지만, 모두 신나게 일할 수는 있었다.

관계성(R)에서는 일을 하면서 서로의 상황을 공유하고 자유롭게 대화할 수 있는 분위기가 마련되었다. 직원들의 자녀끼리 친하게 지낼 정도로 직원들 사이의 친밀도가 높았다. 그 결과 나중에 부서 이동을 하거나 퇴사한 이후에도 계속해서 모임을 가질 수 있었다. 10년이 훨씬 넘게 지났는데도, 만날 때마다 당시의 즐겁고 행복했던 기억을 나누곤 한다.

숙련도(C)는 더할 나위 없이 좋았다. 팀장은 MBA에서 학습한 따끈따끈한 새로운 이론과 방법론을 끊임없이 반영하며 시뮬레이션했고, 각 분야의 전문가들이던 팀원들은 새로운 교육의 툴을 배우면서, 스스로 발전하고 있음을 느끼고 만족했다.

명지대학교 사무처장으로 일할 때도 행복했다. 내게 자율성이 보장되었기 때문이다. 처음 맡게 된 학교의 행정업무에 대한 숙련도는 부족했지만, 총장님은 학교 행정과 관리에 대해 자율성을 보장해주셨다. 예를 들어 방학 기간 중에 38개나 되는 건물들을 보수하는 일은 내가 해보지 않은 일이었다. 더구나 지붕의 방수나 창틀 수리 등은 비용이 상당히 지출되는 일이어서 부담이 되었다. 하지만 그 모든 일에 대해 사무처장에게 자율성을 부여하여 책임지고 업무를 수행하도록 충분히 권한이양(empowerment)이 되었다. 시간이 지나면서 점차 업무 숙련도가 높아졌다. 함께 일하는 직원들과 협력하는 보직교수들과의 관계도 좋아져 행복한 직장 생활의 ARC를 누릴 수 있었다. 5년이라는 길지 않은 기간이었지만, 학교를 떠난 후에도 당시에 함께 일했던 팀장들과 보직교수들과 교제의 끈을 이어가고 있다.

ARC가 충족되는 일터는 이처럼 행복하고 만족스럽다. 그러므로 자신이 일터를 품는 성도로서 일터에서 관리자라면 항상 맡은 조직 내의 ARC가 어떠한지 살펴야 한다. 신입이나 전입 직원이 있다면 업무를 신속하게 익히도록 하여 숙련도를 높이도록 배려해야 한다. 그래야 머지않아 자율성을 가질 만큼 성장할 수 있을 것이다. 또한 기존 팀원들과의 관계성이 어떻게 이루어지고 있는

지도 면밀하게 살펴야 한다.

● **ARC는 상호보완적이다**

　　ARC가 완벽하게 충족되는 일터는 그렇게 흔하지 않다. 자율성이 보장되지 않는 상황도 많다. 그저 위로부터 떨어지는 업무를 좇아가기도 바빠 헉헉대기 일쑤다. 현장의 불만과 요구사항에 응대하느라 진이 빠지는 상황일 수도 있다. 그렇다면 관계성에서 도움을 받아야 한다. 아무리 힘들어도 함께 일하는 동료들과의 관계성이 건강하고 친밀하면 많은 고민과 문제들이 해소된다. 새로운 업무가 주어지면 숙련도의 문제로 스트레스가 가중되는 경우도 있다. 그때도 자율성과 관계성에서 도움을 받아 어두운 터널을 넉넉하게 통과할 수 있다.

　　지금 내가 속한 일터는 어떠한지 돌아보자. 자율성은 어떤가? 조직 내에서 사람들과의 관계성은 괜찮은가? 업무 숙련도는 괜찮은가? 나의 일터를 행복하고 만족스러운 일터로 새롭게 디자인하기 원한다면 현재의 ARC를 살펴보아야 한다. ARC를 재정비하고 개선해야 할 부분을 하나씩 점검해야 한다. 당장 ARC 세 가지에 전부 손을 댈 수 없다면, 그 중에서 적어도 한 개 또는 두 개를 먼저 선정해서라도 문제점을 살펴보고 개선해야 한다.

　　임홍택은 〈2000년생이 온다〉에서 MZ세대의 세 가지 특징을 말하는데, 그 중 하나가 '초자율성'이다. 프리랜서와 조금 다른 개념인 초단기 근로자인 긱 워커(Gig worker)의 출현은 일자리 부족에 따른 현상이지만, 초자율성을 추구하는 MZ세대들의 성향에도 기인한다. 그들은 사장이 자신을 고용했다고 생각하기보다 회사가 자기의 역량과 노하우를 '구독'(subscribe)하고 있다고 생각할 정도로 자율성을 중시한다. 현실에서는 그들에게 처음부터 자율성이 확보되지 않는 일터들이 대부분이지만, 일방적으로 떨어지는 업무를 해야 하는 상황에서도 그들이 주도성을 가지고서 상황을 대할 수만 있다면 얼마든지 높은 업무 효율을 낼 수 있다.

빌 버넷은 〈일의 철학〉에서 일터의 상황을 자기의 생각 속에서 재구성할 것을 제안하면서, 매일 세 가지 질문을 스스로에게 하라고 말한다.

"오늘 나는 일터에서 무엇을 배웠는가?"
"새롭게 시작한 일은 무엇인가?"
"일터에서 누구를 도왔는가?"

이 세 가지 질문에 대한 답을 적어보면서 자신이 처한 일터의 상황을 주도적으로 새롭게 디자인(Redesign)하라고 강조한다.

내게 ARC가 확보되지 않아 힘들고 어려웠던 독일 지점에서의 근무 시절, 다람쥐 쳇바퀴 돌 듯 집과 회사를 오가는 지친 상황 속에서 나 자신에게 이런 질문을 했던 기억이 난다. '오늘 나는 무엇을 새롭게 배웠나?' 매일 똑같은 출근길에서도 뭔가 새로운 풍경을 찾아보고, 새롭게 배운 독일어 단어와 새로 알게 된 업무 지식, 정보 등을 복기하곤 했다. 고단한 상황이었지만, 새롭게 배우고 체험했다는 것 자체만으로도 위로가 되었다. 그런 시도가 내게는 아마도 스스로 자율성을 확보하는 노력이었으며, 스트레스로 가득 찼던 상황을 극복하는 데 도움이 되지 않았을까 싶다. 일터의 환경이 아무리 타율적이고 일방적이라 하더라도, 그 상황에서 내가 새롭게 배우고 체험하고 깨닫는 것은 아무도 막을 수 없고 빼앗을 수 없는 것이기 때문이다.

관계성이 과소평가되는 경향이 종종 있다. 일터에서 만나는 상사와 동료들, 거래처 사람들과 고객과의 관계가 뭐 그리 중요하고 대단하냐고 생각할 수 있다. 그저 내가 맡은 일에만 충실하면 된다고 생각할 수 있다. 하지만 행복한 일터를 디자인하기 위해서는 일터에서의 관계성 개선에 집중해야 한다. 누구든 내가 근무하는 기간에 잠깐 만났다가 사라질 대상으로 가볍게 여기지 말고, 그 관계가 일터의 행복을 좌우하는 중요한 과제임을 기억하고 좋은 관계를 만들어야 한다(롬 12:18).

숙련도는 업무에 임하는 태도와 자세와 관련이 있다. 성실하고 충성스럽게 주어진 업무를 수행하다 보면 서툴렀던 업무능력이 개선되고 자신에게 없다고 여겼던 역량이 새롭게 발견된다. 업무 능력이 향상되면 업무에 대한 만족도도 높아지고, 조직에서 좋은 평가와 인정을 받게 된다. 그러므로 새로운 업무를 맡았다면 부지런히 갈고 닦아서 숙련도를 향상시켜야 한다. 무슨 일을 하든지 마음을 다하여 주께 하듯 할 때(골 3:23) 일터는 즐거운 곳으로 업그레이드된다.

● 일터의 ARC와 하나님의 말씀

일터의 ARC를 살펴보니 말씀과도 연관이 된다. 자율성은 하나님께서 맡겨주신 소명을 마음에 품고서, 부름 받은 일터에서 자발적이고 주도적으로 일하는 모습이다(엡 4:1). 관계성은 일터에서 만나는 사람들과의 대인관계 속에서 만남이 우연이 아님을 알고, 그 관계를 정성스럽게 가꿔나가는 모습을 의미한다(롬 12:18). 숙련도는 일터에서 맡겨진 업무와 사명을 주님께 하듯 충성스럽게 성실하게 임하는 자의 결과이다(골 3:23).

초대교회 성도들의 신분은 대부분 노예여서, 그들에게는 아무런 자율성이 없었을 것이다. 그럼에도 하나님이 부르셨다는 소명의식을 붙들고서 주어진 3D 허드렛일을 자율적이고 주도적으로 할 수 있었으리라고 생각한다.

〈셉티무스 씨 출근하세요?〉는 신광은 목사가 초대교회 시절에 있었음직한 일터에서의 고민과 문제들을 일터신학의 관점에서 소설처럼 풀어낸 재미있는 책이다. 예수님을 막 영접한 노예 셉티무스가 그 책의 주인공인데, 그가 교회 장로 티투스에게 이렇게 말한다.

"저는 주인의 소유물인 노예에 불과하니까요. 우리를 보고 '말하는 가축'이라고 하지 않습니까? 노예는 그저 주인이 시키는 대로만 하면 됩니다."

그러자 티투스 장로는 노예 셉티무스에게 이렇게 대답한다.

"… 비록 신분은 여전히 노예일지라도 속사람은 자유인이 되는 것이오. 따라서 그때부터는 주인이 어떤 일을 시켜도 그 일에 대해서는 자유인으로서 스스로 생각하고 판단하여 일해야 하오. 자유인으로서 일한다는 것은 눈가림하듯 적당히 일하는 것이 아니라, 좀 더 창의적이고 효과적인 방법을 찾아서 자발적으로 일하는 것을 말하오."

로마 시대 크리스천 노예들의 상황을 상상해보면서, 하나님이 맡기신 소명을 기억하며 자율성을 창조해갈 때 행복한 일터를 만들어갈 수 있을 것이다.

관계성에 대해서는 일품성도의 인간관계에서 충분히 설명했기에 더 이상의 설명이 필요 없겠다.

숙련도에 대해 생각하면, 40대 중반에 회사에서 보내준 MBA 유학 시절이 생각난다. 유학 가기 전부터 USC 대학에서 요구하는 GMAT 목표 점수에 도달하기 위해 안간힘을 썼던 기억이 있다. 하나님의 도우심으로 목표 점수를 훌쩍 넘겨 학교에는 갔지만, 각국에서 온 내로라하는 경영학 전공자들 사이에서 비전공자

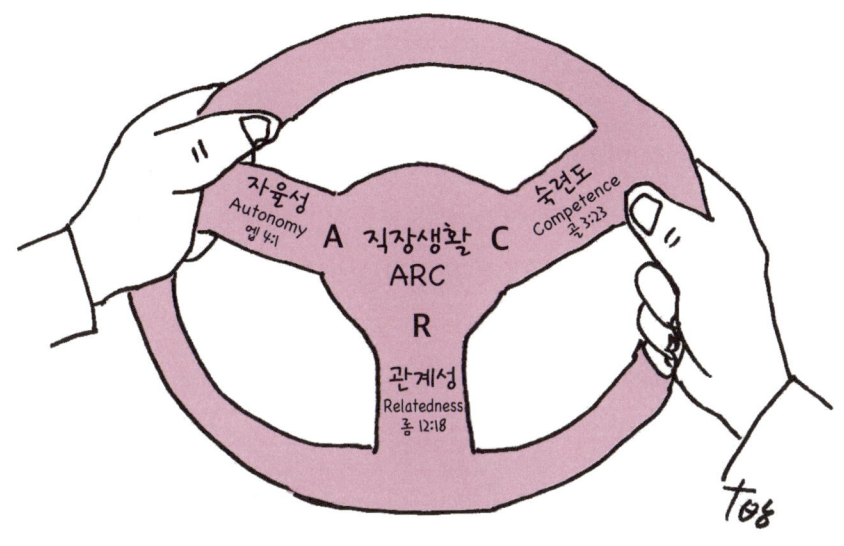

행복한 일터로 가는 드라이브

가 버텨내는 건 쉽지 않았다. 머리도 뛰어나지 못하고 영어 실력도 모자란 최고령 경영학 비전공자가 한 해 동안 56학점이라는 무시무시한 학습량을 따라가는 것은 현실적으로 불가능해 보였다. 나의 학습 숙련도 수준은 바닥이었다. 아무리 책을 읽어도 이해가 안 될 때는 가슴이 턱 막히기도 했다. 기상에서 취침까지, 식사 시간을 빼고는 전공 도서와 매일 쏟아지는 읽을거리(reading material)를 붙잡고서 공부해야 했다. 말 그대로 '골삼이삼'을 공부 현장에서 실천하는 시기였다. 그런 마음으로 최선을 다한 결과 성적 우수상을 받을 수 있었고, 공부에서도 숙련도의 변화를 느낄 수 있었다.

ARC가 완벽한 일터를 찾을 수 있다면 참으로 감사한 일이다. 그러나 우리가 사는 세상은 그렇게 내 위주로 돌아가지 않는다. 나의 역량과 적성이 맞으면 관계에서 문제가 있을 수 있고, 직원들과의 관계는 좋은데 하는 일은 도무지 재미없을 수 있다. 어쩌다 ARC가 잘 갖춰진 일터를 발견할 수도 있을 것이다. 그러나 그런 곳에서도 상황의 변화에 따라 ARC의 만족 지수는 계속 변하고 삐걱거리기 시작할 수 있다. 그러므로 최적의 ARC 일터를 찾으려고 애쓰기보다, 어떤 일터든지 그곳에서 나의 ARC를 맞춰가려는 시도와 노력이 중요하다.

사람이 쉬지 않고 돌아가는 기계처럼 움직여야 하는 제조업 현장, 지속적인 고객의 갑질로 정신질환에 시달리게 되는 서비스 현장, 위험을 무릅쓰고서 엑셀러레이터를 밟아야 하는 위험천만한 배달 업무…. 모두 피할 수 없는 일들이다. 어쩔 수 없이 해야 하는 일이라고만 생각하지 말고, 하나님께서 그 일터 현장에 나를 부르셨다는 소명의식을 가지고서 자율성(A)을 찾고, 모든 사람과 더불어 화목하라는 말씀을 붙들고서 관계성(R)을 추구하며, 무슨 일을 하든지 주님께 하듯 함으로써 숙련도(C)를 향상시키는 것이 행복한 일터를 만드는 비법임을 기억하자.

16
한번 잘 품었다고 끝나는 게 아니다

● 대기업 근무에 이어 대학 행정 업무와 교수 사역까지 마치고 나니, 어느덧 '지공대사'(地空大士: 지하철을 공짜로 타는 사람)가 되었다. 나이를 먹는다고 크게 달라진다고 생각하지는 않았는데, 몸은 여기저기에서 조금씩 삐걱거리는 소리를 내기 시작한다. 눈이 침침해져 병원에 가보니 백내장이 왔다고 수술을 받으라고 했다. 침대에 눕기만 하면 바로 곯아떨어지곤 했는데, 요즘엔 잠드는 데 시간이 걸린다. 별다른 걱정이나 고민할 것도 없는데 이 생각 저 생각으로 잠을 설치고, 중간에 화장실을 가느라 잠이 깨면 다시 잠드는 데 또 시간이 걸려 수면의 질이 떨어진다. 병

원에 가보니 전립선 비대 증상 때문이란다. 나이가 드는 것은 어쩔 수 없는 일이다. 그러나 바울이 고백한 대로 우리의 겉사람은 후패하나 속은 날로 새롭게 되기에, 연약해지고 볼품 없어진다 해도 낙심하지 않을 수 있다(고후 4:16).

지공대사가 되니 오라고 하는 곳이 없다. 일터에서 사역자로서 일터를 품자고 여기저기에 권면하고 다녔는데, 이제는 더 이상 품을 일터가 없어졌다. 그러나 일품성도의 진가는 일터를 떠난 후, 다시 말해 인생 후반전을 어떻게 사는가에 달려 있다. 전반전을 잘 품었다고 끝나는 게 아니다.

● 과거의 영성을 우려먹으면 안 된다

성경에는 전반의 인생을 잘 살다가 후반의 인생에서 고꾸라지는 인생들을 몇몇 찾아볼 수 있다. 그중에 제일은 사무엘상에 등장하는 엘리 제사장이다. 사무엘상 4장은 이스라엘이 블레셋과의 전투에서 참담하게 패하고 하나님의 궤마저 빼앗긴 처참한 소식을 접한 엘리 제사장의 비참한 죽음을 묘사하고 있다.

하나님의 궤를 전쟁터에 보내고 마음 졸이던 엘리는 전투 현장에서 도망나온 군졸로부터 소식을 접하게 된다. 이스라엘이 블레셋 사람들 앞에서 도망하였고, 백성 중에 큰 살육이 있었으며, 엘리의 아들 홉니와 비느하스도 죽임을 당했다. 법궤도 빼앗겼다는 충격적인 소식을 접한 엘리는 의자에서 뒤로 넘어져 목이 부러져 죽게 된다. 삼부자와 며느리까지 동시에 비참하게 죽음을 맞이하면서, 자기 소견에 옳은 대로 행했던 무질서하고 암울했던 사사시대의 막이 내리게 된다.

어느 날, 이 말씀을 묵상하던 중에 엘리의 나이와 사사로서 섬긴 연수를 유심히 보면서 계산해 보았다. 그가 죽을 때 나이가 98세였고, 사사가 된 지는 40년이라고 기록되어 있다(삼상 4:15,18). 그러니 그가 사사로 세움받을 때 나이는 58세다. 영적으로 도덕적으로 혼란하고 어지러운 시절에 사사가 되었다는 것은 사사로 세움 받을 당시의 그의 영성과 리더십이 탁월했고 백성들에게 존경받았기 때문이었을 것이라고 추측할 수 있다. 사사가 되기 전까지의 삶과 신앙이 귀하게 평가받았다는 증거이기도 하다.

58년, 그러니까 60여 년을 주님과 동행하며 주님의 말씀대로 살았다면 참으로 귀한 인생을 산 것이다. 앞으로도 그렇게 살다가 주님이 부르시면 천국에서 주님을 만나 영생을 누리면 된다. 현대의 개념으로 보면 정해진 나이가 되어 교회에서 인정받고 좋은 평가를 받아 집사, 권사, 장로로 피택받고, 더러는 목사로 안수받아 존경받는 리더가 된다. 교회의 리더가 되기 전에도 인정받고 칭찬받는 일꾼으로 잘 살았듯, 리더가 된 후에도 동일한 열심과 충성을 다해 계속해서 섬기며 성도들의 존경을 받고, 하나님께 칭찬받으며 살면 된다. 그런데 엘리 제사장을 보니 그렇지 않았다. 사사로 세움을 받고 난 이후 40년의 삶에 대한 구체적인 묘사는 많이 나오지 않지만, 말씀 속에서 몇 가지를 확인할 수 있다.

우선 엘리의 영성이 무뎌졌다. 하나님과의 친밀한 교제가 끊겼다. 하나님의 사람이 와서 자녀의 죄악에 대해 경고했을 때(삼상 2:27-36)에도 회개했다는 기록이 없다. 하나님의 음성도 듣지 못하고, 오히려 눈이 점점 어두워졌다는 기록(삼상 3:1-2)은 그의 육체뿐 아니라 영적 상태도 악화되었음을 이중적으로 표현한 것으로 볼 수 있다. 그 결과, 그는 자녀들을 신앙으로 양육할 수 있는 상태가 아니었다. 홉니와 비느하스의 몹쓸 짓을 알았고 하나님의 사람이 강하게 지적했음에도 불구하고, 따끔하게 야단치거나 교정하려 하기보다 그저 슬그머니 묵인했다. 어린 사무엘에게 직접 나타나 말씀하신 하나님의 경고도 무시했다(삼상 3:13-18). 아마도 그의 처지와 영적 수준도 그리 다르지 않아, 자녀를 교정할 입장이나 수준이 아니었으리라.

엘리의 영적 둔감함은 육체적 탐닉으로도 연결되었던 것 같다. 임신을 위해 간절히 기도하는 한나를 술에 취한 것으로 오해한 것(삼상 1:12)이나 죽을 때 몸이 비둔했다는 것을 보면(삼상 4:18) 음주와 식탐에 빠져 있었을 것이라고 추측해 본다. 엘리는 과거의 화려했던 신앙을 우려먹고, 그동안의 믿음과 기적적인 간증과 체험을 국 끓여 먹고, 과거에 경험했던 놀라우신 하나님을 응접실 벽에 박제화시키고, 과거의 신앙이 현재의 신앙을 보장해 주는 것처럼

과거의 성공을 우려먹기만 해선 안 된다.

생각하며 살았다. 그렇게 변질되고 타락하고 세속화되어 갔고, 여러 차례의 경고에도 불구하고 회개하지 않았다. 결국 비참한 죽음을 맞이하게 되었다. 풍성하고 아름다웠을 엘리의 전반전 신앙과 삶의 체험이 후반전의 삶을 보장하지 못한 것이다. 엘리는 인생 후반의 영성 관리에 실패한 전형적인 인물이다.

하필 이 말씀을 묵상할 때, 내 나이가 58세였다. 그때 나는 일터에서 하나님이 행하신 일들을 기술하고, 후배들에게는 일터에 하나님을 모시고 동행할 것을 권면하는 책을 쓰고 있었다. 하나님께서는 아무것도 모르는 설익은 모태(못해)신앙 신자를 어울리지도 않는 일터로 보내 사회생활을 하게 하시고, 많은 것을 깨닫게 하시고 가르치셔서 기업에서는 대표이사로, 교회에서는 장로로 세워주셨다. 일터사역자로 부르신 하나님의 손길을 추억하며 하나님의 다양한 은혜와 섭리를 기록하다 보니 감사한 마음이 가득했다. 저술을 마치면서 에벤에셀의 하나님이 여기까지 도우셨다는 사실에 더욱 감격했다. 동시에 뿌듯했고, 스스로 자랑스러워하는 마음에 젖어 있었다. 지금까지 주님과 이렇게 동행하며 살았으니, 이제 후반전 인생도 그렇게 살면 다 잘될 것이라고 생각하고 있었다. 그런 상황에서 이 말씀을 대했더니 정신이 번쩍 들었다!

하나님과의 동행의 흔적을 뒤적이며 뿌듯해하고, 스스로 만족하며 여기저기 강의하러 돌아다닐 때, 하나님은 엘리 제사장의 실패를 콕 짚어 내게 보여주셨다. 에벤에셀의 하나님께서 나를 58년 동안 도우시고 인도해 오셨지만, 60년 정도 신앙생활을 잘하고 살았지만, 앞으로도 계속 그렇게 될 것이라고 착각하지 말라는 경고의 말씀이었다.

● 경기의 결과는 후반전에 있다

정신이 번쩍 든 김에 성경의 인물들을 다시 살펴보았다. 히스기야 왕은 하나님의 뜻에 합한 왕이었다. 유다의 왕들 가운데 다윗 다음으로 평가받는 멋진 왕이다. 앗수르 왕의 무서운 공격 앞에서 간절히 무릎 꿇고 기도할 때, 하나님의 놀라운 이적으로 승리하게 되어 모든 나라로부터 존경을 받게 된다. 그랬던 그가 40세가 되어 중병이 들었다. 그때 히스기야는 얼굴을 벽으로 향하여 통곡하며 간절히 하나님께 기도했다. 그 응답으로 치유받고 15년을 더 살게 되었다. 그런데, 그것이 문제의 발단이 되었다.

히스기야는 40년간의 풍성하고 화려한 영적 경험과 하나님과의 친밀한 교제가 이후의 삶을 보장해줄 것이라고 생각했겠지만, 그렇지 않았다. 오히려 더 살게 된 15년 동안 심각한 문제들이 일어났다. 교만해져 자신을 방문한 바벨론 방백들에게 자신의 부와 군사력을 자랑하고, 결국 바벨론 정복의 단초를 제공하게 된다(대하 32:27-31). 후손들이 바벨론에게 잡혀 포로로 끌려가게 될 것이라는 선지자의 예언을 받았지만, 자기 생전에 일어날 일은 아니니 괜찮다고 했다(왕하 20:19). 게다가 유다 왕들 가운데 최악의 왕인 므낫세를 낳는다(대하 33장).

므낫세가 12세에 왕위에 올랐으니 히스기야가 15년을 더 살게 된 초반에 므낫세를 낳은 것인데, 인생 후반의 히스기야는 자녀에 대한 신앙적 영향력을 완전히 잃고 말았다. 그래서인지 므낫세의 우상숭배와 불신앙적 업적 같은 활약은 정말 화려했고, 타의 추종을 불허할 만큼 대단했다(왕하 21:3-11). 히스기야가 차라리 15년을 더 살지 않고 천국에 갔다면 어땠을까 상상해 본다. 그랬다면 오히려 멋진 마무리를 했을지도 모른다.

기드온은 어렵고 힘든 가운데에서 하나님의 부르심에 순종하고 놀라운 일을 해낸 사사다. 이스라엘 군사 300명으로 미디안 군사 12만 명을 죽이면서 엄청난 승리를 체험한 믿음의 용사다. 이스라엘 방백이 자신들을 다스려달라고 했을 때, 자신의 집이 아니라 여호와께서 다스릴 것이라는 신앙적인 고백을 하기도 했다. 그랬던 기드온의 후반 삶에는 망가진 모습이 보인다. 미디안 전투에서의 탈취물로 금 에봇을 만들었다. 그것이 나중에 음란하게 섬기는 우상으로 변질되고 만다. 사사로 사는 40년 동안 아내를 많이 두어 70명의 아들을 낳았다. 아들만 70명이면 기록되지 않았을 딸까지 합하면 100명이 넘었을 텐데, 도대체 아내를 몇 명이나 두었던 걸까? 그의 후반은 육체적 욕망과 쾌락에 빠져 흥청망청 타락의 삶을 살았던 것이라고 상상해 본다. 그것도 모자라 첩까지 두었고, 그 첩의 아들 아비멜렉이 기드온의 아들 70명을 살해하는 엄청난 비극이 발생한다. 기드온도 후반 인생의 영성 관리에 실패한 인생 가운데 하나이다.

더 이상의 사례가 필요할 것 같지 않다.

지금까지 그리스도인으로서, 주님의 자녀답게 살아왔다면 참으로 감사한 일이다. 가정과 교회와 일터에서 인정받고 하나님의 일꾼으로 잘 살아왔다면, 여기까지 도우신 에벤에셀 하나님의 은혜다. 그런데 잊지 말아야 할 것이 있다. 지금까지의 신앙이, 지금까지의 간증과 극적인 체험이 앞으로의 신앙과 간증을 보장하지 않는다는 사실이다. 과거의 체험과 간증들을 마치 컴퓨터 화면 캡처하듯 해서 응접실 벽면에 액자로 걸어놓고, 그것만 바라보며 과거의 체험과 간증만 우려먹고 있다면, 후반 인생의 영성은 실패하게 된다. 엘리처럼, 히스기야처럼, 기드온처럼 된다. 그러므로 과거에 받은 은혜와 체험과 간증에 묶여 있지 말고, 바로 "지금이 은혜 받을 만한 때요 지금이 구원의 날"(고후 6:2)임을 명심하자.

● 후반전이 흔들리는 전조 증상

전반전이 아무리 화려하고 멋져도 경기의 결과는 후반전에 달려 있다. 각종 경기를 보다 보면 전반전에는 조금 헤맸어도 후반전에 심기일전하여 점수를 만회해 역전승하는 경기가 가장 짜릿하다. 모든 게임은 후반전에서 결판나는 것이다. 인생의 후반은 물론이고, 천국에 가서 하나님을 만날 때까지 인생의 경기는 끝난 것이 아니다. 그러므로 마지막까지 경성하고 깨어서, 주님이 부르실 때까지 인생 후반의 영성 관리를 위해 깨어 있어야 한다. 그것이 일터와 일상의 삶을 품으며 살아가는 일품성도의 자세다.

그런데, 우리에게서 인생의 후반전이 흔들리는 전조 증상은 무엇일까? '무'로 시작하는 세 가지 증상들, 무적(無敵), 무기력(無氣力), 무관심(無關心)이다. 이 증상들을 하나씩 살펴보자.

첫째 증상은 '무적'이다. 천하무적(天下無敵)이라는 뜻이 아니다. 더 이상 싸우려고 하지 않기 때문에, 자기 앞에 더 이상 싸워야 할 적이 없게 된다는 뜻이다.

가나안 정복을 기록한 여호수아서의 중간 정도를 보면 "…그리고 전쟁이 그쳤더라"(수 14:15)라는 기록이 나온다. 독자는 이스라엘 백성이 가나안 정복의 사명을 완수했다고 착각할 수 있다. 그렇지만 분명히 아직 싸우고 정복해야 할 지역과 성읍들이 많이 남아 있었다. 그래서 여호수아는 백성에게 강력하게 요구한다. "너희가 너희 조상의 하나님 여호와께서 너희에게 주신 땅을 점령하러 가기를 어느 때까지 지체하겠느냐"(수 18:3).

이스라엘 백성이 막상 가나안 땅에 들어와 보니 가나안 사람들이 뿔 달린 괴물도 아니고 나름 괜찮게 사는 것처럼 보였다. 그러다 보니 둔감해졌다. 그래서 쫓아내지 않았고, 점령하기를 지체하고 있던 것이다. 오죽하면 여호수아서에서 자주 등장하는 표현이 "쫓아내지 않았다"일까? 가나안 백성을 더 이상 싸울 대상이 아니라고 생각하고 나니, 그냥 편하게 같이 지내자고 한 것이다.

영적으로 둔감해지면 적이 보이지 않는다. 우리의 적 사탄은 우는 사자같이 두루 다니면서 삼킬 자를 찾는데(벧전 5:8), 그것이 하나도 느껴지지 않는다. 영적 긴장감이 완전히 사라지는 것이다. 그래서 입만 열면 과거에 싸운 전쟁 이야기만 한다. 간증이라는 이름으로 주옥같은 자기의 전쟁 체험을 쏟아놓기에 바쁘다. 심지어 자기의 간증을 몰라주면 짜증을 내고 화까지 낸다. 그런 성도들끼리 싸우기까지 한다. 기드온 300명 용사의 승리의 상징이던 금 에봇이 결국 음란하게 섬기는 우상이 되어버렸듯, 과거의 체험이 우상으로 변질되기도 한다. 이런 상태를 사탄이 가장 좋아한다. 더 이상 싸울 적이 없다고 착각하여, 영적 싸움 자체를 포기한 우리의 모습을 본 사탄은 환호성을 지른다.

둘째 증상은 '무기력'이다. 그저 현재 상태에서 안일하게 살고자 한다. 사명을 잊고서 안일하게 살다 보니 말 그대로 무기력해지는 것이다. 아예 사명 의식 없이 사는 무력감도 문제이지만, 큰 사명을 이룬 후에 찾아오는 무력감은 더 위험하다. 하나님의 부르심에 대한 인식과 사명에 대한 열정 없이, 그저 하루하루 쳇바퀴 돌듯이 살아가는 무력한 삶은 실패한 인생이다.

엘리 제사장이 죽을 때 몸이 비둔했다. 아마도 음주와 식탐에 빠져 자녀 교육도 내팽개치고, 그저 안일하게 노후를 보내고자 한 것은 아닐까? 이사야 선지자는 이스라엘의 심판을 예언하면서 '안일하게(at ease) 사는 여인들', '걱정거리(careless) 없이 사는 딸들의 삶'을 경고했다(사 32:9-10).

누가복음에 어리석은 부자의 고백이 나온다. "내가 내 영혼에게 이르되 영혼아 여러 해 쓸 물건을 많이 쌓아 두었으니 평안히 쉬고 먹고 마시고 즐거워하자 하리라"(눅 12:19). 이 고백 자체가 도덕적이나 윤리적으로 무슨 문제가 있을까? 하지만 성경은 이 사람을 어리석은 부자라고 말하고 있다.

셋째 증상은 '무관심'이다. 다음세대의 영혼에 대해 무관심해지는 것이다. 심지어 자녀에게도!

엘리 제사장은 자녀의 영적 상태에 대해 관심이 없어서 홉니와 비느하스가 망나니처럼 타락하는 걸 방치했다. 그 결과 그들은 전쟁에서 비참하게 전사했다. 기드온은 부지런히 70명의 아들을 낳았지만, 결국 한날 한시에 첩의 자식에 의해 살해당하고 만다. 히스기야가 늦게 낳은 아들 므낫세는 하나님이 이스라엘 앞에서 멸하신 여러 민족보다 더 악을 행했고, 가증한 일과 악을 행하는 것이 이방 아모리 족속보다 더했다고 성경에 기록돼 있다(왕하 21:9,11).

우리는 자기 삶에 온통 관심이 쏠려 있다. 자기 인생에만 '올인'한다. 유다가 바벨론의 포로로 끌려가게 될 것이라고 이사야 선지자가 혹독한 예언을 했을 때, 히스기야는 자기 시대에 태평하기만 하면 된다는 이기적인 고백을 했다(왕하 20:19). 그처럼 다음세대에 대해 무관심한 왕들로 인해, 남 유다는 아주 빠르게 멸망을 향해 치달았다. 여호수아 이후 무분별하고 혼란스러운 사사시대로 빠져들게 된 이유에는 여러 가지가 있겠지만, 모세와 달리 여호수아가 다음세대 리더를 키우지 않았기 때문일 수도 있다.

● 3무 증상을 해결할 3가지 자세

인생 후반전을 맞이하면서, 쉽게 빠지기 쉬운 3무(무적, 무력, 무관심)라는 전조 증상을 벗어나기 위해서는 어떻게 해야 할까? 디모데후서를 묵상하다가, 이 증상을 해결하기 위한 3가지 자세를 발견할 수 있었다.

"병사로 복무하는 자는 자기 생활에 얽매이는 자가 하나도 없나니 이는 병사로 모집한 자를 기쁘게 하려 함이라 경기하는 자가 법대로 경기하지 아니하면 승리자의 관을 얻지 못할 것이며 수고하는 농부가 곡식을 먼저 받는 것이 마땅하니라"(딤후 2:4-6).

이 전조 증상들을 극복하는 대안은 군사(軍士), 선수(選手), 농부(農夫)라는 세 가지 개념이다. 영적 싸움을 포기하여 적이 없어진 '무적'의 상태는 다시 '군사'가 됨으로써 극복할 수 있다. 사명을 잃어버리고 '무기력'해지는 것은 다시 사명을 좇아 달려가는 '선수'가 됨으로써 극복할 수 있다. 다음세대에 '무관심'해진 상태는 씨를 뿌리고 경작하는 '농부'가 됨으로써 회복될 수 있다. 인생 후반전이 흔들리는 전조를 막기 위해서는 '군사', '선수', '농부'라는 정체성을 가지고서, 스스로 깨어 경성해야 함을 이 말씀은 가르쳐 준다.

첫째, 하나님 나라의 '군사'로서 영적 전투를 치러야 한다.
우리가 영적으로 둔감해지면 사탄은 더 이상 싸움을 걸지 않는다. 그러면 싸울 적이 없어진다. 그러니 흔들의자에 앉아 후배들에게 과거의 전투 이야기만 우려먹는 것이다. 영적 전투가 없다 보니 오히려 주변 사람들과 싸운다. 비교하고 시기하고 자랑하고 분노하면서, 육적 싸움의 명수가 된다. 그러므로 우리는 그리스도의 영적 군사로서, 매일의 삶 속에서 사탄의 집요한 공격과 교묘한 유혹에 맞서, 피 터지게 영적인 전투를 해야 한다는 걸 잊어서는 안 된다.

일반 기업에 근무하다 기독교 대학으로 와보니, 대부분의 교직원이 믿는 분들이었다. 성품이 좋고, 조직에 대한 헌신도도 좋았다. 아침마다 기도회를 열었고, 일주일에 한 번은 교직원 신우회도 가졌다. 참 감사한 일인데, 그러다 보니 영적으로 무장해제가 되는 느낌이었다. 영적 싸움에 대해 무감각하게 되고, 영적 민감성이 무뎌지기 시작했다.

대학 사무처장 시절, 학생처에 제공할 태블릿 PC의 다량 구매를 진행했다. 대학의 모든 구매는 공정하고 투명하게 진행되어야 하기에 비밀 전자입찰을 통해 이루어진다. 구매업체가 결정된 후, 담당 팀장이 태블릿 PC 한 대를 가지고 왔다. 업체에서 감사의 표시로 드리는 선물이라고 했다. 내 성향을 아는 팀장은 "뇌물이 아니니까 그냥 받으시면 됩니다"라며 나를 설득했다. 사실 오래전부터 만화 작업을 위한 태블릿 PC가 필요해서 기도하고 있었는데, 마치 기도의 응답처럼 느껴졌다. 그래서 팀장의 권유에 못 이기는 척하며, 태블릿 PC를 집에 가지고 갔다. 아니나 다를까, 아내가 물었다.

"이게 뭐예요?"

"업체에서 감사의 표시로 준 선물이에요."

"일터사역자라고 하면서, 이런 걸 받아도 되나요?"

"아니…. 이건 이상한 게 아니라, 그저 순수한 감사의 표시에요…."

"……."

다음 날 아침, 묵상 시간에 마음이 계속 찜찜했다. 태플릿 PC를 처음처럼 포장해 사무실로 가지고 가서, 담당 팀장을 통해 돌려주게 하였다. 내가 너무 민감하게 생각한 건 아닌가 싶었고, 아까운 태블릿 PC가 사라져 버린 것 같아 아쉬웠다. 그리고 시간이 꽤 지났다. 내 생일에 아이들이 선물을 주었는데, 태블릿 PC였다. 그것도 S사 제품이 아니라 A사 제품이었다! 영적 전투에서 잘 싸웠고, 갖고 싶었지만 잘 참았다고 주시는 하나님의 칭찬 선물처럼 느껴졌다.

기독교기관이나 기독교 봉사단체에서 근무하는 경우라면 더 정신 차리고 깨어 있어야 한다. 심지어 교회에서 근무하는 교역자나 직원인 경우에도 사탄의 유혹과 공격에 속수무책으로 넘어지는 경우가 많다. 가장 천국과 같아야 하는 곳에도 사탄은 어김없이 자리하고 있으며, 오히려 가장 교활한 방식으로 넘어뜨리려 한다. 그러므로 우리를 넘어뜨리려는 적에 대해 항상 깨어 있어야 한다.

나름 괜찮은 신앙생활을 한다고 자부하며 믿음의 전신갑주로 무장한 것처럼 보이지만, 그 전신갑주 속에 숨어 있는 욕심과 탐욕과 교만의 가시들을 찾아내어 끊임없이 싸워야 한다. 그것이 하나님 나라의 군사가 싸워야 할 가장 중요한 영적 전투다.

둘째, 하나님 나라의 '대표 선수'로서 최선을 다해 경주해야 한다.
학교에서 교직원들과 풋살을 했다. 늘어난 체중과 줄어든 심폐 기능 때문에 잠시만 뛰면 헉헉거리고, 본능적으로 날쌔게 움직이던 무릎과 발목이 서로 삐걱거렸다. "옛날에는 축구를 상당히 잘 하셨을 것 같네요" 하는 소리를 들었지만, "젊을 때는 수비 두세 명 정도 제치는 건 일도 아니었는데…" 하는 푸념을 하곤 했다. 과거를 자랑하지 말고, 지금 달릴 수 있는 근육을 키워야 한다는 걸 새삼스레 느꼈다.

우리는 지금 주어진 삶의 경주에서도 골삼이삼(골 3:23)의 자세로, 주님께 하듯 성실하게 푯대를 향해 달려야 한다. "운동장에서 달음질하는 자들이 다 달릴지라도 오직 상을 받는 사람은 한 사람인 줄을 너희가 알지 못하느냐 너희도 상을 받도록 이와 같이 달음질하라 이기기를 다투는 자마다 모든 일에 절제하나니 그들은 썩을 승리자의 관을 얻고자 하되 우리는 썩지 아니할 것을 얻고자

전신갑주 속에 숨어 있을지 모를 가시를 찾아내야 한다.

하노라"(고전 9:24-25).

내가 가장 존경하는 큰아버지 방지일 목사님은 "닳아질지언정 녹슬지 않겠다"라는 말씀을 자주 하셨고, 또한 그렇게 사셨다. 큰아버지는 인생의 전반 후반 구분 없이 주어진 삶을 주님과 동행하며 사셨다. 중국 공산당에게 엄청난 핍박을 받으면서도, 추방당하기 전까지 중국 선교 현장을 지키셨다. 귀국하신 후에는 교회와 교계를 위해 불철주야 헌신하셨고, 고령에도 불구하고 어디서 부르든 달려가셔서, 꼿꼿이 서서 말씀을 전하셨다. 104세로 돌아가시기 전날에도 우리에게 묵상 메일을 보내주셨고, 다음날 소천하셨다. 마치 하나님께서 맡겨주신 인생의 배터리를 100퍼센트 완전히 사용하신 듯, 조용히 하나님 품에 안기셨다. 내가 감히 방지일 목사님과 같은 한국교회의 거목의 삶을 얼마나 좇아갈 수 있겠냐마는, 적어도 큰아버지께서 고백하셨던 마음가짐, '닳아질지언정 녹슬지 않겠다'라는 자세로 나의 후반전 인생을 가꾸어 나가겠다고 다짐해 본다.

셋째, 하나님의 '농부'로서 땀 흘려 수고하고 영혼의 열매를 거두어야 한다. 다음세대를 마음에 품고 끊임없이 기도하며 양육해야 한다는 것이다.

조엔 치티스터는 〈세월이 주는 선물〉에서 "젊은이가 인생 항로를 결정하지 못하고 방황하며 길잡이 별을 찾을 때, 우리가 그들을 도와줄 어른이 될 수 없다면, 우리는 인생에서 가장 소중한 것을 버리는 것"이라고 말했다.

대학부 시절까지는 신앙생활을 잘하던 큰아들이 군대 생활을 하면서 신앙을 잃었다. 아들의 신앙 회복을 위해 아내와 함께 간청도 했지만 허사였다. 나름 믿음으로 잘 키웠다고 자부하고 있었는데, 자부심과 기대가 완전히 무너져버리고 말았다. 우리 부부는 그냥 기도할 뿐, 다른 방법이 없었다. 다행히 큰아들이 믿는 자매와 결혼하여 며느리가 다니는 교회에 출석하게 되었다. 그러던 가운데 첫손녀의 돌잔치가 있었는데, 그 자리에서 아들이 이런 간

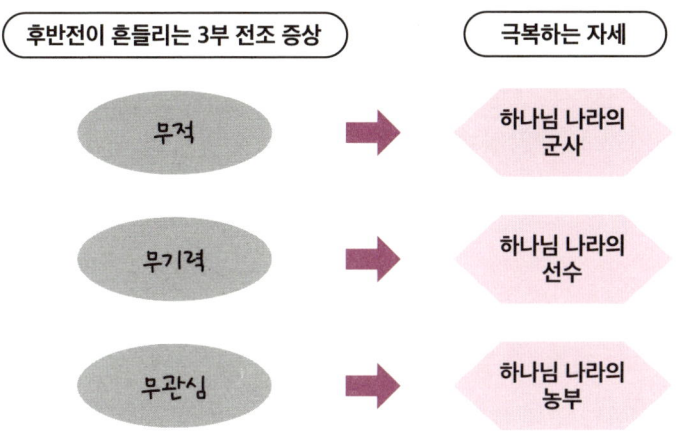

증을 했다. 딸을 키우면서 딸을 향해 쏟아지는 자신의 사랑과 헌신의 마음을 보는 가운데, 자신을 향한 예수님의 사랑을 체험하게 되었다는 내용이었다. 할렐루야! 아들의 간증에 기뻐 아내와 함께 눈물을 흘렸다. 아들을 믿음 생활로 돌아오게 하신 하나님의 은혜에 감사하는 기쁨의 눈물이었다. 가정의 자녀뿐 아니라 교회와 일터의 후배들도 마음에 품고서 끊임없이 기도하고, 씨를 뿌리며 물을 주고 가꾸는 농부의 삶을 살아야 한다는 걸 다시금 다짐하게 되었다.

나는 신학을 공부하지 않았고 목회자도 아니지만, 대한항공 신우회와 여행업계기도회를 섬기면서 스스로 일터를 품는 사역자라고 생각해 왔다. 후배들을 돌보고 목양하면서, 다음세대를 살리는 사역이 너무도 중요한 사역임을 알게 되었다. 그래서 그들을 마음에 품고 그들에게 말씀을 전하고, 그들의 기도제목을 위해 기도하고 있다. 다음세대를 향한 무관심은 무서운 결과를 초래한다는 것을 알기에, 끊임없이 다음세대를 키우기 위해 마음에 품고서 기도하는 것이다.

● 우리는 왜 동물원에 있나요?

인생 후반전은 전반전의 연속이 아니다. 새로운 시작일 수 있다. 때로는 전반전이 형편없어도 후반전에 만회하는 경기도 있다. 반면에, 화려한 전반전 이후 정신적으로 흐트러진 후반전 때문에 비참한 결과를 초래하기도 한다. 그러므로 우리에게 3무(무적, 무력, 무관심)의 징조가 나타날 때는 정신을 바로 차리고 군사, 선수, 농부로서의 삶의 자세를 다시 한번 추슬러야 한다.

바울은 자신의 후반 인생에 대한 자세를 이렇게 표현했다. "형제들아 나는 아직 내가 잡은 줄로 여기지 아니하고 오직 한 일 즉 뒤에 있는 것은 잊어버리고 앞에 있는 것을 잡으려고 푯대를 향하여 그리스도 예수 안에서 하나님이 위에서 부르신 부름의 상을 위하여 달려가노라"(빌 3:13-14).

바울도 자신이 행한 사역과 활동, 엄청난 결과와 열매들을 뒤돌아볼 때 뿌듯하고 자랑하고 싶었을 것이다. 그러나 화려했던 전반전은 잊어버리고, 지금 살아야 할 후반전에 집중하겠다고 고백한 것이다. 우리도 바울의 이 고백을 마음에 품고서 되씹고 음미하며 살 때, 아름다운 후반전 인생이 될 것이다.

윌리엄 디일(W. E. Diehl)은 〈It ain't over till it's over〉에서 이렇게 말했다. "크리스천의 사역은 평생 소명이다. 물론 나이를 먹으면서 그 형태는 달라질 수 있다. 기억해야 할 것은, 크리스천의 일상 사역은 종료되는 법이 없다는 것이다. 끝날 때까지 끝난 게 아니다(It ain't over till it's over). 그러므로 우리가 인생 후반으로 들어갈 때, 하나님이 주신 달란트를 어떻게 최선으로 활용할 것인지를 적극적으로 고민해야 한다."

낙타 부자가 대화를 나눈 재미있는 이야기가 있다. 아들이 먼저 물었다.

"아빠, 우리 발굽은 왜 이렇게 투박한가요?"

"그건 거친 사막의 모래 위를 걸어갈 때 발이 모래에 빠지지 않기 위한 거란다." 아빠 낙타가 자상하게 답했다. 그러자 아들이 또 물었다.

"그럼, 우리 눈썹은 왜 이렇게 길어요? 길어서 불편해요"

"그건 사막의 모래바람으로부터 우리 눈을 보호해주기 위한 것이지."

아빠 낙타의 거침없는 대답을 들은 아들은 자기와 아빠의 등을 번갈아 바라보았다. 그러더니 또 물었다.

"그러면 우리 등 뒤에 있는 혹들은 도대체 왜 있는 건가요? 거 추장스러워요."

"그건 물 없는 사막에서 우리의 생존을 위해 물을 저장해주는 저장소란다. 그거야말로 우리의 사막 생활에서 정말로 꼭 필요한 거란다."

아빠 낙타는 더 자신 있게 대답했다. 머뭇거리지 않는 아빠의 대답 때문에 존경스러운 눈으로 아빠를 바라보던 아들이 잠깐 갸우뚱했다. 그러더니, 마지막이라며 이런 질문을 던졌다.

"그런데 왜 우리는 동물원에 있나요?"

"……."

우리는 사탄이 자기 때가 얼마 남지 못한 줄 알고서 우는 사자처럼 으르렁거리는 전쟁터, 낙타조차 버티기 어려운 사막 같은 세상에서 살고 있다. 하나님께서 낙타에게 사막에서 버티며 생존할 수 있도록 발굽과 눈썹과 혹을 주셨듯이, 우리에게는 세상에서 사탄과 영적 전쟁을 치르면서도 담대히 승리할 수 있도록, 은사와 더불어 사명과 여러 가지 복을 허락하셨다. 그런데 인생 전반을 나름 괜찮게 살았으니, 이제는 영적 전쟁의 현장을 떠나 우리끼리 모여 편안하게 옛날이야기나 하고, 그저 '여기가 좋사오니' 하면서 '룰루랄라' 하고 있는 것은 아닌지, 우리 자신을 스스로 돌아보아야 하지 않겠는가.

사막에 있어야 할 낙타가 여기엔 왜?

하나님께서 우리에게 맡기신 선수, 군사, 농부로서의 사명을 마음에 품고, 쉼 없이 영적 근육을 키우고, 끊임없이 영적 전쟁을 싸우고, 다음세대를 키우는 인생 후반전을 살아야 한다. 지공대사의 나이가 되어 아무도 불러주지 않아 품을 일터가 없어져 일품성도가 될 수 없다면, 이제는 나에게 주어진 일상을 품는 일품성도로 살아가기로 다짐하면 된다.

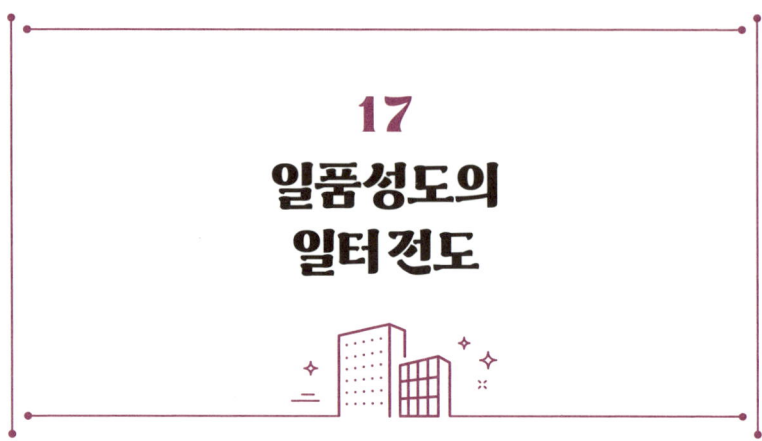

17
일품성도의 일터전도

- 예수님은 마태복음 28장 18-20절과 사도행전 1장 8절 말씀을 통해 모든 그리스도인에게 복음 전파의 사명을 맡기셨다. 그래서 초대교회 성도들은 예수님을 믿는 순간부터 자기가 속한 가정과 일터에서 복음을 전했다. 그것이 어려워지는 환경이 되면 사방으로 흩어져 복음을 전했다. 초대교회 성도들의 이동성(mobility)은 세계선교의 엔진이 되었다. 그 결과 몇 세기가 지나지 않아, 박해받던 기독교가 온 세상을 지배하는 세상이 되었다.

한국에 기독교가 전파되었을 때만 해도, 길거리를 다니며 '예수 천당'만 외쳐도 예수 믿겠다는 사람이 나왔다. 채 100년도 지나지 않아 인구의 4분의 1이 기독교 신자인 '기독교 국가'가 되었다. 참으로 감사한 일이 아닐 수 없다. 그러나 최근 들어 복음을 전하는 일이 너무 힘들고 어려워졌다. 기독교와 교회가 비판을 받고 있는 상황이기도 하다. 정말 전도하기 어려운 세상이다.

일터에서 복음을 전하는 데서 문제나 장애요인이 무엇인지 믿음이 있는 직원들에게 물어보았더니, 다음과 같은 답이 나왔다.

"점점 어두워져가는 세속사회 속에서 내 신앙을 붙들기조차 힘든 타락한 상황인데, 전도까지 하라는 것은 너무 하는 것 아닌가요? 일터에서는 일 잘하는 게 제일 중요한 거 아닌가요? 전도까지는 너무 벅차요."

"쏟아지는 업무를 수행하느라, 조직사회에 적응하느라 심신이 피곤하다 보니 복음 전할 생각은 엄두도 못 내고, 그럴 여유도 없어요. 복음을 전하려면 일터에서 모범이 되어야 하는데 그럴 자신이 없어서, 예수 믿는다는 것 자체도 숨기면서 지낸답니다."

"광신자로 찍히면 조직 내에서 왕따를 당해 조직 생활이 힘들어져요."

"말단 시절에는 윗사람에게 전도하기 어려웠는데, 이제는 조직 내에서 영향력 있는 지위에 올라와 전도하려 해보니 권력을 이용해서 종교 압력을 가한다고 반발이 나오네요."

전도하기 어려운 이유는 천 가지, 만 가지도 넘는다. 전도한다는 것이 점점 더 어렵고, 불가능하게 느껴지기까지 한다. 그런데 일터 전도라니? 그게 가능할까? 일품성도에게 일터 전도는 사실상 궁극의 목표이자 사명인데 말이다.

● 일터 전도의 본질과 대상에 대한 이해

성경은 전도를 농사에 비유하여 설명한다. 예수님은 제자들에게 희어져 추수할 때가 되었다고 말씀하시면서, 추수할 일꾼을 보내달라고 기도하라고 하셨다(요 4:35-38). 바울도 복음 전파를 농사의 과정에 빗대어 심고 물주고 자라나는 것으로 설명했다(고전 3:5-9).

일터 전도는 일회성 행사나 프로그램이 아니다. 긴 여정 속에서 진행되는 농사의 과정으로 이해해야 한다. 물론 때로는 강력하게 복음을 선포하는 전도를 통해 잃었던 영혼이 돌아오기도 한다. 그러나 그것도 이미 오랜 기간 누군가에 의해 다양한 방법으로 영향을 받아 복음을 받아들일 마음 상태가 준비된 상태라고 보는 것이 합리적이다. 그러므로 내가 전도해서 누가 예수 믿게 되었다고 자랑할 것이 없다. 물 한 방울을 떨어뜨렸는데, 마침 넘친 것에 불과하다.

전도가 농사 같은 과정이라고 볼 때, 현대사회의 전도는 관계전도여야 한다. 일터 전도는 더욱더 관계전도다. 일터에서 매일 만나면서 관계를 맺고, 그 가운데에서 삶으로 나타내 보이게 되는 복음적인 태도가 지속적으로 영향을 미치게 된다. 그리고 어느 순간, 복음의 진리가 말로 전해질 때 주님께 돌아오게 된다. 그러므로 좋은 관계, 친밀한 관계를 맺는 것은 더없이 중요하다.

포스트모던 시대에 다원화된 사회의 특징은 상대주의다. 절대적 진리가 없고, 모든 것이 상대적이다. 내 진리가 따로 있고, 상대방의 진리가 따로 있다. 그러니 서로 인정해주고 이해하고, 일방적으로 내가 옳다고 주장하지 말자는 것이 상대주의다.

하지만 우리가 받은 복음은 그렇지 않다. 절대적이다. 다른 이로써는 구원을 받을 수 없나니, 천하 사람 중에 구원을 받을 만한 다른 이름을 주신 적이 없다(행 4:12). 그러나 다원화된 사회의 사고방식에 물든 사람들에게 우리가 가진 복음이 절대적인 것이라고 선포하면 바로 문을 닫아 버린다.

성경은 하나님의 말씀이지만, 성경을 기독교에서 주장하는 경전으로만 접근하다 보니 불신자들은 읽어볼 생각조차 하지 않는다. 내가 교수로서 일한 곳이 기독교대학이다 보니 '성경과 삶' 과목도 가르치고 채플에서 말씀도 전할 수 있었다. 그런데 알다시피 요즘 대학생들 중에는 기독교 신자의 비율이 한 자리 숫자에 불과하다. 어떤 사람은 3-4퍼센트에 불과하다고 말하기도 한다. 그런 학생들에게 기독교 경전인 성경이 진리라고 일방적으로 주장하며 밀어붙이면 바로 튕겨 나온다.

다원화된 사회에서는 성경이 신자들만 읽는 기독교 경전이 아니라 세상 모든 사람들이 읽어서 도움이 되는 인문 고전이라고 설명하며 접근하는 것이 지혜로운 방법이다. 수 세기 동안의 베스트셀러라고 소개할 때 의사소통이 가능하다. 최근 들어 '쪽성경'이 인쇄되어 나오기 시작하는데, 전도 대상자에게 성경을 소개할 때 도움이 될 수 있다. 쪽성경은 성경에서 전도에 우선 도움이 될 만한 복음서 같은 부분을 추려서 만든 것인데, 거의 2천 쪽이나 되는 방대한 성경을 한꺼번에 읽어보라고 하면 지레 겁을 먹기에, 쪽성경을 읽어볼 것을 권하는 것도 지혜로운 방법인 듯하다.

포스트모던 시대를 사는 사람들의 사고방식은 상당히 세속적이지만, 초자연이나 초월적인 것에 대해서도 관심이 높다. SBNR(Spiritual But Not Religious)이라고 표현하듯, 규율에 얽매이거나 엄격한 종교적 규칙을 요구하는 것에 대해서는 손사래를 치지만, 영적인 것이나 진정한 관심과 열정에 대해서는 관심을 보인다. 전도대상자의 문제와 고민을 들어주고, 기도해준다고 하면 고맙게 생각한다. 문제는 이단들이 그런 부분을 집중적으로 파고들어 포교하고 있다는 사실이다. 참된 기독교의 진정한 관심마저 이단들의 포교방식으로 오해되어 무시될까 봐 두려운 상황이다. 이렇듯 모든 상황이 부정적인 여건 속에서, 복음을 어떻게 전해야 할지 막막하기만 하다.

일터 전도의 네 가지 요소

2024년 서울 로잔대회에서 가장 중요한 주제 중의 하나는 가장 전략적인 전도(선교)의 현장인 '일터에서 어떻게 복음을 전할 것인가' 하는 것이었다. 일터신앙 운동의 리더이자 로잔운동의 주요 멤버인 빌 필과 제리 화이트 박사는 일터에서 복음을 전하는 증인의 역할을 잘 담당하기 위해 다음의 4가지 요소를 제시한다.

첫째, 유능해야 한다.

일터에서 우리의 신앙을 올바르게 나타내기 원한다면 업무에서 자신의 유능함(competence)을 보여주어야 한다. 전도자가 되겠다고 하면서 자기 업무를 소홀히 한다면 가장 기본이 되는 자세를 잃어버린 것이고, 오히려 전도의 장애물이 되어버리고 만다. 그러므로 자기가 맡은 일을 주께 하듯 성실하게 수행해야 한다(골 3:23). 그런데 때로 업무시간을 쪼개어 전도하고 종교적인 활동에 올인하다 보면 자신의 업무를 게을리 하고 전도의 생태계까지 무너뜨리는 치명적인 실수를 범할 수 있다.

어느 회사에서 있었던 일이다. 그리스도인인 어느 직원이 자신의 업무에 대한 책임을 소홀히 해서 부서에 문제가 발생해 모두 야근을 해야 하는 상황이었다. 그런데 그 직원이 팀원들 앞에서 자신은 교회 부흥회에 반드시 참석해야 한다며, 무릎까지 꿇고서 죄송하다고 말하더니 정시에 퇴근했다고 한다.

부흥회 참석도 중요하고 교회 봉사도 중요하다. 그러나 그렇게 자신의 책임을 무시하고 업무를 우습게 생각하면 열심 있는 그리스도인이 아니라 무책임한 종교인으로 낙인찍히게 된다. 함께 일하는 선배와 동료와 후배들에게 전해져야 할 복음에 장애요인이 될 뿐이다. 그러므로 일터에서 전도자에게 우선적으로 필요한 필수 요소는 유능함이다. 최고의 업무 성과를 내야 한다는 것이 아니라, 자기에게 주어진 일에 최선을 다하고 충성스럽게 임해야 한다는 것이다. 일터에서는 일이 말한다. 일에 헌신해야 한다. 일에서 탁월함을 나타내야 한다. "네가 자기의 일에 능숙한 사람을 보았느냐 이러한 사람은 왕 앞에 설 것이요 천한 자 앞에 서지 아니하리라"(잠 22:29).

둘째, 신실해야 한다.

일터에서 일을 잘해서 톡톡 튀는 유능한 친구들이 있다. 해야 할 업무의 기본 방향과 아웃라인(outline)만 줬는데도 살을 잘 붙이고, 생각하지 못했던 부분까지 멋지게 추가로 반영하여 결과물을 내는 직원들이 있다. 그런 직원들은 상사에게는 보물 같은 존재이다. 그런데 오랜 기간 함께 일하다 보면 톡톡 튀는 재능보다 변함없는 성실성(faithfulness)이 더 와 닿는다. 자기만 튀고 자기 성과만 드러내려는 똑똑한 이기주의자보다 충성스럽고 성실하게

신실(Faithful)해야지, 위선(Fakeful)이어선 안 된다.

일하는 직원들에게 훨씬 더 신뢰가 간다.

바벨론 정부종합청사에서 근무한 다니엘의 신실함(faithfulness)을 성경은 이렇게 묘사하고 있다. "다니엘을 고발할 근거를 찾고자 하였으나 아무 근거, 아무 허물도 찾지 못하였으니 이는 그가 충성되어 아무 그릇됨도 없고 아무 허물도 없음이었더라"(단 6:4). 일품성도의 신실한 삶의 모습은 믿지 않는 사람들에게 하나님 나라가 실재하는 모습을 보여준다.

존 오트버그는 〈인생, 영생이 되다〉에서 이렇게 말한다. "누가복음 18장에서 부자 청년이 영생에 대해 물었을 때, 예수님은 영생을 하나님 나라에 들어가는 것과 동일시했다. 영생을 얻는 하나님 나라로 들어가기 위해서는 구속의 교리만 믿으면 되니, 그 다음부터는 네 마음대로 하라고 하지 않으셨다. 구원, 즉 영생의 핵심은 우리를 천국으로 데려가는 것이 아니라 천국을 우리에게로 가져오는 것이며, 장소의 이동이 아니라 삶의 변화다. 예수님은 그런 삶의 변화를 부자 청년에게 요구하셨고 도전하셨다. 구원의 핵심은 저 위 하나님 나라의 삶이 한 번에 한 순간씩, 이 아래 작은 삶 속으로 스며들게 만드는 것이다."

셋째, 성품이 좋아야 한다.
유능하고 신실한 직원들로 구성된 팀이 있다면, 그 팀의 팀장은 복을 타고 난 것이다. 그런데 그 가운데 몇 명이 까칠하고 자기 것만 챙기는 스타일이면 전체 팀워크는 깨지고 만다. 유능함과 성실함에 더해 꼭 필요한 것이 성품(character)이다. 능력이 조금 떨어지고 톡톡 튀는 재능이 없더라도, 성품이 온화하고 넓은 아량을 가지고 있다면 조직 내에서 멋진 피스메이커가 된다.
일터 전도에 필수적인 성품은 성령으로부터 오는 열매다. "오직 성령의 열매는 사랑과 희락과 화평과 오래 참음과 자비와 양선과 충성과 온유와 절제니 이같은 것을 금지할 법이 없느니라"(갈 5:22-23).
유진 피터슨은 〈다윗: 현실에 뿌리박은 영성〉에서 다윗의 현세적 영성(earthly spirituality)에 대해 이렇게 설명한다. "다윗의 이야기에 단 한 번의 기적도 없다는 사실을 깨닫고 굉장히 놀란 적이 있다. 다윗의 이야기야말로 거룩으로 넘쳐흐르는 현세를 사는 영성을 회복시키는 데서 중요한 도구로 사용될 수 있다는 것을 발견했다. 우리에게는 하나님을 기억나게 해주고 우리 앞에 하나님을 들이미는 역할을 해주는 제사장이 필요하다. 겉으로 보기에는 제사장처럼 보이지 않고, 제사장 분위기를 풍기지 않는 제사장이 평신도 다윗이었다."

일품성도의 현세적 영성은 성품으로 나타난다. 그리고 그 성품이 하나님나라의 모습을 나타내 보여준다.

내가 회사의 대표이사로 근무할 당시, 4년간 1000억 원대의 IT 프로젝트를 진행한 적이 있다. 마지막 업무 종결(Cut-Over)을 앞둔 시점에서 생각하지 않았던 일들이 터졌다. 예기치 않은 상황 때문에 스트레스가 쌓였다. 일을 그르치게 만든 팀장을 강하게 질책하고 팀장 보직에서 물러나게 했다. 그동안 친밀하게 대했던 대표이사의 질책에 실망하고 좌절한 그 직원과 더 이상 소통하지 못했다. 대형 프로젝트는 결국 성공적으로 끝났지만, 회사를 나오면서도 그 친구와의 관계는 회복되지 못했다. '성과'는 있었지만 '성품'은 무너지는 경험이었다. '조금 더 참았으면 좋았을 텐데' 하는 아쉬움이 크다. 일터에서 분노가 일어나고 짜증이 치밀어 올라올 때, 다 쏟아내고 털어놓으면 하나님 나라는 사라진다.

부하직원의 실수로 상사에게 불려 들어가 진탕 욕을 먹고 질책을 당하고 돌아오면 그 팀의 분위기는 살벌해진다. 그럴 때 한바탕 벼락이 치거나 난리가 나겠거니 예상하는 직원들을 향해 팀장이 그냥 씩 웃고서 자기 자리에 앉아버린다면 직원들은 이상하게 생각할 것이다. 그러면 팀원들끼리 이렇게 얘기할 것이다. "우리와 같은 줄 알았는데, 완전히 다르네요." 하나님 나라를 대표하는 대사로서의 '성품'은 이렇게 드러나고, 복음의 지평은 그만큼 넓어진다.

넷째, 관심이 있어야 한다.

전도하려는 일품성도는 사람에 대한 관심(concern)이 있어야 한다. 일터에서 만나는 영혼들을 마음에 품기 위한 첫 단계는 영혼에 대한 관심과 사랑이기 때문이다. 그러기 위해서는 그들의 마음 상태와 상황에 대해 관심을 가져야 한다. 요셉은 감옥 속에서도 자신과 관계없어 보이는 고위공직자 죄수들의 개인적인 고민과 걱정에 관심을 가졌고, 그들의 문제를 풀어주었다.

클린턴 E. 아놀드는 〈기독교신앙에 대한 난감한 질문 명쾌한 대답〉에서 그리스도인의 신실한 실존(faithful presence)에 대해 이렇게 설명한다. "신실한 현존을 목표로 할 때, 세상에서 도피하거나 세상과 맞서 싸울 필요는 없다. 신실한 현존은 타 문화에 우리 사회의 가치를 이식하는 대신, 그들의 가치를 인정하고 그들에게 복음을 전한다. 세상의 사고방식에 흡수되지 않으면서도 세상과 적극적으로 교류한다. 주변 세상과 불신자들의 선을 추구하며, 주변 모든 사람에게 축복의 통로가 된다."

복음의 씨가 뿌려지는 밭은 여러 종류가 있다. 길거리, 돌짝 밭, 가시덤불, 그리고 좋은 밭 등이다. 이런 밭들은 우리 주변에 종류별로 있다. 그러므로 일터에서 만나는 영혼들을 마음에 품고 견디고 기다려야 한다. 전도 쇼핑하듯 한번 전해보고, 거절하면 뒤도 돌아보지 않고 포기하면 안 된다. 복음 증거는 일방적으로, 일회성으로 말씀을 휙 던져버리고 마는 것이 아니다. 때로는 마음이 상하고 자존심에 흠집도 나지만, 그저 끊임없이 마음에 품고, 계속해서 섬기고 기도하는 것이다.

과장이던 시절에 항공기 추락사고로 유가족 전담반을 맡아 3개월을 유가족들과 부대끼며 같이 지냈다. 급기야 성탄절 오후까지 유가족들과 함께 보내게 되었다. 성탄절이면 으레 캐롤송이 울리고 아름다운 성탄 트리가 번쩍이는 교회에서 장엄한 칸타타를 들으면서 좀 더 거룩하고 즐겁게 예수님의 탄생을 느껴야 했는데, 성탄절 이브까지 유가족들과 하루 종일 지내면서 그들의 자질구레한 요구사항을 들어주고 뒤치다꺼리를 하면서 보내야 했다. 당시에는 내 처지를 한탄하며 불만을 쏟고 불평을 해댔다. 그런데 나중에 뒤돌아보니, 그 기간이 오히려 슬픔에 젖은 유가족들에게 관심을 가지고서 그들을 마음에 품으며, 성탄의 참 의미를 실제로 경험하고 실천한 시간이었음을 깨닫게 되었다. 만일 당시에 그 사실을 깨달았다면 유가족들을 대하는 내 마음과 자세는 완전히 달랐을 것이다. 좀더 관심을 가지고, 보다 세심하게 돌봤을 것이다. 그랬다면 아마 그들과 함께하는 그곳이 참 성탄절을 누리는 하나님 나라로 느껴졌을 것이다.

섬섬옥수는 예쁘고 아름다운 손이라는 뜻이지만, "섬기고 섬겨서 옥토로 만드는 수고"라고 워드플레이(word play)를 할 수 있다. 내리쬐는 폭염과 쏟아지는 폭우 속에서도, 괴롭히는 병충해의 폐해뿐 아니라 외부인의 서리(도둑질) 같은 어려운 환경 속에서도 관심을 가지고서 끊임없이 밭을 돌보고 땀을 흘리는 농부의 마음을 일품성도는 배워야 한다.

● 일터 전도를 위한 영적 싸움

일터 전도를 위해 빌 필이 제시한 4가지 요소 외에, 개인적으로 꼭 한 가지 더 추가하고 싶은 요소가 있다. 바로 '영적 싸움'이다. 영적 싸움을 싸우는 군사의 자세와 태도를 가져야 한다는 것이다. 우리가 일터에서 싸워야 할 영적 전투의 대상은 다음과 같다.

주께 하듯 하던 일이 주가 되어선 안 된다.

첫째는 유능함이 우상이 되는 경우다.

우리의 유능함이 때로 부작용을 일으킬 수 있다. 일의 결과와 일에 대한 능력이 나의 업적이 되고, 더 나아가 우상이 될 수 있기 때문이다. 그러면 주께 하듯 하던 일이 주가 되어버리고 만다. 일과 그 결과가 목적이 되는 것이다. 주변의 인정과 상사의 평가가 중요해진다. 그때부터 주변 사람들이 보이지 않는다. 그저 내 업무의 탁월성과 목표 달성에만 붙들리게 된다. 이때의 문제는 자신이 변질되고 있음을 깨닫지 못하는 것이다. 이런 형태의 유능함은 일터 전도를 방해하는 장애물이 된다. 이럴 때, 내 마음속에서 벌어지는 일의 우상화에 대하여 영적 전투에 임하는 군사의 태도가 필요하다.

우리 주변에는 에덴동산의 뱀처럼 우리를 넘어뜨리려는 사탄의 꼬임과 유혹이 항상 도사리고 있음을 기억해야 한다. 성실하게 일하는 것으로 시작했는데, 어느새 일이 내 업적과 능력을 과시하는 수단으로 바뀌어버리고, 그것을 방해하거나 과소평가하는 사람들은 나의 적이 되어버리고 말 때가 있다. 그러면서 그동안 쌓아 놓은 관계가 흔들리고 금이 가게 된다. 우리는 영적 대적인 사탄과 싸워야 하는데 타 부서 사람과 싸우고, 고객과 거래처와 싸우게 된다. 영적인 민감함으로 진정한 영적 싸움을 싸우지 않으면 복음 전도자의 삶을 살 수 없다.

둘째는 두려움과 무지와의 영적 싸움이다.

발람의 이야기는 민수기 22장에서 24장에 소개되는 것으로, 40년간의 광야에서의 방황을 마친 이스라엘이 모압 평지에 다다랐을 때 일어난 일이다. 모압 왕 발락이 이스라엘 백성들이 모압 지역에 진을 친 모습을 보고 두려워하여 브올의 아들인 점술가 발람을 불러 이스라엘을 저주하도록 요청한다. 애초엔 발락의 제안을 거절하던 발람이 발락의 간청에 따라 발락을 만나지만, 세 번에 걸쳐 이스라엘을 축복하기만 한다.

이 이야기가 조금 이상한 이유는, 하나님을 떠난 이방인과 하나님을 섬기지 않는 점술가의 밀당 스토리를 가나안 입성을 앞둔 절체절명의 시점에서 무려 세 개의 장에 걸쳐 자세히 묘사하고 있다는 것이다. 더구나 발람의 이야기는 이스라엘의 가나안 입성을 앞둔 시점에서 어울리지 않는다.

주인공 이스라엘은 없고, 조연인 우상숭배자와 점술가의 밀당 이야기가 갑자기 나오는 이유가 무엇일까? 발락의 끈질김 때문일까? 말하는 나귀의 기적 때문일까? 발람의 회심과 순종 때문일까? 모두 아니다. 발람이 어떤 사람인가? 성경 여러 곳에서 발람에 대해 언급하는데(민 31:16; 신 23:4; 느 13:2; 미 6:5; 수 13:22; 벧후 2:15; 유 1:11), 한결같이 발람은 바른 길을 떠나 미혹된 사람이고 불의의 삯을 사랑했으며, 뇌물을 받아먹고 어그러진 길로 간 아주 나쁜 놈이라고 소개하고 있다.

발람 이야기가 말하는 확실한 사실 하나는 하나님께서 이스라엘을 사랑하시고, 약속하신 대로 이스라엘을 가나안으로 열심히 인도하시고 복을 주시며, 주변 나라와 민족들을 멸하시고, 마침내 큰 나라를 이루겠다는 하나님의 뜻이다. (게다가 메시야가 나올 것도 언급된다.) 이 뜻을 하나님을 알지도 못하는 불신자들, 즉 발락과 모압 백성, 심지어 악한 주술가 발람을 통해 공식적으로 선포하게 하셨다는 것이다. 안타까운 것은 이스라엘만 그 사실을 알지 못하고, 듣지도 깨닫지도 못하고 있었다는 사실이다.

만일 이스라엘이 발람을 통해 선포되는 하나님의 축복을 듣고 알았다면 어땠을까? 하나님의 뜻을 확실히 이해하고 감사함으로 순종했을 것이다. 그러나 그들은 그렇게 하지 않았다. 하나님의 축복의 약속이 울려 퍼진 모압 평지에서 이방 모압 여인들과 행음하고, 바알 우상 숭배에 빠지게 된다. 하나님의 능력으로 아모리 왕 시혼과 바산 왕 옥을 무찌르고 승승장구하던 이스라엘 군대는 다시금 엄청난 실패를 체험하게 된다.

내가 처한 일터의 상황과 여건이 불만족스러울 수 있다. 한동안 괜찮았는데, 어느 순간 믿음이 오락가락하고 신앙심마저 출렁인다. 구원을 받았다는 것은 알겠는데, 구원의 기쁨과 즐거움은 어디 갔는지 모르겠다(시 51:12). 이런 상태에서 전도까지 해야 한다는 것은 어불성설처럼 느껴진다. 그러나 이런 상황에서 더욱 필요한 것이 발람의 이야기다.

하나님은 발람이 있던 때의 이스라엘 백성 같은 우리를 자녀로 삼으시고 하나님 나라에 입성시키시는 복을 마구 부어주신다. 우리는 그 하나님의 축복의 음성을 들어야 한다. 나만 듣지 못하는 하나님의 약속, 다 알고 있는데 나만 모르고 있는 하나님의 계획, 다 깨닫고 있는데 나만 누리지 못하고 있는 하나님의 놀라운 축복을 듣고 알고 깨닫고 누려야 한다. 그래야 두려움과 무지와의 싸움에서 승리할 수 있다.

사탄이 판치는 세상, 세속의 영이 사로잡고 있는 일터에서 하나님 나라의 복음을 전하는 것은 우리 주님이 이미 세상을 이기셨다는 선포를 온전히 믿고 신뢰할 때라야 가능하다. 우리는 복을 부어주실 준비를 하고 계신 하나님의 마음을 이해할 때 두려움 없이 복음을 전할 수 있다. "너의 하나님 여호와가 너의 가운데에 계시니 그는 구원을 베푸실 전능자이시라 그가 너로 말미암아 기쁨을 이기지 못하시며 너를 잠잠히 사랑하시며 너로 말미암아 즐거이 부르며 기뻐하시리라"(습 3:17).

믿음은 바라는 것들의 실상이요 보지 못하는 것들의 증거다(히 11:1). 보이지 않고 들리지 않아도 그냥 우직하게 믿고, 들리는 것처럼, 보는 것처럼 사는 것이 믿음이다. 히브리서 기자에 따르면 노아가 그랬고(히 11:7), 아브라함과 사라가 그랬고(히 11:8-12), 모세가 그랬다(히 11:24-26). 나의 상황과 여건과 상태에 관계없이, 그저 능력 많으시고 한번 하신 약속은 결코 변개함 없이 끝까지 이루어가시는, '한 고집'하시는 하나님을 신뢰하자. 모르는 게 약이 아니다. 아는 게 힘이다.

독생자 예수 그리스도를 주신 하나님은 우리에게 필요한 모든 것을 복으로 주신다.

"자기 아들을 아끼지 아니하시고 우리 모든 사람을 위하여 내주신 이가 어찌 그 아들과 함께 모든 것을 우리에게 주시지 아니하겠느냐"(롬 8:32).

"나의 하나님이 그리스도 예수 안에서 영광 가운데 그 풍성한 대로 너희 모든 쓸 것을 채우시리라"(빌 4:19).

유능함과 신실함과 성품으로 감동시켜라

함께 말씀으로 양육하고 교제하던 S형제가 코로나 시기에 미주 지역 본부장을 맡았다. 어려운 시기라 옴짝달싹할 수 없는 상황에서 회사에 기여할 수 있는 지혜를 달라고 기도하던 중에, 하나님께서 그에게 미국 정부의 코로나 대출 지원금(PPP: Pay-check Protection Program)에 대한 생각을 주셨다. CFO를 불렀다.

"우리도 코로나 지원금을 신청해 봅시다."

"PPP는 자국 기업에게만 지원되는 것이라 외국 기업인 우리는 불가능합니다."

"하나님에게는 불가능한 것이 없으니, 기도하면서 한번 추진해 봅시다."

어린 시절엔 교회를 다녔지만, 신앙생활을 끊은 지 오래된 가나안 성도였던 CFO는 어이가 없었지만, 윗사람의 지시였기에 신청서를 제출했다. 결과는 거절 회신이었다.

"그거 보세요. 한국계 회사는 지원받을 수 없다고 제가 말씀드렸잖아요."

"우리 직원들이 미국 시민들이니, 그들의 복리를 강조하면서 다시 신청해 봅시다. 그리고 함께 기도합시다."

두 번의 거절에 이어 세 번째의 신청 결과, 예상치 못했던 670만 불이라는 대출 지원금을 받게 되었다. CFO는 얼떨떨해하면서 말했다.

"와, 기도하니까 되네요!"

"이왕 받은 거, 대출 상환까지 면제받도록 추가 신청을 하고, 함께 기도합시다."

"아니, 그것까지는….'

하지만 이미 기도 응답을 체험한 CFO는 본부장과 함께 기도하면서 면제 신청을 제출했고, 전체 금액의 상환면제까지 받았다. 일 속에서 역사하시는 하나님의 능력을 체험한 그 CFO는 신앙생활을 다시 시작했다.

본부장이던 S형제는 아무것도 할 수 없어 보이는 상황에서 유능함(competence)과 성실함(faithfulness)으로 맡겨진 책임과 과제를 수행했다. 그 과정에서 관심(concerns)으로 가나안 성도를 마음에 품었고, 성품(character)으로 감동시켰다. 영락없이 실패처럼 보이는 PPP 프로젝트를 하나님께 올려드리며, 실패에 대한 의심과 두려움에 맞서 영적 싸움을 싸울 때 놀라운 응답을 축복으로 받았다. 그 결과 회사로부터도 인정받게 되었다. 뿐만 아니라 마음에 품고 기도하던 귀한 영혼, CFO를 주님께 인도할 수 있었다.

● **일터 전도자의 자세와 태도**

다니엘서를 읽어보면 이방 나라 왕의 꿈을 해석해주는 장면이 소개된다. 다니엘이 하나님이 주신 지혜로 꿈을 해석하는 능력을 받아 왕의 고민을 해결해주고 높은 지위에 등극한다는 해피엔딩 스타일의 이야기이다. 이런 꿈 해석은 다니엘서 2장에 이어 4장에도 이어진다. 이해하지 못하는 꿈을 꾸고 번민하는 느부갓네살 왕에게 다니엘이 또 한 번 꿈을 해석해준다. 이어 5장에서는 꿈이 아니라, 벨사살 왕의 잔치에 찬물을 끼얹으며 나타난 손가락 글씨를 해석해주는 장면이 나온다.

우리는 이 사건들을 해석하고 해몽해준 다니엘 입장에서 바라보는 데 익숙하다. 그런데 이 사건들을 다니엘의 입장이 아니라 하나님의 입장에서 바라보니 새로운 것을 깨닫게 된다. 하나님은 성도에게뿐 아니라 불신자에게도 당신의 뜻과 계획을 알리신다는 사실이다.

다니엘은 불신자인 왕의 꿈이 '은밀한 것을 나타내시는 하늘의 하나님의 뜻과 계획'이라고 설명한다. 자신은 그 뜻을 해석하는, 즉 통역하는 역할을 할 뿐이다. 사실 이런 이야기는 이미 창세기의 요셉 이야기에도 등장한다. 이집트 왕 바로의 꿈을 해석해주고 총리대신이 된다는 친근한 이야기이다. 그런데 요셉 이야기의 핵심도 요셉의 해몽이 아닐 수 있다. 하나님의 계획과 섭리라는 관점에서 볼 때, 꿈을 통해 하나님의 엄청난 뜻과 계획을 이방 나라 바로 왕에게 알리신다는 것이 어쩌면 더 중요한 메시지인지도 모른다.

하나님은 불신자에게 하나님의 뜻을 보이기도 하신다. 바로 왕이나 느부갓네살 왕이 꾼 꿈처럼 국가의 흥망성쇠 같은 큰 역사의 흐름을 알리기도 하신다. 요셉의 감옥에 투옥된 술 맡은 관원처럼 개인의 인생에 대한 하나님의 뜻과 계획을 알리기도 하신다. 그러나 그들은 그 뜻을 전혀 알지 못하고 깨닫지도 못한다. 그것을 해석하고 통역하는 것은 하나님과 친밀한 사귐이 있는 성도의 역할이다. 이것이 바로 일품성도가 할 일이다.

우리 주변에 있는 많은 불신 영혼들이 지금 꿈을 꾸고 있다. 손가락이 쓴 글씨를 보고 있기도 하다. 그 때문에 번민하고 고민하며, 걱정하며 염려하고 있다. 거기에 하나님의 뜻과 개입과 섭리가 있음을 기억한다면 불신 영혼들의 말과 표정과 고민들이 그냥 무시하고 넘어갈 것이 아님을 알게 된다.

투옥된 술 관원과 떡 관원의 안색을 살펴 근심의 빛을 확인했던 요셉(창 40:6-8)처럼, 우리도 주변의 불신 영혼들의 안색을 살펴야 한다. 그들에게 뭔가 주어졌으나, 하나님을 몰라서 이해되지 않는 상황이나 사건들을 하나님의 마음으로 해석하고 통역해 주어야 한다. 그러기 위해 우리는 불신자들과 가까워져야 한다. 세상 속으로 들어가 친밀한 교제를 나누어야 한다.

하지만 우리가 받는 신앙교육은 천국 시민의 정체성을 가지고 세상으로 들어가기보다, 그저 죄 많은 세상에 물들지만 말아야 한다고 강조한다. 우리는 천국행 보트에 탔으니, 물에 빠져 죽어가는 불신자들에게 구명 튜브를 던져 구해내야 한다고 가르친다. 틀린 내용은 아니다. 그런데 문제가 있다. 불신자들의 상황이나 입장은 중요하지 않은 것이다. 그들의 표정이나 마음 상태와 관계가 없다. 세상 속으로 들어가기보다, 저 죄악의 바다에서 끄집어내는 일방적인 구출 작전을 수행하다 보니, 기독교의 아집과 무례가 꼬집히고 비판받고 있는 것이 아닐까?

마이클 프로스트는 〈일주일 내내 교회로 살아가기〉에서 세상 속으로 들어가는 것에 대해 이렇게 강조한다. "우리는 이 세상의 가치에 순응하는 것에 저항해야 한다. 이런 저항은 세상에서 물러남으로써 이루어지는 것이 아니다. 오히려 활기차게 세상 안으로 들어가 모두에게 다가오는 세상(하나님 나라)을 언뜻 보여줌으로써 이루어진다." 또한 세상 속으로 들어가는 자세와 태도에 대해서도 이렇게 강조한다. "선교는 우월성 혹은 지배성의 태도를 함축해서는 안 된다. 다시 말해 '우리는 알지만 당신들은 모른다. 그러므로 잘 살길 원한다면, 당신들은 우리의 말을 들어야 한다. 그렇지 않은 경우 당신들의 삶은 비참해질 것이다'와 같은 태도를 지양해야 한다. … 선교는 연약함과 취약함에서 흘러나온다."

나우미션의 송동호 대표는 〈일터 하나님의 디자인〉에서 잘못된 복음 증거에 대해 이렇게 말한다. "복음이 전해지지 않은 미전도(未傳道) 종족도 있지만, 복음이 잘못 전해진 '오전도(誤傳道) 종족'도 있다. 크리스천들이 삶의 현장인 일터에서 복음을 복음이 되지 못하게 할 결과다"

'아! 하나님께서 바로에게 꿈을 꾸게 하셨구나!'

하나님은 우리를 불신자들에게 보내셔서 그들을 향한 하나님의 뜻을 해석하고 통역하고 가르치기를 원하신다. 그러므로 사회와 일터에서의 만남은 우연이 아니다. 고민하고 번민하고 있는 그들을 도우라고 엮어주신 하나님의 섭리와 인도하심이 그곳에 있는 것이다.

이제 우리는 불신자들을 향한 하나님의 뜻을 깨닫고, 그들을 향해 전하려고 하시는 하나님의 간절한 마음과 계획에 관심을 쏟아야 한다. 그러기 위해 주변 불신자들의 말이나 마음, 표정이나 고민에도 관심을 가져야 한다. 그들을 향한 하나님의 뜻을 거기에서 찾아야 한다. 그리고 하나님의 말씀에 입각하여, 그들에게 하나님의 뜻을 통역해 주어야 한다. 그것이 요셉과 다니엘이 했던 사역이다.

● 일터 전도의 방법과 본질

과거에 회사 내에서 복음을 전하고는 싶은데, 부하 직원으로서 상사에게 복음을 전한다는 게 몹시 부담스럽게 느껴졌다. 그래서 내가 상사가 되면 조금 더 자유롭게 복음을 전할 수 있으리라고 생각했다. 하지만 막상 조직의 리더가 되니, 그게 그렇게 쉽지 않았다. 오히려 후배나 부하직원에게 복음을 전하는 게 심적 스트레스를 주게 되어 종교적 갑질로 오해받을 가능성이 많아졌다. 그래서 말보다는 나의 삶의 모습과 모범적인 생활을 통해 자연스럽게 복음이 흘러가기를 바랐다. 하지만 아무런 반응이 없었고, 결과나 열매도 나타나지 않았다.

어느 날 말씀 묵상을 하던 중에, 어느 부서의 직원들에게 복음을 전하라는 강력한 부담을 갖게 되었다. 이른 아침에 커피와 간식을 준비하고, 그들을 초청해 대화를 나누면서 사영리로 복음을 전했다. 그러면서 직원들의 마음속에 있는 종교와 기독교에 대한 생각들을 이해할 수 있었다. 그들 중에 한 직원은 끊었던 교회 생활을 시작하기도 했다.

사영리 전도가 너무 도식적이어서 기독교 진리가 왜곡되거나 값싼 기독교로 오해될 수 있다는 평가도 있다. 전도폭발 같은 전도 방법이 너무 일방적이어서 상대에게 부담을 준다는 비판도 없지는 않다. 그래서 그냥 모범적이고 윤리적인 삶을 잘 살면 자연스럽게 영향력을 미쳐 복음을 전할 수 있게 된다고 생각할 수 있다. "자녀들아 우리가 말과 혀로만 사랑하지 말고 행함과 진실함으로 하자"(요일 3:18)라는 성구는 말로만 거룩한 체하고 실제 삶으로는 보여주지 못하는 크리스천들에게 꼭 필요한 말씀이다. 하지만 그 말씀과 함께 기억해야 할 말씀이 있다. "너는 말씀을 전파하라 때를 얻든지 못 얻든지 항상 힘쓰라 범사에 오래 참음과 가르침으로 경책하며 경계하며 권하라"(딤후 4:2).

일터 전도는 일대일의 개인전도만이 아니라 팀이 되어서 할 수도 있다. 어느 날 S형제로부터 해외에서 보낸 카톡 문자를 받았다. 함께 출장 갔던 직원에게 전도했다는 기쁜 소식이었다. 사연은 이랬다.

네 명이 신규 취항지 시장조사를 왔는데, 우연처럼 그 중에서 한 명은 신우회 소속 형제이고, 한 명은 여행업계기도회에 소속된 직원이었다고 한다. 한 사람만 빼고, 자신을 포함해 세 명이 그리스도인이었다. 그 넷이 함께 여기저기를 돌아다니며 시장조사를 했는데, 그 과정에서 차량으로 이동하는 시간에는 찬양을 듣고 말씀을 나누고 신앙 이야기도 나누었다. 7박 8일간 그렇게 딱 붙어

여행하다 보니 믿지 않던 나머지 한 명의 마음이 자연스럽게 열렸다. 호텔 로비에서 그에게 복음을 전했더니 예수님을 영접했다고 한다. 세 명이 한 팀이 되어 출장지의 호텔에서 복음을 나눌 수 있었다는 사실이 너무나 기쁘고 감사했다. 그래서 귀국하자마자 그 네 명을 함께 만나 식사하며 교제했다. 그 출장 기간에 주님을 영접한 사람은 다른 부서 소속의 신우회 형제가 출석하는 교회에 다니도록 연결시켜주었다. 그는 지금까지 믿음생활을 성실하게 잘 하고 있다.

공동체가 모임을 준비하여 초대하는 형태로 전도를 실천할 수도 있다. 일터에 신우회 같은 믿음의 공동체가 있다면 그 공동체에서 예배나 식사 모임 같은 것을 준비해서, 마음에 품고 기도하는 동료나 선후배들을 초대해 교제를 나누는 것이다.

대한항공 신우회는 한 해에 몇 번씩 비전트립을 간다. 선교 현지를 방문해서 현지인들의 영적 필요와 함께 육적 필요를 채워주는 활동을 하는데, 이때 불신 가족이나 부서 내의 동료들을 초대해 함께 간다. 그들이 여행 기간에 현지인들을 필요를 채워주기 위해 땀 흘려 봉사하는 신자들의 모습을 보게 되고, 하나님 나라 백성들의 아름다운 교제의 모습을 통해 선한 영향력을 받아 마음이 활짝 열려, 주님께 돌아오는 경우가 허다하다.

복음전파를 군사의 전투에 비유하곤 한다. 그만큼 영적 전투가 치열한 현장이 복음전파의 현장이다. 그런데 마이클 프로스트는

〈일주일 내내 교회로 살아가기〉에서 복음전파자의 모습을 산파에 비유하여 설명한다. "복음전파에서 전투하는 군사의 은유보다 산파의 은유를 더 선호하는 이유가 있다. 전투에서는 이기거나 지지만, 산파의 역할은 언제나 출산하는 어머니의 수고에 의존한다. 산파는 실제로 아무것도 출산하지 않는다. 단순히 돕는 역할이다. 하나님께서 구원받는 사람을 이 세상에서 출산하고 계시며, 우리는 새로운 생명의 탄생이라는 기적을 돕도록 부르심 받았다고 믿는다."

출산은 산파가 하는 것이 아니다. 산모가 한다. 산파는 그 옆에서 산모가 출산하는 것을 지켜보며 도울 뿐이다. 산파는 산모의 두려움을 잠재우고, 산통 속에서도 산모에게 소망을 일깨우며, 출산을 해내고자 하는 산모의 갈망을 끌어낸다. 수고했다고 위로하고 격려하는 역할을 한다. 그 결과 산모의 승리, 즉 출산을 축하해주는 것이다. 이 산파의 은유를 통해 산파가 산모의 출산을 돕는 모습을 생각하면서, 우리가 불신자들에게 복음을 어떻게 전할 수 있을지에 대한 방법을 생각해낼 수 있을 것 같다. 한 가지 확실한 것은, 내가 출산하는 것이 아니라는 사실이다. 우리는 산모의 입장에서 산모의 상황을 간절한 마음으로 지켜보면서, 산모의 필요를 채우고 돕는 산파 같은 복음전도자가 되어야 한다.

폴 스티븐스는 그리스도인이 이 세상에서 살고 일하면서도 하나님 나라에 속해 있는 자, 다시 말해 두 나라를 섬기는 이중 첩자들이라고 설명한다. "자크 엘룰이 제시한 하나님 나라 인물의 모델은, 한 나라에서 살며 일하고 있으나, 결국에는 완전히 인수할 또 다른 나라의 지표와 잠재력을 발휘하는 사람이다. 이스라엘 정탐꾼들은 '하나님 지향적인 공동체'에만 속한 단일 신분밖에 없었는데, 라합이 옛 시대와 새 시대에 동시에 속한 이중 신분을 갖고 있는 사람이었다고 생각하면 참으로 흥미롭다. 라합이 오늘날 세상에 몸담은 그리스도인에게는 정탐꾼보다 더 나은 모델이다."

우리가 이중 첩자처럼 세상과 천국에서 양다리를 걸치자는 것은 아니다. 이미 임한, 그러나 아직 완성되지 않은(already, but not yet) 하나님 나라의 시민으로서, 사탄이 판치는 세상 속에서 어떻게 살아갈 것인지를 고민하는 모습이 복음이 전파되는 과정임을 기억하면서, 복음전도자의 자리를 찾아가야 한다는 것이다.

일품성도는 일터의 영혼을 마음에 품어야 한다. 때로는 길고 지루하고 아프고 고통스러운 과정일지 모른다. 그러나 그 과정 속에서 귀한 영혼들이 주님께 돌아올 것을 기대하고, 소망 중에 기다리는 것이 일품성도의 중요한 사명임을 기억했으면 좋겠다.

참고도서 가나다순

- 1세기 그리스도인의 선교 이야기, 로버트 뱅크스, 2020, IVP
- 1세기 그리스도인의 하루 이야기, 로버트 뱅크스, 2021, IVP
- 2000년생이 온다, 임홍택, 2023, 11%
- 90년생이 온다, 임홍택, 2024, 11%
- FWIA Bucket, 순출판사
- It ain't over till it's over, william E. Diehl, 2016, Artia Books
- MZ세대 트렌드코드, 고광열, 2021, 밀리언서재
- 관계의 달인, 앤드류 매튜스, 1990, 북라인
- 관계중심전도, W.오스카 톰슨 주니어 & 클로드 V.킹, 1999, 생명의말씀사
- 기독교 신앙에 대한 난감한 질문 명쾌한 대답, 클린턴 E 아놀드 외, 2018, 디모데
- 기독교의 발흥, 로드니 스타크, 2016, 좋은 씨앗
- 나의 일을 의미있게 만드는 방법, Bryan J. Dik, 2016, 박영스토리
- 다윗: 현실에 뿌리박은 영성, 유진 피터슨, 1999, IVP
- 당신에게 일은 무엇인가?, 제임스 해밀턴, 2020, 생명의말씀사
- 데일 카네기 인간관계론, 데일카네기, 2019. 현대지성
- 마켓플레이스 크리스천, 로버트 프레이저, 2007. 순전한나드
- 복음으로 세우는 센터처치, 팀 켈러, 2018, 두란노
- 세상 속의 그리스도인, 자크 엘룰, 2010, 대장간
- 세월이 주는 선물. 조앤 치티스터. 2010, 문학수첩
- 셉티무스 씨 출근하세요? 신광은, 2024, 두란노
- 소명 찾기, 케빈 & 케이 마리 브렌플렉, 2014, IVP
- 슬기로운 직장생활, 최용민, 2024, 필디엔씨
- 시편사색, C S 루이스, 2019, 홍성사

- 아름다운 노년을 준비하라, 폴 투르니에, 2006, 한국기독교연구소
- 어나더레벨(두 갈래 길), 강민호, 2024, 인생책
- 언제든 다시 시작할 수 있는 용기, 샘 혼, 2016, 갈매나무
- 인생, 영생이 되다, 존 오트버그, 2018, 두란노
- 일 삶 구원, 폴 스티븐스 외, 2011, IVP
- 일과 은혜, 브라이언 채플, 2023, 생명의말씀사
- 일의 철학, 빌 버넷 외, 2021, 젤리온
- 일주일 내내 교회로 살아가기, 마이클 프로스트 외, 2020, 새물결플러스
- 일터, 하나님의 디자인, 송동호, 2022, 나우책장
- 일터신학, 폴 스티븐스, 2018, IVP
- 일하는 제자들 2002년 7월호, 직장인의 인간관계와 인맥
- 일하는 제자들 2006년 4월호, 크리스찬 직장인의 인간관계
- 작업복을 입은 하나님나라, 폴 스티븐스, 2024, 생명의말씀사
- 직업소명론, 윌리엄 퍼킨스, 2022, 부흥과개혁사
- 직장 내 정치학의 법칙, 게리랭 & 토트돔키, 2001, 세종서적
- 처음으로 기독교인이라 불렸던 사람들, 래리 허타도, 2017, 이와우
- 출근하는 작은 예수, 방선기, 2023, 두란노
- 탈기독교시대 전도, 팀 켈러, 2022, 두란노
- 탕자교회, 제라드 C. 윌슨, 2016, 생명의말씀사
- 팀 켈러의 일과 영성, 팀 켈러, 2013, 두란노
- 퓨처셀프, 벤저민 하디, 2024, 상상스퀘어
- 피스메이커, 켄산데, 2000, IDI